中国分析哲学　2022

启真馆 出品

中国现代外国哲学学会分析哲学专业委员会 编

山西大学哲学社会学学院 资助

中国分析哲学

ANALYTIC PHILOSOPHY IN CHINA 2022

2022

江怡 主编

ZHEJIANG UNIVERSITY PRESS
浙江大学出版社
·杭州·

图书在版编目（CIP）数据

中国分析哲学 . 2022 ／江怡编 . — 杭州：浙江大
学出版社，2022.9
ISBN 978-7-308-22828-2

Ⅰ . ①中… Ⅱ . ①江… Ⅲ . ①分析哲学—中国—文集
Ⅳ . ① B089-53

中国版本图书馆 CIP 数据核字（2022）第 124264 号

中国分析哲学 . 2022

江怡　编

责任编辑	伏健强	
文字编辑	谢　涛	
责任校对	汪　潇　董齐琪	
出版发行	浙江大学出版社	
	（杭州天目山路 148 号　邮政编码 310007）	
	（网址：http：// www.zjupress.com）	
排　　版	北京楠竹文化发展有限公司	
印　　刷	河北华商印刷有限公司	
开　　本	787mm×1092mm　1/16	
印　　张	16.5	
字　　数	316 千	
版 印 次	2022 年 9 月第 1 版　2022 年 9 月第 1 次印刷	
书　　号	ISBN 978-7-308-22828-2	
定　　价	85.00 元	

国家社会科学基金重大项目
"20 世纪中国分析哲学史研究"（21&ZD050）
阶段性成果

卷首语

江　怡

　　在当代中国分析哲学发展历史中，2018 年应当是一个具有标志性意义的年份。这一年的八月，第二十四届世界哲学大会在北京隆重举行，"分析哲学史"首次作为一个独立的分会场举行了多场报告会，分析哲学在不同国度的传播和发展也成为这次大会的重要议题之一。同样是在这一年的八月，陈波和我共同主编的两卷本文集《分析哲学：回顾与反省》（第二版）由中国人民大学出版社出版，并被放到了世界哲学大会的展台上。这部长达近一千两百页、一百二十多万字的超长文集中，不仅收录了十一篇著名西方哲学家论分析哲学的经典文章，而且收入了四十四篇海内外四代华人学者论分析哲学的著名篇章。也是在这一年的十一月，第十一届全国分析哲学研讨会在厦门大学举行，会议主题为"分析哲学的中国话语"，首次在分析哲学研究中亮出了中国名牌。同年十二月，我担任首席专家的国家社会科学基金重大招标项目"分析哲学运动与当代哲学发展研究"，经过近六年的艰苦工作，终于启动结项环节，并于第二年三月正式结项。当然，所有这些并非巧合，而是近二十年来中国分析哲学研究的自然结果，也是分析哲学在当今中国哲学的一次自我重新定位。

　　这似乎是一个历史总结的开始，是对分析哲学在当代中国发展历史旅程的一次思想巡礼。《分析哲学：回顾与反省》的出版，成为这次思想巡礼的重要标记，而在中国举行的世界哲学大会中的分析哲学史分会场，则成为这次思想巡礼的重要见证。这也是对分析哲学在中国的一次自我重新定位："分析哲学的中国话语"似乎成为中国分析哲学的自信宣言。这当然不是为了顺应时代的潮流，而是中国分析哲学研究者的自觉意识增强，也是"中国分析哲学"正名的开始。这成为我 2021 年年初申报国家社会科学基金重大招标项目"20 世纪中国分析哲学史研究"的出发点。20 世纪的中国哲学发展与分析哲学在中国的传播和研究之间关系密切，因此，研究 20 世纪中国分析哲学发展的历史，可以帮助我们更好认识当代中国哲学的历史变迁，理解中国哲学与西方哲学历史交往的内在逻辑。

　　纵观当今国际哲学界的研究现状，分析哲学研究非但没有因其历史的原因而被遮盖上尘埃，反而在当今哲学的不同研究领域大放异彩。这不仅表现在科学哲学、心灵哲学、认知哲学以及自然科学哲学的相关研究领域的扩展方面，而且表现在对传统哲学研究领域的不断渗入，如形而上学、伦理学、政治哲学以及法哲学等领域中对分析方法的逐渐运用，以及在知识论、哲学史和社会科学哲学等领域中对分析方法的推崇。当然，以分析方法为明显特征的分析哲学不仅出现在英美哲学研究中，同样更多地出现于欧洲大陆的哲学研究中。"分析现象学""分析解释学""分析的存在主义"等名称早已不再被看作一种奇怪的组合，而成为许多当代欧洲大陆哲学家们工作的重要内容。从"向分析哲学家介绍现象学"到"向现象学家介绍分析哲学"，从"解释学的语言转向"到"分析哲学的解释学性质"，从"存在主义的人道主义"到"以分析哲学讨论存在主义"，这个历程也就是短短二十多年的时间，但似乎彻底改变了整个当代西方哲学的研究话题。当然，这种变化显然伴随着当代科学的迅猛发展。无论是赞许还是反对当代科学技术进步对哲学研究提出的各种挑战，哲学家们都清楚地意识到，当代哲学讨论的许多话题无法完全回避当代科学提供的思想资源和话语方式。当现象学家已经开始把意向性问题纳入自然化的研究轨道，当法国哲学家越来越多地关注到身体的肉身性特征，当欧洲大陆哲学家们在艺术研究领域遭遇神经科学和人工智能技术的挑战时，我们已经很难区分这些哲学研究究竟是在现象学的意义上还是在分析哲学的意义上。事实上，当代哲学的研究视域已经从早期的两种哲学传统之间的分野和论争，走向了更大的融合和对话。当代著名的现象学家、丹麦哲学家扎哈维（Dan Zahavi）在他 2016 年发表的文章中把这种变化称作"从二元对立，通过多样化，走向了某种统一"①。无论他希望的这种统一是什么，我们都可以从中看到未来哲学的一种总体趋向，即多样化的哲学或许必将走向某种统一的形式。而无论这种统一的形式是什么，它一定是以人类自身的形象展现了时代进步的结果，这种结果不仅来自科学、艺术和哲学的完美结合，更是来自逻辑和数学的精确呈现，也就是人类理性运算的最佳结果。在这种结果中，我们看到的已经不再是分析哲学或欧洲大陆哲学的任何影响，而是人类自我认识、自我模仿、自我复制以及自我超越的最大可能。

这是一个最伟大的时代，这也是一个最糟糕的时代。最伟大是因为我们有幸成为这个时代的亲历者和见证者，而最糟糕则是因为我们不幸将成为这个时代的真正牺牲者。这里的"伟大"意味着时代造就了伟大的科学技术，让人类共同享受了前所未有的物质财富和精神生活；这里的"糟糕"则是指人类或将面临自身存在的最大危机。人类创造了将会替代自身的技

---

① Zahavi, Dan, "Analytic and Continental Philosophy: From Duality Through Plurality to (Some Kind of) Unity", *Analytic and Continental Philosophy: Methods and Perspectives, Proceedings of the 37th International Wittgenstein Symposium*, edited by Sonja Rinofner-Kreidl and Harald A. Wiltsche, Berlin, Boston: De Gruyter, 2016, pp. 79-94.

术产品，但同时却让人类不得不接受来自这些技术的最大挑战。人类自身面临的这个存在悖论，将会使人类重新寻找生命的意义和价值。

正是在重新寻找意义和价值的过程中，分析哲学派上了它的真正用场。以往人们认为，与欧洲大陆哲学相比，分析哲学的最大遗忘是丢失了对生命意义和价值的追求。然而，经过近一个世纪的发展，如今的分析哲学不仅重新拾起了对意义和价值的追问，而且把这种追问作为哲学研究的重要内容。从斯特劳森对"描述的形而上学"的概念刻画，到蒯因对本体论意义的重新解释，再到普特南对事实与价值二分法的消除，分析哲学家们一直在努力重新打造一种价值哲学的新形象。这种价值哲学的关键不是为我们提供一种独特的关于生活意义的说明，而是为我们描述了一种以价值和意义为构架而塑造起来的"新世界"。这个"新世界"是一种逻辑的和概念的世界，也是一种最终由经验加以验证、由推论加以说明、由逻辑加以呈现的观念的世界。这个世界（按照现在流行的说法）就是一种"元宇宙"（metaverse），但这种"元宇宙"并非完全脱离现实世界的 VR 空间，而是必须与经验世界对接并最终需要回到经验世界的概念空间。在此，我们可以重温一下石里克在 20 世纪 30 年代的说法："逻辑和经验之间不存在任何对抗。逻辑学家不仅能够同时是一个经验主义者，而且，他如果想要理解他自己所做的事的话，他也必须是一个经验主义者。"[①] 借此我们也可以说，追问意义和价值的新世界不仅是一种概念的世界，也是一种经验的世界。这是一种新的经验世界，是根据我们对意义和价值的不断界定而生成的新世界，是我们对经验本身的不断解释而加以超越的新世界。

是为序。

---

① 石里克:《意义和证实》，载《逻辑经验主义》（上卷），洪谦主编，商务印书馆，1982 年，第 52 页。

目 录

[科学哲学]

惠威尔论科学语言

◎ 宋伟

湖北大学哲学学院

摘　要: 惠威尔认为，科学的每一次进步几乎都以一种专门术语的提出和使用为标志，当科学知识变得完全精确和智性时，就需要一种排除了含混和歧义、冗余和瑕疵的同样精确和智性的语言，这种语言中的每个词都应有一种固定不变且受到严格限制的意义。通过对科学史和观念史的考察，惠威尔提出了 6 种科学术语的形成方式和 27 条科学术语的形成规则。不难发现，在科学语言业已成为科学讨论的对象的今天，惠威尔有关科学语言的这些认识在当前各门"科学语言"的形成中仍然具有极大的参考价值。此外，惠威尔的科学语言理论直接影响了当时英国学者对于"哲学语言"的认识，而由于"哲学语言"与"理想语言""完美语言""普遍语言"几乎同义，在这个意义上，惠威尔的科学语言理论可以被视为 19 世纪英国普遍语言理论的一部分，由此也可从一个侧面一窥西方世界对"普遍语言"的寻求与其科学发展的关系。

关键词: 惠威尔；科学语言；普遍语言

一、"科学语言"的必要性

18 世纪的孔狄亚克（Etienne B. de Condillac）在其《人类知识起源论》的结尾处说："我对于人类心灵的活动、对于语言、对于方法所说的一切都证明了，除了努力让语言更精确之外，科学不可能变得完美。因而也证明了，我们知识的起源和进步完全依赖于我们运用指号（signs）的方式。"后世有学者对孔狄亚克的这一思想作了如下评论：孔狄亚克似乎将科学视为"一种良好构造的语言"（a well-made language）。代数学表明了"一种良好构造的语言"的功用主要是作为思想的一种机械辅助手段，动物学则表明了"一种良好构造的语言"的功用主要是作为记录的手段。而一切科学都在某种程度上例证了这一点，即直到一门科学能够发展出它自己的一种专门"行话"，这门科学才能取得更大的进步。可以看到，心理学和政治经济学因这种不足遭受了怎样的损失。政治学学者也面临着同样的困顿，他们不得不从大众语言中抓取"法律""主权""权利""自由"这些词，但发现它们充满了歧义。在越新的科学中危险越少。在有机化学中，新名称常常被引入，它们的意思从一开始就是精确的，像"三苯甲烷""乙醛""甘氨酸"这些词也许没有那么有趣，但至少具有可以清楚地表达其确定意义的优点。19世纪的惠威尔（William Whewell）对于"科学的完美"无疑与孔狄亚克有着相同的认识。惠威尔认为，由于日常知识一般不只涉及理智，还涉及情感或想象，因而都带有一点模糊性，这就使得用来表达这些知识的日常语言通常也多少有些含糊和歧义。而如果要求知识是完全精确的并且是纯粹智性的，就需要一种同样精确和智性的语言，即排除了情感和想象以及含糊和歧义的语言，使得每个语词都能传达一种固定不变且受到严格限制的意义。这样一种语言结合一些专门术语（technical terms）的使用无疑可以成为一种准确表述科学知识的"科学语言"。不过，与孔狄亚克不同的是，惠威尔并没有仅仅停留在这一认识上，而是通过对科学史和观念史的考察，针对"科学语言"提出了一系列规则（maxims），这些规则将"科学语言"对"良好构造"或精确性的追求实实在在地提升到了一个新的高度。

二、科学术语的形成方式

在惠威尔看来，科学史和观念史足以表明，科学发展的每一步都是以科学的专门术语的提出和使用为标志的。通过对古代和现代这两个不同时期科学语言发展的考察，可以为科学术语的提出和使用提供一些指导性规则，其中古代时期是完全为了方便而随意提出专门术语的时期，而现代时期则是带有一定目的、从系统的观点来有意构造专门术语的时期。在古代科学时期，专门术语常常以如下三种不同的方式形成：一、借用日常语词并固定其意义。二、构造包含描述语（description）的术语。三、构造包含指向理论的术语。

最直接简单地获取专门术语的方式无疑是从日常使用的语词中进行选取并严格固定这些语词的意义，以使其适合用来表达科学的真理。惠威尔举例说，几何学中几乎所有基本的专门术语都是以这种方式形成的。如在希腊人那里，"球体"（σφαῖρα）、"锥体"（κῶνος）和"柱体"（κύλινδρος）这些语词并没有几何学家给予它们的那种精确意思，其除了指明形状之外，还隐含有某种用途，"球体"隐含游戏中所使用的一种手球（hand-ball），"锥体"隐含男孩子们的陀螺或头盔的盔尖，"柱体"则隐含一种滚筒。又如，在力学中，希腊人只赋予了像"权重"（βάρεα）、"力臂"（μήχεα）、"支点"（ὑπομόχλιον）这些为数不多的语词以科学的精确性，其他语词如"动量"（ροπὴ）和"力"（δύναμις）则直到伽利略时期甚至更晚的时候才获得清晰明确的意义。对于从日常语言中借用而来并由科学工作者转换为专门术语的语词，惠威尔认为其既有优点又有缺点。一方面，这些语词几乎不需要太多的解释就能被理解并且不用怎么费力就能被记住；但另一方面，因为它们有日常语言的意义，粗心的读者会不顾对这种意义的专门限制而试图像在日常语言中那样以同样含糊、猜想的方式来推测它们在科学著作中的意义。这样，常常会使得科学术语缺少一种科学的精确性。

对于包含描述语的术语，惠威尔认为，这类专门术语常常出现在纯理论科学中，是理论家们有意构造的，其中的描述语或指示语（indication）让专门术语所表达的概念具有了某种独特的性质。如"平行四边形"（parallelogram）指一个由两对平行线围成的平面图形，"平行六面体"（parallelopiped）指一个由三对平行面围成的立体图形。而"三角形"（triangle，trigon）和"四角形"（quadrangle，tetragon）虽然可能不是数学家所发明的，但"五角形"（pentagon）、"十角形"（decagon）、"十六角形"（hexadecagon）、"多角形"（polygon）却是数学家所发明的。"四面体"（tetrahedron）、"六面体"（hexahedron）、"十二面体"（dodecahedron）、"十四面体"（tetrakaidecahedron）、"多面体"（polyhedron）等也是如此。随着数学家们思考的深入，他们自然就构造出了这些术语。同样，当天文学处于纯理论科学的形态时，许多语词也被发明出来用于指称所引入的概念。如造成日食和月食的太阳的周年路径被称为"黄道"（ecliptic）；被称为"昼夜平分线"的太阳的周日路径希腊人称之为"ἰσημερινός"，拉丁天文学家则称之为"equinoctial"，而相应的地球上的圆则被称为"赤道"（equator），"黄道"与"昼夜平分线"相交于"夏至点"或"冬至点"（equinoctial points）。在这类术语的构造中，那些可以通过组合来构造语词的语言具有巨大的优势。这方面希腊语显得尤为突出，这种语言中的大部分古代科学术语一旦其起源得到解释，就很容易被理解和记忆。在现代欧洲语言中，德语也具有巨大的组合能力，使用这种语言的科学工作者能够发明出一些其他欧洲语言不容易效仿的术语。如在晶体学中，将各种不同的晶系区分开来的术语："zwei-und-zwei-gliedrig"（二二元的，two-and-two-membered），"ein-und-zwei-gliedrig"（一二元的，one-and-two-membered）等等。

惠威尔所说的"包含理论指向的术语"指的是由科学工作者所构造的、其引申义中包含了某种理论观念的术语。惠威尔认为，这类术语并不像"包含描述语的术语"那样纯粹是描述性的，而是参照已被接受为科学一部分的某种学说或假说来进行描述的术语。如，"纬度"和"经度"这两个词原义是宽度和长度，这里分别用来指地球表面上某个地方离赤道的距离和离本初子午线的距离，而之所以借用这样两个词，是因为古代地理学家认为地球从东向西的延伸比从南向北的延伸要多得多。天文学中这一类的术语更是数不胜数。如在解释太阳、月亮和行星的不规则运动时，希腊人引入了"本轮""均轮""偏心轮"这些术语，而这正是接受了天体进行圆周运动且圆周运动可以套圆周运动这一假说的结果。力学中的"力"和"惯性"这两个词正是从第一运动定律中获得了其精确的意义；"加速度"和"运动组合"则涉及第二运动定律；"运动力""动量""作用和反作用"则是隐含了第三运动定律的表达。总之，由于观念（包括深奥复杂的观念）常常隐含在语词的引申义中，所以科学术语的提出常常包含了已被接受的假说和理论。而这些术语一经提出，则不仅可以轻松地传递信息，还可以稳定地保留并广泛地融合它们所假定的观念。进而，它们能够使理论家轻轻松松地运用这些复杂的概念和科学创新与思想劳动的成果，就好像它们是一次性通过感官得来的令人深信不疑的东西一样。它们是使哲学家在归纳和概括中步步上升的重要工具，有力地促进了知识和真理的进步。

在现代科学时期，惠威尔认为，除了上述古代科学时期三种专门术语的形成方式之外，还包括三种新的科学术语形成方式：一、系统的分类性专门术语（systematic nomenclature）；二、系统的描述性专门术语（systematic terminology）；三、表达理论关系的术语的系统变动（systematic modification）。

对于"系统的分类性专门术语"，惠威尔以博物学尤其是植物学为例解释说，古代科学时期，并没有试着为植物学的对象发明或选择一种精确而持久的分类性专门术语，这一疏漏给植物学的后续研究活动造成了极大的困难和时间浪费，直至他那个时代有些古代学者所提到的一些最为常见的树木仍然无法确定其身份地位，对于分类性专门术语的重要性的无知无疑阻碍了植物学这门科学的发展。从分类科学的历史来看，一种好的分类性专门术语会预设一种好的分类系统，而没有相应的分类性专门术语，分类系统也不可能持久。16世纪的切萨尔皮诺（Cesalpino）曾发表了一个对植物进行分门别类的系统，但由于其没有与任何名称系统关联起来，所以从未被广泛接受并很快就湮没无闻了，对植物学的科学分类也因此被耽误了约一个世纪。耽误这么久的一个主要原因或许是每一种植物结构中有数目众多的细微差异。茎、叶、花、果及其各种附器可能在许多方面都不同，以至于日常语言完全不足以清晰准确地表达它们的相似与差异。因而，植物学不仅需要一种固定的植物名称系统（system of names），还需要一种适合于描述植物各个部分的人工术语系统（system of phrases），也就是说，不仅需要一种"分类性专门术语"，还需要一种"描述性专门术语"，而后者事实上是将前者确定下来的一种不可或缺的工具。这样，植物学的一种精确的描述性语言的形成就成了构造这门科学的专门语言的第一步。当然，在其他一些科学中，比如在晶体学中，可能最适合进行描述的语言不是语词（words）的语言，而是符号（symbols）的语言或数学的语言。

对于"表达理论关系的术语的系统变动"，惠威尔以化学语言为例进行了说明。化学语言一贯表现出一种系统性特征，即使在燃素说支配下也是如此。而当氧气说居支配地位时，其支持者凭着勇气和远见对这门科学的术语进行了全新的系统重构。新的分类性专门术语依据一个现今已不在这门科学中使用但却极为方便和有效的原理——通过词尾的变化来指明元素关系的变动——来构造。如新的化学学派谈论硫酸（sulphuric acid）和亚硫酸（sulphurous acid）、磷酸（phosphoric acid）和亚磷酸（phosphorous acid），谈论碱的硫酸盐（sulphates）和亚硫酸盐（sulphites）、磷酸盐（phosphates）和亚磷酸盐（phosphites），谈论金属的硫化物（sulphurets）、磷化物（phosphurets），等等。一种分类性专门术语就这样产生了，其中物质的名称同时指明该物质的构成和该物质在系统中的地位。当然，这样一种化学语言也有一些不足之处，最突出的一点就是元素组合的关系比通过词尾变化所提供的表达方式要多得多。如，除了硫酸和亚硫酸之外，还有连二硫酸（hyposulphuric acid）和连二亚硫酸（hyposulphurous acid），只是这些名称虽然方便，但其形式上却不再隐含任何确定的关系。此外，还有因理论本身的错误而造成的分类性专门术语的不足。如，在有关氯（chlorine）的新理论建立之前，分别被称为"muriatic acid""oxymuriatic acid""hyperoxymuriatic acid"的这几种东西，在有关氯的新理论建立之后，分别被改称为"盐酸"（hydrochloric acid）、"氯"（chlorine）、"氯酸"（chloric acid）这几种东西。总之，基于氧气说的化学分类性专门术语几乎不可能永远保持其最初的形态，由于新事实的搜集和新概括的引入，其不可避免需要修正。不过，不管怎样，只要科学术语不是错误的或纯属约定的，而是系统的、与事实呼应的，那么旧的术语就不会完全失去其价值，而是会在新的术语的构造中继续起作用。

在对古代科学时期和现代科学时期有关科学术语的形成方式进行分别阐述之后，惠威尔接下来对从日常语词中借用而来的专门术语的形成及对全新术语的形成分别提出了一些规则，同时指出，这些规则虽不能说在所有情况下都起决定和规范的作用，但似乎可以在学者们拿不定主意的时候起到一定的指导作用。

三、科学术语的形成规则

针对从日常语词中借用而来的专门术语的形成，惠威尔提出了如下五条规则。

规则 1 在提出科学术语时，借用旧语词比发明新语词更为可取。这里一方面要注意以一种专门的方式来限定所采用的语词的意义，另一方面要注意这类语词对于没有小心理解其专门含义的读者易造成误导。在运用这条规则时，还要辅以如下规则。

    规则 2　当日常语词被借来用作专门术语时，应尽可能恰当地保留其日常用法中的意义和关系。如理论家用"efficiency"这个词来表示在一定作用力下机器所能够做的或应当做的功，而工程师则用"duty"这个词来表示机器实际上所做的功，考虑到有这点不一致，惠威尔建议使用"theoretical efficiency"和"practical efficiency"或者"theoretical duty"和"practical duty"来分别表示这两种不同的量。

    规则 3　当日常语词被借来用作专门术语时，其意义可能有所变动，必须被严格固定下来。虽然对于语词意义的这种科学上的固定常常是科学进步的一个必然结果，但其应被视为一个约定的问题。如"动量"被约定定义为质量与速度的乘积，如果不这样定义，其在表达运动定律时就没有任何用处。

    规则 4　当日常语词被借来用作专门术语时，其在运用中必须没有歧义。如物体的固态、液态和气态被称为物体的不同形态（forms），但"form"这个词在用于物体时并不只指这三种形态。如果问在雪云（snow-cloud）中水以什么形态存在，是说其以结晶形态存在还是说其以冰、水、汽的形态存在，这一点可能会让人感到困惑。为此，惠威尔提出了"浓度"（consistence）这个词，希望可以来代替"form"这个词。

    规则 5　如果无法遵从上述后三条规则，那么最好采用新语词而不是旧语词来用作专门术语。将新语词用作科学术语的主要不便之处就在于很难有效地引入它们。毕竟，在不能通过轻松联系语言的日常用法来帮助记忆的情况下，人们总是怕麻烦而不愿学习一个全新的语词。而在克服了这一困难之后，新语词自然就比纯粹借用而来的语词要更好，因为前者能够比后者更好地避免含混和歧义。

    对于采用新语词来用作专门术语的必要性及其中应注意的问题，惠威尔提出了如下三条规则。

    规则 6　科学术语的借用和构造必须使其适合于简单清晰地阐明正确的普遍命题。这条规则可以被视为所有科学术语的基本原则和至高规则，其不仅适用于从日常语言中借用而来的语词，也适用于人为发明出来的语词，同样适用于数学、化学和各种分类性科学。科学史为此提供了丰富的例证。如化学中的"燃素"这个词实际上在将具有同样性质的过程归类到一起时还是很有用的，之所以"氧气"说的分类性专门术语更受到偏爱，是因为其能够使化学家表达数量更多的普遍真理。

    规则 7　在分类性科学（classificatory science）中，一种系统的分类性专门术语是必要的，而对"系统"和"分类性专门术语"来说，其中每一个对于另一个的功用都是必不可少的。因缺少一种好的分类性专门术语所造成的不便长期以来在植物学、矿物学中都能够被感受到。而在博物学中还反复出现过这么一种情况，即好的"系统"并没有扎下根来或在博物学家当中造成任何持久的影响，因为它们并没有伴随有相应的"分类性专门术语"；而没有"分类性专门术语"，"系统"就不可能永久融入一般的知识体系当中并成为将来知识进步的工具。反过来，没有"系统"，就不可能用"术语"来表达普遍真理，也不可能找到偏爱采用这些"术语"而不是别的"术语"的任何理由。当新的语词有助于阐明真理时，可以引入这些语词，但并不能因其本身的工整与对称或别的什么优点而在根本用不着它们的情况下引入这些语词。就像在天文学史上，巴耶（Johann Bayer）和席勒（Julius Schiller）在 1628 年用圣经中的人物名字来代替常用的行星的名称一样，这完全没有必要。所以，在采用新术语时应注意如下规则。

规则 8 在表达真理时应避免并不真正需要的新的术语和术语变动。

在讨论引入全新术语的必要性及其中应注意的问题的基础上，惠威尔针对全新术语的提出给出了如下九条规则。

规则 9 就理论已得到证明而言，隐含理论观点的术语是可以采纳的。

规则 10 如果术语从系统上来看是好的术语，那么不应因为它们词源上不精确而抛弃它们。

规则 11 一个分类性专门术语系统的基本术语可以从任意情境中借用而来。

规则 12 分类性专门术语的二元命名法（binary method of nomenclature），即属加种的命名法是迄今为止分类学中所采用的最方便的方法。

规则 13 林耐（Carl Linnaeus）针对植物学名称所提出的那些基本准则是谈论命名问题的很好的例子。如属名必须在提出种名之前就被固定下来，没有前者的后者就像没有铃的铃锤。

规则 14 分类学中的数字式命名（numerical names）是很糟糕的，依赖于任何一系列固定不变的次序标记的其他命名方式同样很糟糕。

规则 15 在任何一门分类性科学中，包含两步以上分类的名称只要方便就可以被采用。

规则 16 在提出一种描述性专门术语时，必要的时候可以发明语词，但它们不能为图方便从随意的或任意的情境中借用而来。"描述性专门术语"是一种用来描述对象的语言，"分类性专门术语"则是一组对象自身的名称。"描述性术语"（descriptive terms）通常从现代或古典语言中具有恰当意义的语词中借用而来。如，林耐引入植物学的全部描述性专门术语都是以拉丁语词的既有用法为基础的，尽管在原有语词的意义不那么精确的情况下，林耐会将它们定义得更为精确。

规则 17 专门术语的意义必须通过约定而不是通过随意指向语词的日常意义而被固定下来。如，"苹果绿"（apple-green）指的是什么颜色？"苹果"这个词指的是人们熟悉的一种对象，似乎足以表明其所指的那种颜色，但事实并非如此。因为苹果具有许多深浅不同的绿色，只有通过约定才能用"苹果绿"来指向一种特殊的色彩。

在上述讨论新术语的提出规则的基础上，惠威尔又针对专门术语的形式（form of technical terms）提出了三条规则。所谓"专门术语的形式"，惠威尔指的是专门术语语文学上的条件（philological conditions），如它们可以从何种语言中被借用而来？它们必须通过什么曲折变化的方式而成为复合词？它们的派生词如何形成？等等。

规则 18 专门术语的形式应满足两个主要条件，即它们必须是普遍可理解的，且具有其科学的用法所要求的那些语法关系。

规则 19 在专门术语的组合和曲折变化中，如果可能的话，语文学上的记法（philological analogies）应被保留，但可以根据科学上方便与否来加以变动。

规则 20 当科学术语的变动变得必要时，可取的做法是，新术语在形式上应带有对旧术语的某种纪念。

除了上述各条规则之外，惠威尔还根据当时最新科学的进展对科学术语的形成提出了一些新的规则。

规则 21 对其中所包含的每一个种都给出独立名称的类（groups）应保持一个大类，这一点极为重要。

规则 22 用确定的单独名称来代替描述性短语作为更好的思维工具是可取的。

规则 23 在一门发达的科学中，这门科学的语言的历史就是这门科学自身的历史。

规则 24 在科学的描述性专门术语中，可能有必要采用字母、数字和代数符号。

规则 25 在使用代数符号作为科学语言的一部分时，应避免侵犯代数的记法（algebraical analogy），但必要的时候也可以这样做。

规则 26 在一门正处在转变状态的科学中，任性而孤立的术语的派生是很常见的，但并不令人满意。

规则 27 在把握科学术语的意义时，科学史是我们的"辞典"，科学归纳的步骤是我们的"定义"。

总而言之，惠威尔在对科学史和观念史进行考察和分析的基础上所提出的上述规则足以表明，"科学的完美"与"科学语言的完美"是不可分割的，由于在科学的发展中既没有"康庄大道"也没有"欢乐大道"，所以对"科学语言的完美"的追求似乎与对"科学的完美"的追求一样，永远是一个未竟的事业。

四、"科学语言"、"哲学语言"与"完美语言"

惠威尔的"科学语言"观直接影响了约翰·穆勒（John Mill）对于"哲学语言"的认识。后者提出了"哲学语言"的两个必要因素：一、每一个普遍名称都应当有一个固定而准确的意思；二、无论何处需要一个名称、无论何处有什么东西需要一个名称来指称，都应当有一个适合于表达的名称。前一因素被称为"哲学语言"意义的精确性或确定性，在惠威尔的规则3、规则4、规则17、规则27中有相似的要求；后一因素被称为"哲学语言"表达的完全性（completeness），在惠威尔的规则9、规则11、规则14、规则15、规则16、规则21中有相似的要求。

在讨论"哲学语言"的完全性即"无论何时需要一个名称、无论何处有什么东西需要一个名称来指称，都应当有一个适合于表达的名称"这一必要因素时，穆勒详细讨论了一种完全的"哲学语言"应当满足的如下三个条件：一、应当包含对个别观察事实进行准确记录所需要的描述性专门术语；二、应当包含为每一个科学抽象的重要结果命名的名称；三、应当包含有关品类名称的分类性专门术语。在穆勒看来，由于人们通常能够直接观察到的东西仅仅是自身的感觉或感受，所以一种完全的"哲学语言"首先应当是人们每一种可观察的基本感觉或感受在其中都有一个名称的语言，这样一来，各种感觉或感受的组合才能够得到描述；而若是那些感觉或感受的各种不同组合也都有各自不同的名称，那么对于一种语言来说，不仅其表达力可以得到极大提升，而且其表达的简洁性和清晰性也能够得到极大的改进。对此，穆勒借用了惠威尔对有关描述性专门术语的讨论，以"苹果绿""法国灰""锡白""铜棕"等日常语言中有关颜色的名称以及"羽状半裂的""羽状全裂的""羽状深裂的""羽状分裂的"等林耐所创造的植物学语言中有关植物叶片的名称来进一步阐明了他的这种看法。

不过，一种"哲学语言"仅仅包含有描述性名称还远远不够。当无论何时人们通过对一组现象的比较认识到它们具有某种人们先前并未注意到的新的共同事实时，尤其是当这种事实可能会继续产生许多相应的结果或者在其他各类现象中可能还会被发现时，为这个新的事实找一个相称的名称就显得十分必要。对此，穆勒提出："无疑，在绝大多数这类情况中，可以把几个已在使用的词合在一起来表达相应的意思。但当一个东西不得不常常被谈论时，除了节省时间和空间的理由之外，还有更多以尽可能简洁的方式来谈论它的理由。要是在使用'圆'这个词的任何地方都用圆的定义来替换它，几何证明就不知道会有多么晦涩了。"确实，对于人们通过理智活动所获得的大量事实而言，若是没有与其相应的专门名称，而只是把许多别的名称放在一起来表达这些事实，那么人们会由于过多地关注于表达这些事实的语词，从而不易将注意力集中于这些事实本身并进而对其进行更为深入的思考。在穆勒看来，如果数学家们不得不说"一个不断增加或不断减少的量总是越来越接近于一个量，以至于其间的差别小于任何一个被指定的量但又绝不会与之相等"，而不是用一个简单的短语"量的极限"来表达上述说法，那么数学家们可能长期都保留不下来那些通过各种不同的量及其极限之间的关系所发现的许多重要数学真理；而如果不说"动量"，只说"速度中速度的单位数与质量中质量的单位数的乘积"，那么由于无法方便、快捷地想到"动量"这一观念本身，因而可能会使得通过这一复杂观念所把握的许多动力学真理被遗漏掉；同样，用来解释"文明"这个词的意义的一大堆东西都没有这个词本身所建立起来的观念更为生动。穆勒的这一认识无疑是对惠威尔规则 22 的例证。

除了用于精确描述所观察到的个体事实的描述性名称和用于精确描述人们通过比较那些事实所发现的有意义的任意一种共同特性的名称之外，按照穆勒对一种完全的"哲学语言"的要求，还应当考虑有关品类的名称。按照穆勒对品类的解释，显然每个品类都应当有自己的名称，而且考虑到品类有不同的层级，如有机体、植物、动物、兽、禽、鱼、马、狗等，有关品类的名称似乎应该是一种名称体系。正因如此，穆勒提出了一种完全的"哲学语言"应当满足的第三个条件："不仅必须有一种描述性专门术语，还必须有一种分类性专门术语。"而对于描述性专门术语和分类性专门术语的区别，穆勒也举例进行了说明：如由拉瓦锡（Antoine Lavoisier）和德莫沃（Guyton de Morveau）在化学语言中所完成的改革就在于引入了一种新的分类性专门术语，而不是一种新的描述性专门术语；又如"线状叶""披针形叶""阔椭圆形或椭圆形叶""锯齿状或钝齿状叶"等名称属于植物学的描述性专门术语，而"香堇菜"（Viola Odorate）、"乌乐树"（Ulex Europaeus）等名称则属于植物学的分类性专门术语。对此，穆勒进一步评论说，在化学和植物学这两个科学部门中，不仅已知的每一个品类都有一个指派给它们的名称，而且当一个新的品类被发现时，按照既定的命名原则会立即赋予其一个名称。而在其他科学部门中，这种分类性专门术语当前还没有被完整地建立起来，这或者是因为还没有足够多的品类以至于需要建立一种分类性专门术语，如几何学中那样；或者是因为还没有为建立一种分类性专门术语提出一种恰当的命名原则，如矿物学中那样，而缺乏一种科学建立的分类性专门术语正是现在阻碍该门科学进步的主要原因。可以看出，穆勒这里所讨论的"分类性专门术语"和"描述性专门术语"正是惠威尔所讨论的"科学语言"中的两个重要概念。

尼耳斯·玻尔（Niels Bohr）在《人类知识的统一性》这篇演讲中提出，每一个科学家都常常面对经验的客观描述这一问题，即用无歧义的语词或术语进行交流的问题。"当然，我们的基本工具就是用于实际生活和社会交往需要的平常语言。不过，这里我们不会去关注对这种语言的起源的研究，而是会去关注这种语言在科学交流中的适用范围，尤其会去关注在超出日常生活事件的经验增长过程中描述的客观性问题。"克林·奇瑞（Colin Cherry）在《论人类的交流》中也提出，由于大多数文本都使用意义丰富而微妙的语言，一个词对于听者的意义不仅有赖于当时的语境和当时的物理和心理情景，还有赖于听者对那个词或那种语言作为其中一部分的文化的体验，所以那些文本并不容易理解，而"科学的一个伟大胜利就是演化出了一种高度独立于文化的语言"。上述这些认识无疑进一步表明了对惠威尔科学语言理论及其派生理论的讨论所具有的意义。

在欧洲文明的缔造过程中，从 17 世纪一直持续到 20 世纪的"普遍语言运动"（universal language movement），因其直接涉及西方甚至东方近代以来的科学和哲学、思想和文化，无疑是科学史和哲学史、思想史和文化史研究者无法忽视的一个现象和问题，值得从不同的方面对其进行思考和讨论。约翰·菲斯（John Firth）在其《人类的语言》一书中指出，17 世纪对"普遍语言"的寻求与将科学的分类性专门术语标准化的尝试具有密切关系，许多科学家和哲学家都将"普遍语言"的构造视为致力于知识进步的一种最为基本的方式。玛丽·斯劳夫特（Mary M. Slaughter）在其《普遍语言与十七世纪的科学分类学》一书中也认为，"普遍语言运动"兴起于 17 世纪的欧洲科学界，几乎所有这一运动的参与者都与科学有着直接或间接的关系，笛卡尔（René Descartes）、莱布尼茨（Gottfried Leibniz）、波义耳（Robert Boyle）、胡克（Robert Hooke）、牛顿（Issac Newton）、达尔加诺（George Dalgarno）、威尔金斯（John Wilkins）即是例证。事实上，"普遍语言运动"应被视为一种科学活动或一种从属于科学的活动，"语言"与"科学"的结合正是其最有趣的特征之一。通过对惠威尔"科学语言"理论的考察及对其影响的讨论，可以看出，惠威尔的"科学语言"与自 17 世纪以来西方学者对一种理想的、完美的、普遍的"哲学语言"的追求，甚至与自 12 世纪以来西方学者对一种完全的、自动的"推理语言"的追求有着千丝万缕的联系。在这个意义上，将惠威尔的"科学语言"理论纳入对 19 世纪英国学者所追求的"哲学语言"或"普遍语言"、"完美语言"、"理想语言"的研究之中，无疑可以给科学史、哲学史、思想史和文化史的研究提供新的素材和视角。

参考文献：

Bohr, N, "On the Unity of Knowledge", in *Atomic Physics and Human Knowledge*, New York:

John Wiley & Sons, Inc., 1958.

Cherry, C., *On Human Communication*, Cambridge: The Technology Press of Massachusetts Institute of Technology, 1957.

Codillac, E., *Essay on the Origin of Human Knowledge*, Cambridge: Cambridge University Press, 2001.

Firth, J. R., *The Tongues of Men*, London: Watts & Co., 1937.

Frege, G., *Posthumous Writings*, Chicago: University of Chicago Press, 1979.

Mill, J. S., *A System of Logic*, London: Longmans, Green, And Co., 1886.

Ryland, F., *Logic*, London: George Bell and Sons, 1900.

Slaughter, M. M., *Universal Languages and Scientific Taxonomy in the Seventeenth Century*, Cambridge: Cambridge University Press, 1982.

Whewell, W., *Novum Organon Renovatum*. 3rd ed, London: John W. Parker And Son, West Strand, 1858.

[丹麦] N. 玻尔:《尼耳斯·玻尔哲学文选》，戈革译，北京：商务印书馆，1999 年。

Whewell on the Language of Science

Wei SONG

School of philosophy, Hubei University

Abstract: According to William Whewell, almost every step in the progress of science is marked by the formation and use of a technical term. And when scientific knowledge becomes perfectly exact and intellectual, it requires a perfectly exact and intellectual language which shall exclude vagueness and ambiguity, superfluity and imperfection. In this language, each term shall convey a meaning steadily fixed and rigorously limited. By a survey of history of science and ideas, Whewell generalized 6 ways and 27 maxims on the formation and use of the technical terms of science. Nowadays, the language of science has been the object of scientific discussion. It is not difficult to find that in the formation or construction of all concrete scientific languages, Whewell's opinions on the language of science has still invaluable referential value. Besides, Whewell's theory of scientific language has directly influenced some British shcolars' opinions on *philosophical language. And since philosophical language, ideal language, perfect language and universal language* are almost synonymous, so in this sense, Whewell's theory of the language of science can be regarded as a part of British theory of universal language in 19th century. Further, in the western culture the relationship between the search for *universal language* and the advancement of science can be explored from a side.

Keywords: William Whewell; language of science; universal language

[语言哲学]

自然类词双特征解释论的经验基础

◎ 梅剑华
　　中国人民大学哲学与认知科学交叉平台、山西大学哲学社会学学院
◎ 李明
　　清华大学人文学院哲学系

摘　要： 哲学理论在根本上是关于世界的系统主张，因此需要某种程度的经验证据作为支撑。实验哲学呼应了这一要求。在语言哲学中关于专名、索引词、自然类词的理论都应该具有经验支持，我们从实验哲学、心理学、生物学角度来考察自然类词理论及其本质主义基础二者的经验证据，表明现有主流的基于概念反思的自然类词的外在论具有一定局限，自然类词的双特征解释理论是一个更为可取的理论。

关键词： 自然类词；外在论；二维特征；生物学本质主义；心理学本质主义

按照直接指称论的看法，专名、自然类词、指示词都具有相同的语义学功能，即不通过中介（描述）直接指称对象。除了这些共同特征，它们各自有不同的问题，例如指示词，卡普兰根据指示词（this, that, today, tomorrow, I）发展了一套具有二维特征的语义学：指示词既具有形式特征，又具有实质内容。"我"的形式特征指说话者，"我"的实质内容指谁在使用的意义上说出"我"这个词，我就指实际说话的那个人。卡普兰开启的这一套框架，是二十年后大行其道的二维语义学的滥觞。

自然类词具有二维特征。在康德那里，"金是一种黄色金属"这个陈述是一个分析命题。黄色的性质和是金属的性质进入了金的定义之中。如果我们发现金子具有黄色仅仅是一种假象，我们并不会认为金子不存在，而是会修正我们的观点，说金子不是黄色。按照克里普克的观点可以得到如下论断：一、某物可能具有和金子通常关联的所有性质，但并不是金子；二、某物也许不具有任何与金子通常关联的性质，仍然属于金子这一类。这两个论断都是很可疑的。首先看论断一：如果仅仅是一些表面性质，如颜色、外形，说金子不具有类似的表面性质，虽然这个论断是对的，但并不是特别有意义。因为从科学上来说，有很多自然类的外观特征

未必完全一样。哲学家常用的假金例子也有问题。一般大家认为假金子具有所有和金子一样的表面特征（包括颜色），但并不是金子。如果考察实际世界中的假金，就会发现假金并不具有金子所有的表面特征。相反，在化学和元素周期表发现之前，人们就知道假金和金子不同。还有老虎的例子，根据生物学常识，老虎的生物特征并不仅仅是具有内在结构。很难说虎的外貌特征（黄褐色、有条纹的、食肉的）不是老虎的生物特性。这涉及生物学本质主义的问题。一般来说，主流生物学哲学不支持本质主义观点，不同物种之间具有家族相似的关系，而没有通常所设想的本质。克里普克对论断 2 的支持也仅仅诉诸直觉，而缺乏任何细节的描述。我们很难想象，这种对外观特征的拒斥如何与生物学家的分类相契合。

本文从经验角度考察以克里普克—普特南为代表的自然类词的外在主义理论。第一节表明自然类词的外在论没有获得足够经验支持，既有证据更加支持自然类词的内外混合论。第二节从认知科学维度解释自然类词的这种二维特征，双特征解释具有经验基础。第三节指出自然类背后的本质主义观念具有的心理基础。外在主义理论面临两个挑战：第一，生物学的证据表明自然类并不具有哲学家所理解的本质结构；第二，心理学调查表明人们对自然类的认知具有二维特征。

一、自然类词的外在论没有获得足够经验支持

自然类词的语义学外在论认为自然类词获得指称不仅依据说话者的内部心理状态，而且也部分依赖外部世界的事实。布莱斯比等人的实验调查研究表明克里普克和普特南关于自然类词的外在论观点是有问题的，他们转而支持一种外在论和内在论混合的理论。（Braisby, 1996）

自然类词外在论者认为我们以某种方式用一个自然类词 T 去指称某个对象，这个对象具有确定的经验可发现的内部性质。我们可以用自然类词去指称内部性质，即便我们并不知道它们是什么性质。例如，我们不知道"水"的分子结构实际上是 H_2O。但根据外在论，当我们指水的时候，指的就是具有 H_2O 分子结构的水。即使在我们的语言共同体里，没有人能够区分具有 H_2O 结构的水和普特南思想实验中具有 XYZ 结构的孪生水，我们的指称仍然把具有 H_2O 结构的物质当作"水"的外延。与此相反，内在论者认为说话者的内在心理状态确定了指称词项的外延。一个词项可以指称满足说话者心中所识别的那个对象。如果我们语言共同体的人并不知道水的内部结构，那么"水"这个词项就指称满足水的可识别特征（无色、透明、可饮用、流动在江河湖海、盛放在锅碗瓢盆）的那类物质——水和孪生水。即使我们不知道

相关的化学知识，我们也没有出现指称错误。传统的指称论是内在论的，例如弗雷格和赛尔。

外在论和本质主义联系紧密，所谓外在指的是语词的意义不由说话者的心理状态决定，而是由说话者所指称的外部对象决定，如果要进一步追问由外部对象的什么特征决定，一个最自然的想法就是由外部事物的本质、内在结构决定。心理学本质主义认为说话者相信自然类集具有一些隐藏的、经验上可发现的，但却可能不为人知的、深处的本质。某自然物拥有这一本质是它属于某一自然类的根本依据。不难看出，心理学本质主义虽然不会直接导出语义学结论，却和外在论彼此相连。目前最主流的心理学本质主义称之为固有的本质主义（placeholder essentialism）：说话者可能并没有关于某类本质的具体信念，而仅仅相信这类事物具有某些本质。这种立场颇为常见。因为缺乏对事物的深入了解。一般大众会认为每一个事物具有自己的本质，这就是使事物成为某一事物的原因。如果多少接受一些科学教育，一般会把这种本质理解为科学能发现的因果本质。这是因果固有本质主义（causal placeholder essentialism）："人们相信具有一些本质、力量、性质、过程、联系和实体导致了其他范畴类型的性质，使得这一自然物产生、维持并规定了其身份。"（Gelman & Hirschfeld, 1999：405–406）例如，猫具有一个基因型性质 g，这个本质特征使得它能够发出咕噜咕噜声、喵喵叫、具有毛发等，那么说话者就应该把拥有 g 作为成为一只猫的必要条件。自然类的因果本质实际上就是在经验上可发现的事物的内在结构/机制。

外在论本质主义（external essentialism）认为：1. 说话者相信处于某个自然类概念 C 之下的样本具有一些隐藏的、经验上可发现的本质 E；2. 说话者把拥有本质 E 视为属于自然类词 C 的充分必要条件。这个立场表明，说话者某一判断的正确性最终由事物的内部性质决定，不管这种性质碰巧是什么。说话者应该在任何场景下以相同的方式使用自然类词，自然类词指称对象实际具有的本质，而不指称人们所理解的事物的本质。例如，如果所有猫都变成了机器人，说话者应该一致认为猫还是存在的。在这样一个场景中，外在论本质主义蕴涵了关于机器人的本质信念取代了关于哺乳动物的本质信念，语词指称的本质也相应发生改变。

布莱斯比的实验给受试者提供三种不同的反事实发现场景，包括七个自然类：猫、水、老虎、黄金、铜、柠檬、橡树。第一类场景为属性在范畴上是非本质的，即事物的非本质属性（例如猫实际上不喵喵叫，喵喵声是由皮毛上的寄生物导致的）。第二类场景为属性在本质上是个体的，即发现了某一个体曾经认为属于某一范畴，但实际上并不拥有这一范畴的本质（例如有一只像猫的动物实际上是来自火星并受到控制的机器人）。第三类场景为属性在范畴上是本质的，即发现在某一确定范畴中的所有实体具有一种本质（例如所有的猫实际上都是来自火星的受到控制的机器人）。3 种场景，7 个自然类，交叉形成了 21 个具体的场景。在每一个场景中，要求受试者判断如下类型句子的真假：

存在陈述（+）：猫存在。

存在陈述（-）：猫不存在。

量化陈述（+）：猫存在，人们关于猫的信念发生了改变。

量化陈述（-）：没有猫，只有来自火星的受到控制的机器人。

群体陈述（+）：蒂比是一只猫，但我们有关于它是哺乳动物的错误信念。

群体陈述（-）：蒂比不是一只猫，而是一只来自火星的受控机器人。

调查结果表明，人们并不分享外在论的直觉。属性在范畴上是本质的场景中，极小比例的受试者赞同量化（-）和群体（-）的外在论陈述（Braisby, 1996 : 256–260）。人们实际上拥有一种内在论和外在论混合的立场。

我们可以想象这样一种情形，探险者航行到月球发现了水的样本，水的所有外部性质和地球上的水一样，进一步检查得知月球上水的分子结构是 H_2O。宇航员得出结论："月球上有水。"现在让我们假定在地球上被叫作"水"的物质，其分子结构不是 H_2O，而是 XYZ，月球上水的分子结构却是 H_2O。意义的内在论者认为宇航员是正确的，因为月球上的物质满足所有与"水"相关的可识别信息。意义的外在论者认为宇航员毫无疑问说错了，因为月亮上的物质并不与通常叫作"水"的物质具有同样的联系。混合论者认为"水"的确具有稳定的外在意义，但也承认宇航员在另外一种意义上是认知正确的。虽然孪生地球上的水不是真正的水，但在认识的意义上，孪生水还是水。二者的区别在于，外在论本质主义只具有概念的一个维度（本体论），而混合论融合了概念的两个维度（本体论和认识论）。在自然类词的内在主义和外在主义之争中，将事物的内部特征和外部特征整合形成一种混合外在论：1. 说话者相信处于自然类概念 C 之下的样本分享一些隐藏的、经验上可发现的本质 E；2. 说话者认为，在外在论的意义上，C 指称具有本质 E 的那些自然物；3. 说话者认为，在认知的意义上，C 指称满足与 C 相关联的识别性知识的那些自然物。这种混合论就构成一种自然类词的双特征解释。

布莱斯比运用调查批评语义学外在论是在 1996 年，实验哲学兴起之前，可以看出来是在语义学和实验调查的结合早就在进行之后。2009 年，尤卡等人在《哲学心理学》杂志上发表了一篇实验语义学文章，批评了布莱斯比的论证，重新捍卫了自然类词的外在论（Jylkkä 2009）。这里面涉及很多具体的争论，但是有一点是彼此都承认的，双方都承认经验证据对于辩护语义学理论是重要的。查尔莫斯发展了早期只是专注于指示词的二维框架，把二维应用到所有名字上，发展出一套系统的二维语义学，整合了弗雷格—罗素的描述主义—内在主义和克里普克—普特南的因果历史论的两种语义直觉。可以说名字的二维理论变得更为主流。在这个意义上，尤卡的批评虽然在局部成立，但在整体上并不具有更大的价值。相反，实验哲学家从概念认知的角度提出了更为宽泛的概念二维框架。这样一种二维框架和查尔莫斯的二维语义学不同，前者主要是一种基于实际世界的认识框架，查尔莫斯更偏重语言哲学和形而上学，尽管二者在基本立场上相似。我们甚至可以说查尔莫斯的二维语义学之所以行之有效，恰恰是因为它具有经验认知基础。

二、自然类概念的双特征解释具有经验基础

诺布等人提出了双特征概念理论，认为很多概念具有两种典型的特征：表层特征和内在特征（Knobe, J., Prasada, S., & Newman, G., 2013）。以科学家这个概念为例，我们可能把一些表层特征（如做实验、进行统计分析、发表科学成果）和科学家联系起来，但我们也会认为有一些更根本的特征（如，对科学真理的无私追求）使得科学家不愧为科学家。假设一个科学家具有所有的表层特征，但缺乏深层特征，那么这个人是科学家吗？研究表明，这里没有是或否的回答，有些复杂：在一种意义上这个人的确是科学家，但是最终你发现这个人徒有其表，缺乏追求真理之心，那么就会说这个人完全不是一个科学家。我们对科学家这个概念的理解具有双重维度。罗伊特指出，双特征理论最初用于解释自然类词的指称问题，后来在关于日常自然类词概念的哲学心理学的争论中也扮演了核心角色（Kevin Reuter, 2018）。通常人们认为孪生地球上的液体不是水，进一步实验表明：在一种意义上，人们认为孪生地球上的液体是水；在另外一种意义上，人们认为孪生地球上的液体不是水。这实际上支持了日常自然类词的二维观点：一维基于深层的因果属性；另一维基于表面的观察属性。

托维亚设计了四个实验，结果表明水这种自然概念具有双重维度。当人们在考虑孪生地球时，他们并不是简简单单地就具有因果历史直觉，实际上他们断定了如下两个陈述：（1）在一种意义上孪生地球上的液体是水；（2）最终，如果你真想理解到底什么是水，你就会说在另一种意义上孪生地球上的液体不是水。这并非说水的一个意义是由一个集合确定，这个集合由因果属性和表层属性组成，而是说水这个概念具有两种不同概念标准（Tobia, Newman, Knobe, 2020）。这与概念心理学相关：自然类词既与非常容易观察的表面性质的表征相关，又与很难观察到的深层因果性质的表征相关。例如，人们一方面把无色透明可饮用这些性质与水相关联，另一方面又把水的分子结构 H_2O 与水相关联。这两种表征具有不同的形式。表面性质可以用原型（prototypes）来表征，深层性质可以用理论来表征。不难看出存在四种可能的

方式来把握自然类词概念。

1. 自然类词概念的表面性质理论：和大众直觉相关的自然类词分类只和自然类的表面性质相关。强版本认为，必须具有确定的几种表面性质，才能被归为某一类；弱版本认为，只需要具有这簇性质的某几种表面性质，就可被归为某一类。这有点像专名描述论中的唯一描述论和簇描述论之间的区别。例如，绿茶是绿色的而不是无色的，这就是缺乏原型的水的颜色，按照唯一描述论的看法，绿茶就不能算作水的一种；而按照簇描述论的看法，绿茶还具备其他水的一系列性质，例如可饮用等，绿茶就可以算作水。按照这种理论，孪生地球上的液体就是水。

2. 自然类词概念的因果性质理论：目前只有很少的证据支持表面性质理论，大多数证据支持因果性质理论。理论决定自然类的种类。属于原型的表面性质只是帮助人们在有时间限制、快速决策的情况下去确定某一对象的自然类。如果套用认知科学中的双系统理论，似乎可以说表面性质是和快系统匹配的，因果性质是和慢系统匹配的。通常，人们在做判断的时候，快系统会起作用。这也就是一开始大家都支持表面性质理论的原因。

3. 表面性质和因果性质混合理论：混合理论认为这两类性质都同等重要，处于同一个范畴化的过程中，对于确定自然类是必需的。

4. 表面性质和因果性质分离理论：分离理论认为只有一类性质对于区分自然类是重要的，是两种截然不同的范畴化过程。照此可以认为人们拥有两种不同的自然类直觉。也就是对于孪生地球上的液体可以形成不同的两种直觉：孪生水是水的直觉；孪生水不是水的直觉。

指称理论也可以按照上述心理学理论分类法分为四种:描述论、因果论、混合论、分离论。研究表明，人们并不单纯把因果性质作为自然类的标准。水的分子结构不是唯一作为标准的东西。91%的受试者还是判断茶水为水，有83%受试者判断盐水为水。显然有超出因果性质的东西可作为大众判断的标准（Malt, 1994）。这其实提示我们，自然类概念本身具有双特征。实际上我们经常使用这种双重标准去认识周遭的世界。假设你曾遇到一个艺术家，他仅仅为了生计从事艺术工作。一方面你会同意他是个艺术家；另一方面你会说，在严肃的意义上，其实他不是个艺术家。麦希瑞等也发现这种双重标准在人们对自然类词的判断上也是存在的：受试者一方面承认"番茄是蔬菜"，同时在另外一种意义上认为"番茄不是蔬菜"（Machery & Seppälä, 2011）。在关于孪生地球的案例上，我们可以预测受试者会同意下面两个论断：（1）在一种意义上，孪生地球上的液体是水;（2）最终，如果你想理解水的本质，你就不得不说在另外一种意义上，孪生地球上的液体不是水。用一组实验来验证（Tobia, Newman, Knobe 2020），实验如下。

1a：在表面相同条件下，受试者阅读一个故事，这里面的"水"和地球上的水具有完全相同的表面性质，但因果性质不同。在表面不同的条件下，受试者阅读一个故事，这里面的"水"和地球上的水具有完全不同的表面性质和完全不同的因果性质。受试者回答这个问题：下面三个陈述哪一个是你认为可以接受的？

（1）孪生地球的液体是水；

（2）孪生地球的液体不是水；

（3）在一种意义上孪生地球的液体是水，但最终，如果你想弄清楚到底什么是水的话，那么在另外一种意义上，你就不得不承认孪生地球上的液体不是水。

调查结果表明，在相同的表面条件下，大多数受试者选择双特征3；在相异的表面条件下，大多数受试者选择2。

1b：辅助实验，故事同上，但是选择答案为两个。

（1）在一种意义上，孪生地球上的液体是水；

（2）最终，如果你在思考水到底是什么的话，你就不得不说在另外一种意义上，孪生地球上的液体不是水。

运用李克特量表评级的方式，获取受试者的数据。结果表示，在认同孪生水是水的情况（1）中，表面相同条件下的受试者要比表面条件相异的受试者更加认同孪生水就是水。在不认同孪生水是水的情况（2）中，表面条件相异的受试者要比表面条件相同的受试者更认同孪生水不是水。双特征解释就是对上述现象的最好阐释。

人们接受双特征论，可能在于总希望获得一种更加全面系统的理解。语境也会影响人们对自然类词的判断。在科学语境里，受试者更愿意用因果性质来对自然类进行归属；而在社会语境里，受试者更愿意用表面性质来对自然类进行归属。运用实际生活中的例子，受试者还是会得出类似的结论。科学语境使得受试者更愿意使用因果性质进行判断；非科学语境使得受试者更愿意使用表面性质进行判断。这种差异不难理解，因为因果性质本来就是通过科学来发现的。所以在科学语境中，就会导致受试者做出和语境一致的判断。通过上述实验，我们可以得出一些初步结论：第一，人们更愿意接受自然类词的双特征论，原因在于人类的认知倾向；第二，受到具体语境的影响，人们会选择其中的一维作为标准来对自然类进行归属。这受到了人们的教育背景、工作职业的影响。我们不难猜想科学家更愿意接受事物的因果性质理论，而常人更把事物的表面性质视为当然。

有一种反驳认为如果水的表面性质是无色透明可饮用，那么其深层性质就必定是 H_2O，而不可能是 XYZ。因为表面性质和深层性质之间的关系应该是必然伴随关系（supervenience)，就如物理主义所理解的心身关系一样。但是如果我们考虑一下植物，就会发现并没有类似的伴随直觉。例如，假设某种水果有一种深层的本质。我们完全可以想象有一种水果完全具有那种水果所具有的表面性质，而不具有深层本质，或者相反这种水果具有深层的本质而不具有表面性质。本节说明人们对事物的认知具有二维特征，一方面认识到其表面日常特征，另一方面认识到其内在科学特征。塞拉斯在《哲学与人的科学形象》（1963）一文中提出日常图景和科学图景的区分，我们不妨把这种二维特征看作人类认识世界的两个图景的区分。

三、自然类背后的本质主义观念具有心理基础

心理学本质主义认为同一自然类中的个体具有同样客观的本质特征。发展心理学表明儿童所持有的信念并不完全源自对他所观察到的证据的理性反思，而是反映了人类在认识世界时产生的一种根本倾向。人们在面对自然类的时候，会产生一种本质主义理解。认为自然类具有一种本质结构。克里普克和普特南认为自然类具有本质，科学可以发现本质特征。这个本质也决定了自然类词的外延。这也许反映了人类认知的偏见，心理学本质主义或许是人们产生这种偏见的原因。心理学解释我们为什么会具有本质主义直觉，而生物学和化学会解释为什么这种直觉是错误的（Leslie，2003）。

如何测出一个人真正具有的直觉？很多人明确地否认存在性别和种族差异的信念，但不自觉地在言行中又践行了这些信念。例如，人们一般认为男人应该是事业型，女人应该是居家型，但实际上期望家庭妇男或事业女性。大量证据表明在我们的心理学分类中存在一个"基本层次"。具有相同基本层次的成员具有高度相似性。例如，小孩和成人在做推理时，他们经常在老虎、大象这个层次上认为这些动物有本质，而不是在哺乳动物这个层次上认为动物有本质，也不是在东北虎、黄河古象这个层次上认为动物有本质。关于这些基本层次动物的信息（例如老虎是有花纹的、四条腿的、有尾巴的、伤害人）影响了人们关于本质的理解。这些信息基本上都是通过语言交流获得的，而那些更重要的特征反而被弱化。甚至学龄前小孩会接受某一个体看起来属于一类，但实际上属于另外一类。这表明小孩认为个体具有一种他们可能观测不到的内在结构。小孩能够理解为什么某块东西看起来像煤炭，实际上是金子。

小孩和成人都倾向于认为自然类的边界是非常明显的，例如老虎和狮子是完全不同的动物。尽管有研究表明成人总是认为他们了解的某一动物属于某一自然类，而非属于另外一个自然类，尽管事实上这两个类之间不存在截然区分，只有程度之别。小孩认为自然类就反映了客观的、非约定的事实。至少四岁的小孩能够认识到活物和非活物的内在层面不同。研究表明，十四个月的小孩会理所当然地认为动物具有同样的内在特征而非外在特征，就会产生

同样类型的动作。小孩不仅相信人有本质，而且相信本质可遗传。小孩会相信：黑猩猩的孩子会长成黑猩猩的模样。小孩会很自然地接受如下俗语："龙生龙、凤生凤，老鼠的儿子会打洞。"血统论、出身论实际上是这种遗传本质主义的一个变种。本质可遗传这个信念也表现在柯南·道尔的《爬行人》这个故事里。福尔摩斯通过推理发现了一位老教授的经历：为了恢复他童年的活力，教授从猴子腺体里面提取血清注入自己身体里，这就使得教授拥有了好几样猴子的特性。他变得更有攻击性，关节变薄开始长毛，他还具有了超过人类的攀爬能力，并且走路越来越像猴子。这个故事反映了一种本质主义思维方式，从猴子腺体中抽取的血清保存了猴子的本质，使得其接受者也具有猴子的本质。这些本质特征属于个体的内在部分，但也可以被转移、混合产生一种杂交的特性。这样一种信念在小孩那里广泛存在：他们相信把一个吝啬人的心脏移植到另外一个人身上会使得这个接受者变得吝啬。除了输血和移植可以传递本质之外，人们还愿意花大价钱购买非常普通的物品，如果这个物品曾被某个著名人物使用过。

　　实验哲学研究表明，儿童和成人分享相同的直觉。儿童在天桥案例中也显示出"道义论"直觉倾向，在关于人们意向行动的直觉中同样受到道德判断的影响，在因果判断中受到规范的影响。我们在成人那里发现的哲学直觉稳定存在于儿童之中，儿童和成人分享大致相同的直觉。事物具有本质这样一种心理学本质主义直觉稳定存在于儿童和成人之中，甚至有可能具有一种内在的基础。

　　另外，自然类是否真正具有本质是一个科学问题。哲学家如戴维特会认为自然类具有本质，化学家、生物学家会认为化学和生物物种没有人们所理解的本质，关于自然类的本质主义观点可能源自一种认知偏见而非对实在的洞见。赫尔指出，就生物来说，本质主义是错误的（Hull, 1986）。哲学家认为人类具有同样的本质。哲学家已经提出了建立在生物学基础之上的人类具有相似本质的看法。前面已经提到，自然类词二维特征论和查尔莫斯所提出的二维语义学是两个不同领域的理论，前者是一个认知科学中人们认知自然类概念的理论，后者是一个关于名字的语义学理论，当然不难看出二者在基本观点上比较相似，但并非类同。

　　我认为如果"生物学"指的是专业生物学家尤其是演化论生物学家所理解的技术领域，那么说所有属于人类的生物作为一个生物物种在本质上相同这个观点就是错误的。生物学家提出了强有力的证据：生物物种不具有人类所理解的那种本质。认知科学家则解释了人类的确存在一种认识事物的本质主义倾向，以及为何以本质主义思维模式认识事物。如果把物理学、生物科学称作硬科学，把认知科学、心理学称作软科学的话，可以说前者是对世界客观特征的把握，发现的是世界中的事实，后者是对人类认识世界产生的主观特征的把握，发现的是人认识过程中产生的认知现象。实验哲学属于后者，但是它接受物理学、生物学的结论，整合了实验调查的结论，从两个层面否定了自然类词与本质主义的关联。

有人可能指出，调查直觉无法证成某一个哲学理论。雷伊认为心理学家只考查人们如何使用语词，而不能考查人们如何正确使用语词（Rey, 1985）。心理学研究描述性事实，哲学研究规范性事实。接受这个区分，就意味着大众直觉和指称理论无关。布莱斯比认为语义学的外在论立场的确会威胁概念研究的经验心理学传统（Braisby, 1996：249）。布莱斯比这种看法并非少数。达米特在《弗雷格：语言哲学》一书导言中也指出："伦理学在政治哲学之先，道德心理学在伦理学之先。"（达米特，2018：3）道德心理学属于描述研究，伦理学、政治哲学属于规范研究。弄清楚描述研究对于规范研究是有帮助的。可以说道德是建立在形而上学基础之上还是建立在心理学基础之上，这是一个巨大的分野。当我们在理解自然类词理论时，一方面自然类词指称世界之中的自然类，自然类本身是否具有内在本质结构就是一个科学问题。另一方面人们对自然类词的理解，通过经验调查，发现其二维特征，这背后源于人们对自然类的本质主义观念。

总括来说，本文试图表明经验调查并不支持自然类词的外在主义理论，认知科学表明自然类词的二维特征是一个更具有经验基础的理论，二维中的因果本质的一维反映了人们的本质主义观念，这可以通过心理学来加以解释。

参考文献：

Braisby, Nick; Franks, Bradley & Hampton, James, "Essentialism, Word Use, and Concepts", *Cognition*, 1996, 59 (3): 247-274.

Heyman, Gail D. ; Phillips, Ann T. & Gelman, Susan A, "Children's Reasoning about Physics within and across Ontological Kinds", *Cognition*, 2003, 89 (1): 43-61.

Hull, David, "Evolution at a Crossroads: The New Biology and the New Philosophy of Science by David J. Depew; Bruce H. Weber", *ISIS*, 1986, 77: 128-129.

Jylkkä, Jussi; Railo, Henry & Haukioja, Jussi, "Psychological Essentialism and Semantic Externalism: Evidence for Externalism in Lay Speakers' language Use", *Philosophical Psychology*, 2009, 22 (1): 37-60.

Knobe, Joshua ; Prasada, Sandeep & Newman, George E, "Dual Character Concepts and The Normative Dimension of Conceptual Representation", *Cognition*, 2013, 127 (2): 242-257.

Leslie, Sarah-Jane, "Essence and Natural Kinds: When Science Meets Preschooler Intuition",

Oxford Studies in Epistemology, 2003, 4: 108-66.

Malt, B.C, "Water is not H$_2$O", *Cognitive Psychology*, 1994, 27(1): 41-70.

Machery, E. & Seppälä, S, "Against Hybrid Theories of Concepts", *Anthropology and Philosophy*, 2011, 10: 99-126.

Rey, Georges, "Concepts and Conceptions: A Reply to Smith, Medin and Rips", *Cognition*, 1985, 19 (3): 297-303.

Tobia, Kevin P. ; Newman, George E. & Knobe, Joshua, "Water is and is not H$_2$O", *Mind and Language*, 2020, 35 (2): 183-208.

达米特:《弗雷格: 语言哲学》, 黄敏译, 北京: 商务印书馆, 2018 年。

Empirical Foundations of the Dual Character Interpretation Theory of Natural kinds

Jianhua MEI

The Interdisciplinary Platform of Philosophy and Cognitive Science, Renmin University of China,

School of Philosophy and Sociology, Shanxi University

Ming LI

Department of Philosophy, School of Humanities, Tsinghua University

Abstract: Philosophical theories are fundamentally systematic claims about the world and therefore require empirical evidence to underpin them. Experimental philosophy echoes this requirement. Theories about proper names, indexicals, and natural kinds in philosophy of language should all have empirical support. We examine the empirical evidence for the theory of natural kinds and its essentialist foundations from experimental philosophy, psychology, and biology perspective, showing that the existing mainstream external theory of natural kinds based has some limitations and that the two-dimensional character theory of natural class words is a more reasonable theory.

Keywords: natural kinds; externalism; two-dimensional character; biological essentialism; psychological essentialism

名称、命名与语言直觉：以新冠肺炎和垃圾分类为例 ①

◎ 陈海

上海大学文学院

摘 要： 日常的命名活动可以追溯到命名仪式，而命名仪式又可以分为狭义命名仪式和广义命名仪式两类。垃圾分类的例子表明了，当一个狭义的命名仪式达成后，其优先性会高于广义的命名仪式。当一个名称没有狭义的命名仪式时，广义的命名仪式就决定了该名称的由来。而在广义命名仪式中，包含言说者语言能力和语言经验的语言直觉发挥了决定性作用。

关键词： 新冠肺炎；垃圾分类；命名仪式；语言直觉

一、引言

2020 年，我们的正常生活因为一场突如其来的新冠肺炎疫情而发生了巨大的变化。许多医护工作者和其他重要岗位的工作者日夜奋战在抗疫的第一线，许多科学工作者也在奋力研制相应的药物和疫苗。作为哲学研究者，我也希望在抗击疫情的战斗中贡献自己的力量。而在 2020 年 3 月 16 日，时任美国总统唐纳德·特朗普（Donald Trump）在其个人社交平台上以不当名称指称引发此次疫情的新型冠状病毒，引起轩然大波，世界各地都对他的这一行为口诛笔伐，并迫使其在一周后公开表示不再使用该名称。虽然特朗普的闹剧就此草草收场，但是我们应该如何避免这样的闹剧再次发生呢？此刻，哲学研究者似乎找到了用武之地。在本文中，我将通过对"命名"相关的理论进行考察，来澄清我们日常的命名过程，以及我们的语言直觉在命名过程中所扮演的角色。

① 【基金项目】国家社会科学基金重大项目"基于虚拟现实的实验研究对实验哲学的超越"（15ZDB016）；中国博士后科学基金第 13 批特别资助（站中）项目"汉语言道德哲学研究"（2020T130400）。

二、专名与命名仪式

据我所知，其实并没有太多哲学家直接讨论过"命名理论"，下文提到的索尔·克里普克（Saul Kripke）和迈克尔·戴维特（Michael Devitt）算是涉及命名问题的代表性哲学家。不过，与"命名"这一语言现象关系紧密的"专名"问题，则一直受到哲学家们的高度关注。关于"专名"的讨论，至今大约有两大流派的理论，即以戈特洛布·弗雷格（Gottlob Frege）、伯特兰·罗素（Bertrand Russell）、路德维希·维特根斯坦（Ludwig Wittgenstein）、约翰·塞尔（John Searle）等人为代表的摹状词理论和以克里普克、希拉里·普特南（Hilary Putnam）为代表的因果历史理论。

1. 关于专名的讨论

一说到专名问题，往往就会联想到罗素的摹状词理论。但事实上，关于专名的讨论，在弗雷格甚至更早的约翰·斯图亚特·密尔（John Stuart Mill）那里，就有端倪。密尔曾捍卫"专名只是个别的人或对象的标签，它们只不过是把这些个体本身作为它们在其中出现的语句的意义"[①]，否则就没有意义。威廉·G. 莱肯（William G. Lycan）将这些被认为必须"通过指称它们所指示的特定对象并且把这些所指引入谈话而具有意义"的名称（names）都称为"密尔式的名称"[②]。弗雷格则相反，认为"专名像其他语词一样，是有意义的……专名有指称也有意义，我们通过意义来指称"[③]。罗素曾长期持有意义的指称论观点，但在遇到"当今的法国国王"这样的指称难题之后，罗素尝试使用摹状词理论来进行修补，他提出"专名等于一个或一些确定的摹状词（描述语）"[④]，并断言"专名与摹状词是语义等值的"[⑤]。塞尔对此颇为困惑，因为如果专名等值于摹状词，"那么每一个名称，一定存在某个与之相等值的摹状词"[⑥]，而这是十分违背我们日常交流时对于名称的使用的。于是，塞尔提出了一种"簇摹状词理论"，对罗素式的摹状词理论进行修补（维特根斯坦曾提出类似的"不确定的集合"的构想，类似于塞尔的"簇摹状词理论"，但维特根斯坦没有系统地加以表述和讨论[⑦]）。塞尔认为，"名称不

---

① [美]威廉·G. 莱肯：《当代语言哲学导论》，陈波等译，北京：中国人民大学出版社，2011年，第40页。
② [美]威廉·G. 莱肯：《当代语言哲学导论》，陈波等译，北京：中国人民大学出版社，2011年，第40页。
③ 陈嘉映：《语言哲学》，北京：北京大学出版社，2006年，第291页。
④ 陈嘉映：《语言哲学》，北京：北京大学出版社，2006年，第293页。
⑤ [美]威廉·G. 莱肯：《当代语言哲学导论》，陈波等译，北京：中国人民大学出版社，2011年，第40页。
⑥ [美]威廉·G. 莱肯：《当代语言哲学导论》，陈波等译，北京：中国人民大学出版社，2011年，第44页。
⑦ 陈嘉映：《语言哲学》，北京：北京大学出版社，2006年，第302页。

是与任一特定的摹状词相连,而是与一簇不确定的摹状词相连的"①。

但塞尔的努力是否意味着摹状词理论得到了更为广泛的认可?答案恰恰是否定的。其中最猛烈的批评来自克里普克,莱肯将克里普克的批评归纳为两大类:摹状词理论要么预言的是错误的所指,要么就根本没有所指②。据此,克里普克提出了被称为"因果历史理论"的专名理论,即"专名是借助于某些与这个名称有关的历史事实去指称某个特定的对象的"③。普特南在专名问题上的观点与克里普克也十分相近,因此因果历史理论也被称为克里普克—普特南理论。虽然对于因果历史理论的批评也不少,但是莱肯也承认"语言具有公共的性质",如普特南所认为的那样,"句子的语言学意义不是由说话者的大脑状态和身体状态的整体所决定,实际上是由整个社会的使用模式所决定"④。

两种专名理论之间的争论已经延续了几十年,但是我们不难发现,摹状词理论和因果历史理论两者并非全然对立。从早期的摹状词理论到簇摹状词理论,变化在于我们将专名对应单一摹状词,理解为专名可以对应一个以上的不确定的摹状词。而从簇摹状词理论到因果历史理论,专名都被理解为对应一簇或一系列摹状词,只是簇摹状词理论要求专名对应的摹状词是对静止时空中的描述,而因果历史理论要求专名对应的摹状词是在历史中的。那么我们就可以说,摹状词理论和簇摹状词理论之间的鸿沟,似乎比簇摹状词和因果历史理论间的鸿沟,来得更大。换言之,如果我们试图将摹状词理论、簇摹状词理论、因果历史理论放在一起讨论,我们可以发现三者之间是递进的关系⑤,因果历史理论并没有否认簇摹状词理论甚至没有完全否认摹状词理论(包括克里普克自己也承认,因果历史链条中也有一些描述条件),

① [美]威廉·G.莱肯:《当代语言哲学导论》,陈波等译,北京:中国人民大学出版社,2011年,第46页。

② [美]威廉·G.莱肯:《当代语言哲学导论》,陈波等译,北京:中国人民大学出版社,2011年,第65页。

③ [美]索尔·克里普克:《命名与必然性》,梅文译,上海:上海译文出版社,2001年,第4页。

④ [美]威廉·G.莱肯:《当代语言哲学导论》,陈波等译,北京:中国人民大学出版社,2011年,第74页。

⑤ 感谢有一位匿名审稿人指出,"摹状词理论、簇摹状词理论、因果历史理论具有递进关系的说法不恰当",因为"作为一种指称理论,因果历史理论是与摹状词理论和簇摹状词理论真正相竞争的理论"。对此,我的回应是:一般的理解认为簇摹状词理论是对摹状词理论的补救,而因果历史理论是对簇摹状词理论的颠覆。而我认为,如果把因果历史理论理解为加入时间维度的簇摹状词理论,那么因果历史理论就不再是和摹状词理论全然对立了。收到评阅意见后,我在搜索文献时无意中发现了陈波有过和我类似的看法,即描述论/直接指称论会导致循环的方式去确定一个名称的所指,因此需要加入历史因果链条,他称之为"社会历史的因果描述论"(陈波,《社会历史的因果描述论——一种语言观和由它派生的一种新名称理论》,《哲学分析》,2011年第1期,第3—36、99页)。

因果历史理论应当是一种更为开放的专名理论。

2. 命名仪式

对因果历史理论的一个重要批评在于，该理论的支持者如何接受"空名"。戴维特认为："因果历史链条开始向将来扩散，就好像这个名称赋予了某个真实的个体……这个链条最初环节是命名事件（或者命名仪式）本身，而不是对非存在的承载者的任何假想的行为。"[①] 戴维特对因果历史理论的辩护，使得另外一个问题开始引起我们的关注，那就是"命名"问题。

克里普克在《命名与必然性》中就有提到"命名仪式"。他说"对象可能以实指的方式来命名，或者这个名称的指称也可以通过某个摹状词来确定"[②]，这是一个最初的命名仪式，具有强烈的"直接指称"意味。根据克里普克所持的因果历史理论，柏拉图因其口若悬河被称为"柏拉图"（Platus 在古希腊语中有"流畅宽阔"之意），而第一个称柏拉图为"柏拉图"的人（柏拉图出生时的名字是亚里斯多克勒斯）一旦开始这么称呼柏拉图后，这一称呼就被"一环一环地"流传开来了。第一个称呼柏拉图为"柏拉图"的人（以下简称"第一人"），可能并不知道柏拉图将来会发生什么事（比如收了一个叫亚里士多德的学生），但这并不妨碍"第一人"在多年后继续以"柏拉图"来称呼柏拉图，甚至"第一人"多年后看到柏拉图、喊出"柏拉图"时，"第一人"都不知道柏拉图有个学生叫亚里士多德，但是柏拉图依然能够知道"第一人"是在叫他。

支持因果历史理论的哲学家都希望通过对命名仪式进行探讨，来为该理论进行辩护。而因果历史理论的反对者，如加雷斯·埃文斯（Gareth Evans）等人，也会抓住命名仪式作为他们质疑的重点。对命名仪式的有效性和可靠性的质疑，大约有以下三类：第一，名称可能由于一些不可抗拒的或无人知晓的原因改变了其指称，那么最初的命名仪式也就不可靠了（埃文斯引用的例子是"马达加斯加本来指称的是非洲大陆的一部分，而非现在的马达加斯加岛"，我想到的真实的例子可能是"罗布泊"）；第二，命名仪式上指称的对象也有可能被我们认错；第三，主持命名仪式的人或对名称起源负责的人，可能在命名时发生范畴错误（埃文斯引用

---

① [美]威廉·G.莱肯：《当代语言哲学导论》，陈波等译，北京：中国人民大学出版社，2011年，第69页。

② [美]索尔·克里普克：《命名与必然性》，梅文译，上海：上海译文出版社，2001年，第74页。

的例子是"把亚瑟王的儿子阿奈尔理解为一个地方")。[①]

但是埃文斯等人对命名仪式的质疑站得住脚吗？我们可以对这三类质疑一一进行回应。针对第一种质疑，我认为即使名称改变了其指称也不能指责命名仪式不可靠。比如，我们可以说我们对"马达加斯加"这个名称的理解，是以当下对"马达加斯加"的理解为回溯的起点的，也就是说"马达加斯加"这一名称与该名称现在所指称的"马达加斯加岛"的关系正式建立的那一刻，此命名仪式才算完成。也就是说，即使"马达加斯加"这个名称曾经指称过其他任何事物，也不能作为"马达加斯加"与"马达加斯加岛"这对指称关系建立的前因。同样，"马达加斯加"与"马达加斯加岛"的指称关系也不会影响到"马达加斯加"与动画片《马达加斯加》之间的指称关系。（戴维特曾试图用"多重根基"理论来回应这一类质疑，但我会认为"多重根基"理论更适合回应第三类质疑，而戴维特恰恰没有很好地回应第三类质疑。）针对第二类质疑，我认为命名仪式上的对象被我们认错也不影响我们对名称的使用。我们可以举出许多在命名过程中"将错就错"的例子，比如"哥伦布命名（西）印度群岛"和"葡萄牙殖民者命名澳门的葡文名 Macau"等，但这都不影响我们对这些名称的使用。针对第三类质疑，我们可以采用"多重根基"理论[②]辩护：即使错了也没关系。因为根据戴维特的"多重根基"理论，命名仪式后续生发或关联的历史链条可以不止一条，而多条历史链条之间的关系是模糊的，那么命名人犯的范畴性错误可以在其他的历史链条中得到修正或补救。我认为以此来解释"把亚瑟王的儿子阿奈尔理解为一个地方"是合适的。

三、命名仪式与语言直觉

有人会质疑，克里普克等人为了给因果历史理论进行辩护而提出的"命名仪式"，可能只是一种一厢情愿的猜想，因为，我们都未曾经历或直面他们所说的"命名仪式"。但事实上，"命名仪式"在我们的日常生活中还会经常出现。并且，"命名仪式"还有可能以两种形式存在于我们的日常生活，一类被我称为"广义的命名仪式"，一类被我称为"狭义的命名仪式"。2019 年 7 月，上海开始全面实行"垃圾分类"，在"垃圾分类"执行的过程中就包含了一次重要的"命名仪式"。

----

① ［美］威廉·G.莱肯：《当代语言哲学导论》，陈波等译，北京：中国人民大学出版社，2011 年，第 69—71 页。

② Devitt, Michael, *Designation*, New York, NY: Columbia University Press, 1981, p. 150.

1. 垃圾分类：命名仪式一例

2019 年 1 月 31 日，上海市十五届人大二次会议表决通过了《上海市生活垃圾管理条例》[①]（以下简称《条例》），该《条例》将于 2019 年 7 月 1 日起施行，这意味着上海将在 2019 年 7 月 1 日全面执行被称为"史上最严"的"垃圾分类"条例。条例规定，本市生活垃圾按照以下标准分类：（1）可回收物，是指废纸张、废塑料、废玻璃制品、废金属、废织物等适宜回收、可循环利用的生活废弃物；（2）有害垃圾，是指废电池、废灯管、废药品、废油漆及其容器等对人体健康或者自然环境造成直接或者潜在危害的生活废弃物；（3）湿垃圾，即易腐垃圾，是指食材废料、剩菜剩饭、过期食品、瓜皮果核、花卉绿植、中药药渣等易腐的物质生活废弃物；（4）干垃圾，即其他垃圾，是指除可回收物、有害垃圾、湿垃圾以外的其他生活废弃物。生活垃圾的具体分类标准，可以根据经济社会发展水平、生活垃圾特性和处置利用需要予以调整。上海市"垃圾分类"的重要行为指导，就是该《条例》中对各类垃圾进行的归类和划分，而此次对不同垃圾的归类和划分就是一次典型的"命名仪式"。

作为一项利国利民的举措，"垃圾分类"得到广大市民的积极响应，在《条例》执行的半年多时间里，广大市民也逐渐养成了"垃圾分类"的习惯。但在《条例》刚刚开始执行的时间里，许多市民对于"垃圾分类"的相关技能，掌握得并不十分娴熟，在"垃圾分类"的过程中，也出现了许多困惑。"垃圾分类"刚刚开始在全上海推广执行的时候，有许多和"垃圾分类"相关的趣闻在网上流传，比如，宣传"垃圾分类"的居委会工作人员会告诉你"饼干再怎么干都是湿垃圾"，"湿纸巾再怎么湿都是干垃圾"等等。如果我们没有熟悉过《条例》或者没有参加过"垃圾分类"培训，应该都会有这样的疑问：干的饼干为什么不是干的垃圾，湿的纸巾为什么不是湿的垃圾？以"饼干再怎么干都是湿垃圾"和"湿纸巾再怎么湿都是干垃圾"为例，我们会发现，我们对"饼干"的理解通常是"干的某物"，对"湿纸巾"的理解通常是"湿的某物"。同理，我们对"干垃圾"的理解通常是"干的垃圾"，对"湿垃圾"的理解通常是"湿的垃圾"。因此，将废弃的"干的某物"归为"干的垃圾"，将废弃的"湿的某物"归为"湿的垃圾"，是能够得到我们的直觉支持的，但这与《条例》的规定并不一致。那么，这些在"垃圾分类"过程中出现的不一致，为何会产生呢？

[①] 《上海市生活垃圾管理条例》URL=<https://law.sfj.sh.gov.cn/detail?id=63e228c3017cb86734d3a0ae4590ef36>, 2021-9-4.

2. 两类命名仪式

上海市通过行政手段推行"垃圾分类"的过程中，涉及了为"可回收垃圾""有害垃圾""湿垃圾""干垃圾"等概念的（再）命名，有明确的文本依据（即《条例》）表明这是一次明确的"命名仪式"，《条例》的颁布本身就具有强烈的仪式感。类似于上海"垃圾分类"这样的"命名仪式"，我将之称为"狭义的命名仪式"。所谓"狭义的命名仪式"，是一种通过"定义"的方式明确规定了"某事物是指什么"的命名活动。根据"定义理论"，"定义"的种类可以划分为：属加种差定义、语境定义、穷举定义、列举定义、实指定义、递归定义、描述性定义、约定性定义、修正性定义等9种。[①] 因此"狭义的命名仪式"类型也可以据此分为以上9类。以"垃圾分类"为例，《条例》对四类垃圾进行的命名，就是通过"列举定义"实现的。

相应地，还有一类"命名仪式"就可以被称为"广义的命名仪式"。所谓"广义的命名仪式"，就是在命名过程中，并不存在一个类似于"垃圾分类"那么明确的事件或仪式，但仍被人们广泛地认可和使用。比如，英国影视演员本尼迪克特·康伯巴奇（Benedict Cumberbatch）因其标志性的卷发和他饰演的著名电视角色神探夏洛克·福尔摩斯（Sherlock Holmes）而被中国影迷称为"卷福"（意指"卷发的福尔摩斯"）。这一称呼从未有过明确的"命名仪式"，也无法考证是谁第一次使用了"卷福"这一称呼，但"卷福"现在却成了人们对于康伯巴奇的统一称呼，只要一提"卷福"大家都知道指的是"演员康伯巴奇"。同样的例子还有以"抖森"指称英国演员汤姆·希德勒斯顿（Tom Hiddleston）、以"甜茶"指称美国演员提莫西·查拉梅（Timothée Chalamet）、以"霉霉"指称美国歌手泰勒·斯威夫特（Taylor Swift）等（但很多艺人给自己取艺名或作家给自己取笔名，则不属于"广义的命名仪式"而是"狭义的命名仪式"，比如周树人给自己取了个"鲁迅"的笔名，就是"狭义的命名仪式"）。

"狭义的命名仪式"和"广义的命名仪式"都是"命名仪式"，两者对于我们日常交流中对语词的使用都有着举足轻重的意义，但两者又存在着明显的差异。首先，"狭义的命名仪式"的仪式意味明显，有特定的、明确的规定性内容，有的"狭义的命名仪式"还有一定的强制性（比如"垃圾分类"，如不按照《条例》进行垃圾分类，则此垃圾分类行为属于"错误行为"，需要纠正），有的则不具有强制性（比如周树人给自己取了个"鲁迅"的笔名，你要看到"鲁迅的文章"说"这是周树人写的"，也不属于犯错），但"广义的命名仪式"则不具

[①] 陈波：《逻辑学导论》（第三版），北京：中国人民大学出版社，2014年，第223—228页。

有这样的规定性内容。

其次，"广义的命名仪式"具有明显的自发性，因此，对于事物的命名，即使没有"狭义的命名仪式"，"广义的命名仪式"也是存在的；而且，往往在"狭义的命名仪式"之前，"广义的命名仪式"也是存在的。还是以"垃圾分类"为例，在前文我已经提到，《条例》出台后，上海市民在垃圾分类过程中出现了许多困惑，尤以"饼干为什么是湿垃圾"和"湿纸巾为什么是干垃圾"为代表。如果根据"广义"和"狭义"命名仪式的区分，以上的困惑在于人们对于"干垃圾""湿垃圾"的理解（即"广义命名仪式"的产物）和《条例》中对"干垃圾""湿垃圾"的定义（即"狭义命名仪式"的产物）存在出入。而人们对"干垃圾""湿垃圾"的日常理解是先于《条例》中对"干垃圾""湿垃圾"的规定的。

最后，虽然"狭义命名仪式"和"广义命名仪式"针对同一事物的命名会存在差异，但是由于"狭义命名仪式"的规定性特征，人们在日常交流中对某些语词的使用或对某些概念的理解会因此发生变化。比如，《条例》执行半年多来，上海市民在日常交流中对于"干垃圾""湿垃圾"等概念的使用，逐渐和《条例》的规定一致了。而为了区别于《条例》所定义的"干垃圾""湿垃圾"（彻底地"专名化"），我们日常理解的"干垃圾""湿垃圾"也会通过"干的垃圾""湿的垃圾"这样的改造（进一步地"通名化"），在日常交流中继续使用。这里需要强调的是，针对同一事物，在规定性命名仪式达成之前，"广义的命名仪式"的产物可能不止一个（即对同一事物可能有不止一种称谓），并且，如果规定性命名仪式不具有强制性，那么"广义命名仪式"的产物在日常交流中也依然会被广泛使用。比如，"甘蓝"在我国南方叫"包心菜"，在我国北方叫"圆白菜"，并且至今在南方依然叫"包心菜"，在北方依然叫"圆白菜"。

3. 广义命名仪式和语言直觉

那么，如果我们既要承认"广义命名仪式"的存在，却又无法对"广义命名仪式"进行考证或描述，可以通过怎样的方式来应对"广义命名仪式"的解释困境呢？诺曼·乔姆斯基（Noam Chomsky）以及戴维特等人曾讨论了我们的"语言直觉"（linguistic intuitions），我在此想沿着这一路径，以"语言直觉"为"广义的命名仪式"提供解释。

关于"语言直觉是什么"的讨论在晚近不在少数，尤以乔姆斯基和戴维特为代表。在此我暂时想要表明的是，作为一种客观事物或现象，"语言直觉"是存在的。因此，我对"语言直觉"的暂时性理解应该类似于乔姆斯基给出的较为宽泛的关于"语言直觉"的界定：所谓

"语言直觉"就是母语使用者对该语言中的语言现象的可接受性以及是否合乎语法的判断。[①]也就是说,一个正常的母语使用者具有关于该语言的"语言直觉"。比如,我的母语是汉语,那么在正常情况下,我具有关于汉语的"语言直觉"。关于某种语言的"语言直觉",也可以分为对"语义"的直觉和对"语法"的直觉,但这两种语言直觉通常都是母语使用者同时具有的。乔姆斯基在《句法结构》中就指出,根据语法产生的句子应该是母语使用者可以接受的,语法要能解释母语使用者识别句子是否同义或有歧义的直觉。[②]

由此,我们就有了合理的理由通过我们的"语言直觉"来解释"广义的命名仪式"。当我们在面对某一陌生事物时,我们试图给予该事物一个名称,以便于我们对其进行讨论。但是,起初,每一个人对于该事物的命名都可能不同,慢慢地在交流实践中(即使没有"狭义的命名仪式")我们对于该事物的名称就会逐渐收敛至一个(或少数几个)。并且,这种收敛并没有经历过一个有意识的筛选过程。最后得到的名称之所以会得到较为广泛的认同,就是该名称经受住了母语使用者的语言直觉的检验或筛选,而这种检验或筛选是直觉性的或无意识的(但这种直觉性的或无意识的检验或筛选往往都是合理的,这也表明"语言直觉"也具有一般意义上的"直觉"的特性[③])。

四、"语言直觉"就是"能力之声"吗?

那么,我们的"语言直觉"究竟是什么呢?以乔姆斯基为代表的研究者认为,语言直觉就是一种语言能力,这一派的观点也被称为"能力之声"(voice of competence,简称VoC),斯蒂芬·斯蒂奇(Stephen Stich)、雅克·欣提卡(Jaakko Hintikka)、提摩西·威廉姆森(Timothy Williamson)都支持这一观点。另一派则不(完全)同意"能力之声",这一派的主将就是戴维特,他提出了一种关于语言直觉的"温和解释"(modest explanation,简称ME)。但我认为这两种解释都不够好,因此我将在最后提出被我称为"混合理论"(hybrid theory,简称HT)的语言直觉解释方案。

---

① Devitt, Michael, "Linguistic Intuitions are not 'the Voice of Competence'", *Philosophical Methodology: The Armchair or the Laboratory?*, London: Routledge, 2013, p.268.

② 戴曼纯:《语言直觉的方法论意义》,载《语言教学与研究》,2000年,第2期,第21页。

③ 陈海:《新理性直觉主义作为道德形而上学的奠基》,北京:中国社会科学出版社,2020年,第47—53页。

1. "能力之声"

"能力之声"认为语言直觉就是一种语言能力，而语言能力就是语言知识。乔姆斯基就认为，语言学理论的目的就是解释个体言说者的语言能力，而他们的语言能力就是他们的语言知识。① 与人的语言能力相关的是人的"语言官能"（language faculty），而所谓"语言官能"就是"语言习得装置，是获得语言的生物基础"。② "语言官能的成熟状态获得了某具体语言的知识的内在表征，因此使得语言使用者能够理解该语言，并同时具有了生成新的语句、辨识语句是否合乎语法的能力。"③ "能力之声"还认为，语言直觉具有认识论上的权威性，因为语言直觉是从具有心智表征的或默会的语法原则推导而来的。戴维特将这一类"能力之声"标识为"标准的能力之声"。戴维特反对"标准的能力之声"的原因在于，没有明显的证据表明语言规则是表征在说话者的心智中的。④

还有一类"能力之声"被戴维特标识为"非标准的能力之声"。如果"标准的能力之声"认为"语言规则和原则能在语言官能中表征"，那么"非标准的能力之声"就认为"直觉是由某种程度的具身性规则而非表征性规则提供的"。⑤ 戴维特对"非标准的能力之声"的反驳更为直接：我们根本不知道具身的却没有表征的规则是如何给我们提供语言直觉的。⑥

2. "温和解释"

如果"能力之声"不能作为对语言直觉的解释，那么还有什么方法可以解释我们的语言直觉呢？戴维特提供了被马克·泰克斯特（Mark Textor）称为"温和解释"的解释方案。所谓对语言直觉的"温和解释"就是指，如果一个有语言能力的言说者具有判断某表达是否符合语法的直觉，那么他的直觉的权威性源自基于经验的、判别表达是否合乎语法的专家技能

① Textor, Mark, "Devitt on the Epistemic Authority of Linguistic Intuitions", *Erkenm*, 2009, Vol. 71, No. 3, p. 396.

② 刘小涛：《语言能力和语言知识》，上海：上海大学出版社，2018 年，第 13 页．

③ 刘小涛：《语言能力和语言知识》，上海：上海大学出版社，2018 年，第 13 页．

④ Devitt, Michael, "Linguistic Intuitions are not 'the Voice of Competence'", *Philosophical Methodology: The Armchair or the Laboratory?*, London: Routledge, 2013, p.279.

⑤ Devitt, Michael, "Linguistic Intuitions are not 'the Voice of Competence'", *Philosophical Methodology: The Armchair or the Laboratory?*, London: Routledge, 2013, p. 278.

⑥ Devitt, Michael, "Linguistic Intuitions are not 'the Voice of Competence'", *Philosophical Methodology: The Armchair or the Laboratory?*, London: Routledge, 2013, p.278.

（expertise）。^①

泰克斯特进一步将戴维特理解的语言直觉概括为三大主张：（1）直觉是关于经验材料的完全即刻的非反思性判断，而这些材料是想象这种判断能力的特殊练习的经验；（2）直觉是承载了理论概念（合乎语法性）或常识概念（可接受性）的判断；（3）一个人的直觉的权威性，源自此人在应用直觉所包含的概念时的专家技能，而专家技能是通过训练而获得的。^②

戴维特还认为语言直觉应该是一种"无知的直觉"，"认知主体的大脑是一块白板，语言直觉是中心处理器对经验现象的回应，它负载语言经验的判断，并很少依赖意识的推理"。^③这是非常类似于约翰·洛克（John Locke）的"白板说"的解释，洛克认为："一切观念都是有感觉或反省来的……人心如白纸似的，没有一切标记，没有一切观念。"^④因此，如同洛克，戴维特的"温和解释"是一种彻底的经验主义解释。

3."混合理论"

作为对"能力之声"的回应，戴维特提出了一种"温和解释"。但我认为彻底经验主义的"温和解释"仍然不是一种对语言直觉的最佳解释。对此，我试图构建一种"混合理论"来为语言直觉进行更好的解释：所谓"语言直觉"应该是一种"语言能力"加"语言经验"的混合产物。

首先来看看对"白板说"的挑战。当代最著名的挑战"白板说"的挑战者史蒂芬·平克（Steven Pinker）表示，神经科学的研究已经逐步表明，"大脑基本结构在基因的控制下逐渐形成，学习和可塑性的重要性是经不住考验的，大脑的各个系统显示出了与生俱来的专门化迹象，相互间的功能也不可随意替代"。^⑤平克对"白板说"的挑战，即使没有完全否定"温和解释"，也很大程度上表明了我们的语言直觉会受到除了经验以外的事物的影响（比如平克所说的大脑结构）。因此，平克提出"语言是人的一种本能"^⑥。平克的这一观点和乔姆斯基主张

---

① Textor, Mark, "Devitt on the Epistemic Authority of Linguistic Intuitions", *Erkenm*, 2009, Vol. 71, No. 3, p. 395.

② Textor, Mark, "Devitt on the Epistemic Authority of Linguistic Intuitions", *Erkenm*, 2009, Vol. 71, No. 3, p. 398.

③ 范莉、杨金坤：《对笛卡尔预设的批判与重建——兼论戴维特的温和解释论》，载《科学技术哲学研究》，2016年，第1期，第41页。

④ ［英］洛克：《人类理解论》（上册），关文运译，北京：商务印书馆，2012年，第73页。

⑤ ［美］史蒂芬·平克：《白板》，袁冬华译，杭州：浙江人民出版社，2016年，第121页。

⑥ ［美］史蒂芬·平克：《语言本能：人类语言进化的奥秘》，欧阳明亮译，杭州：浙江人民出版社，2015年，第5页。

的"能力之声"颇为类似，平克自己也承认自己的观点深受乔姆斯基的影响。[①] 但是平克也表示自己并非完全照搬乔姆斯基的观点，而是与乔姆斯基的观点存在很多不同，平克认为，"将语言作为进化适应的结果有助于我们对语言的认识"[②]。

因此，我想通过改造平克对语言的解释，得到一种对语言直觉的"混合式"理解。"能力之声"认为人的语言直觉（仅仅）是一种语言知识，而"温和解释"认为人的语言直觉（仅仅）是建立在训练基础上的专家技能。"混合理论"则认为语言直觉是"语言能力"和"语言经验"的混合产物，其中，"语言经验"的积累类似于"温和解释"中的训练，而这里的"语言能力"不仅包含"能力之声"所声称的"语言知识"，还包含了其他一些内容。这些"其他内容"，恰如戴维特反驳"能力之声"所说的那样，在人的心智中没有表征。虽然这些"其他内容"没有表征，但这些内容有其物理性载体，简单地讲，这种物理载体就是平克所说的大脑结构。乔姆斯基也提出语言官能作为语言能力的生物基础，这种解释本质上没有说明语言官能和语言能力之间究竟是一种什么样的关系。平克所展开的论证则依赖于具体的大脑结构和功能，通过对大脑结构的相关研究说明大脑结构与语言能力之间的具体关联。这就是为什么平克认为自己的研究受到乔姆斯基深刻影响却又与乔姆斯基不一样。这也就是我特别要强调的，即"混合理论"中的语言能力比乔姆斯基所说的语言能力包含更多的内容。

五、结语

以上，我们通过对命名仪式和语言直觉的考察，可以得到"广义的命名仪式"是一种基于言说者语言直觉的命名方式，而言说者的语言直觉又是语言能力和语言经验的混合产物。再回到新冠肺炎及新型冠状病毒相关的事件中来。2020 年 2 月 8 日，国务院联防联控机制新闻发布会正式确定将新型冠状病毒感染的肺炎统一称为"新型冠状病毒肺炎"，简称"新冠肺炎"。2 月 11 日，世界卫生组织（WHO）宣布将新冠肺炎疾病命名为 COVID-19，将新冠病毒命名为 SARS-CoV-2。官方机构通过明确的"狭义命名仪式"统一了疫情中的关键名称。在"狭义命名仪式"前，对于新冠肺炎和新冠病毒的称呼一直存在差异和争议，而根据"广义命

---

① ［美］史蒂芬·平克：《语言本能：人类语言进化的奥秘》，欧阳明亮译，杭州：浙江人民出版社，2015 年，第 11 页。

② ［美］史蒂芬·平克：《语言本能：人类语言进化的奥秘》，欧阳明亮译，杭州：浙江人民出版社，2015 年，第 11 页。

名仪式"解释,这种差异和争议是可以消除的,但需要经过一定时间的检验和筛选。但面对来势汹汹的疫情,时间显得尤为宝贵,因此通过"狭义的命名仪式"消除这样的差异和争议是一种有效的手段。①

---

① 但是"狭义的命名仪式"也并不是随意而无依据的。世界卫生组织总干事谭德赛(Tedros Adhanom Ghebreyesus)就表示,对病毒和疾病进行命名时,必须在世卫组织、世界动物卫生组织以及联合国粮农组织的共同指导原则下,找到一个不涉及地理位置、动物、个人或人群,同时方便发音且与疾病有关的名称。

Names, Baptism and Linguistic Intuition: Taking COVID-19 and Garbage Classification for Example

Hai CHEN

College of Liberal Arts, Shanghai University

Abstract: The ordinary naming activities can be traced back to baptisms, which can be divided into two categories: narrow baptism and broad baptism. The example of garbage classification shows that when a narrow baptism is achieved, its priority will be higher than the broad baptism. If a name has no narrow baptism, the broad baptism will determine the origin of the name. And in the broad baptism, linguistic intuition including speakers' language abilities and language experiences plays a decisive role.

Keywords: COVID-19; garbage classification; baptism; linguistic intuition

语义性质的自然化及其困境[①]

◎王振

湖北大学哲学学院

摘 要： 自然语言的表达式具有一种相对特别的语义属性，即"意向性"。就某个具体的语言表达式来说，它可以相关于世界中的具体对象，例如"狗"相关于世界里活生生的狗。语言表达式就其实质而言不过是物质的声音或者痕迹，它怎么可能相关于（意指）那些非常不同于自身的世界里的对象呢？语义自然化理论企图对这个问题给予一种适配于"自然主义"立场的回答，即语言表达式的语义性质本质上是一种自然属性，相比其他自然属性，它并不更加特殊。本文试图对语义自然化的各种理论进行分析，以这些分析为基础，本文尝试提出对这些自然化理论的一种"总体性"的担忧——即自然化理论总是预设语义外部主义的合理，但笔者认为这是有问题的。本文的行文安排如下：第二部分是文章正文的开始，在这一部分，文章主要介绍语义自然化理论的基本思路和框架；第三部分分析自然化理论的其中一大流派即"因果论的自然化理论"；第四部分转而分析自然化理论的另一种典型形态即"目的论的自然化理论"；最后一部分是简单的总结和回应，在这一部分里，文章分析了语义自然化理论的一个总体上的困境。

关键词： 意义；自然化；表征

一、导言

毫无疑问，自然语言的表达式——不论其是句子还是句子部分，都具有明显的"语义"性质（特征、属性等），例如 "is true"（是真的）、"is about"（关于……的）、"refers"（指称）以及 "means"（意味着）、"has the truth-conditional content that p"（具有真值条件 p）等等。而这些语义性质本身又显示着如下根本特点：自然语言的表达式具有"表达"（显示、指称、再

---

① 基金项目：国家社科基金青年项目"当代西方语言哲学中的'约定主义'研究"（项目编号：17CZX045）。

现、关于等）它自身以外之事物的作用，例如"狗"这个表达式，它能够用来表达完全不同于"狗"这个表达式自身的具体世界中的狗那种动物；哲学家们通常把这种特点称为语言表达式的"意向性"（intentionality）。

围绕意向性而来的一个问题困扰了哲学家很久并仍然还在困扰着哲学家：自然语言的表达式不论其作为视觉的符号，还是作为听觉的声音抑或触觉的对象（比如盲文），它们尽管都以一种物理事物的形态出现，但表达式这种物理事物和表达式所表达的超出其自身的物理事物之间是如此不同，以至我们会惊讶上述那种"表达"的实现是如何可能的。仍然以"狗"为例，当我们说出或者写出"狗"时，作为语言表达式的"狗"如何可能指示和语言表达式完全不属于一类事物的具体的动物——狗？难道是因为语言表达式有什么"魔力"使得其可以做到这一点吗？

自然主义者一定会对上面提到的那种"神奇""魔力"之类事物感到极其不悦，让我们先来听听自然主义者的声音，以便了解他们到底不悦在何处。非常粗略地说，自然主义标示了这样一种立场：自然科学的本体论（方法论）足以让我们理解这个人们身处其中的"实在世界"（reality world）——例如这个世界的基本组成部分（本体论条目）、结构，本体论条目之间的相互作用及其本质等。通俗一点来说即这个世界一切都自然而然，没有任何"怪力乱神"的事物存在。那么对于语言表达式的语义性质来说，情况同样如此：语言的意向性这种属性和其他任何自然属性（比如物体的导电性、导热性等）一样都属于基本的自然属性的一部分。

把自然语言表达式的语义性质纳入自然主义的解释框架之内的哲学运动被称为"自然主义的意义理论"（naturalist theories of meaning）或者"语义学的自然化"（naturalizing semantics）或者任何类似前述两者的表述。围绕这个工作所做的努力在 20 世纪后半叶的语言哲学和心灵哲学内催生了大量的相关理论；为了讨论的简便，我在下文把这些相关的理论统一称为"语义的自然化理论"。接下来本文转向对具体理论的分析。

二、语义自然化理论的基本思路

绝大多数语义自然化理论遵循的基本框架是：首先，把语言表达式的语义性质看作派生的，它派生于心智状态（mental states）的语义性质；其次，通过基本的自然属性——物理或者生物属性，来解释心智状态的语义性质到底意味着什么。这个框架中的每一步都需要更多的内容来解释和说明。

1. 心智状态的语义性质

为了弄清楚上述框架的第一步，我们首先需要说明心智状态的语义性质是什么。很明显，为了理解心智状态的语义性质，我们必须先弄清楚心智状态。在自然化语义理论的框架内，心智状态一般被理解为常识心理学（folk psychology）所描述的关于心智的几种基本内在状态（internal states）：信念（belief）、欲望（desire）、知觉（perception）以及记忆（memory）等。其中"信念"和"欲望"是学者们讨论得最多的两种状态，而"信念"更是被看作心智状态的典型；因此在下文的讨论中，我也将多以"信念"为例子。

比如我相信："卓别林是一位伟大的喜剧表演艺术家。"引号中的内容是我正在（曾经、将来）相信的东西，它被刻画为我的一种内在状态。人们通常把这个内在状态称为"状态类型"（state type），以区别于它在不同的环境下被具体地实现出来的状态——例如我现在在办公室可以相信，我下班回家也可能相信，我在任意一个时间点可以相信，我在武汉能相信，我在美国也同样可以相信等等，这些具体实现出来的相信的个案被称为心智状态（内在状态）——相对"状态类型"而言——的"状态殊型"（state token）。一般来说，我们关注的是"状态类型"而非"状态殊型"。

除了心智状态的"类型—殊型"之分，我们还必须讨论一下它的基本结构。仍然以前面提到的那个信念为例子来说明。对于信念类型"卓别林是一位伟大的喜剧表演艺术家"来说，它首先要求一个"承载物"[①]，也就是说那个"盛放"该信念类型的"载体"；这个载体一般被假设为我们大脑内部的"神经状态或者事件"（neurological state or event）。其次，这个状态类型的承载者承载了什么心智内容（mental content），例如对于一个具体的信念状态来说，该信念状态的心智内容就是其所表达的具体内容。应该说这个内容是每种心智状态的根本特征，如果没有这种内容，人们很难设想一种类型的心智状态到底会是什么——除了知道它是一个大脑神经事件。关于心智状态的结构，最后还有一点需要补充。前面提及的载体也好、内容也罢，它们都属于心智状态的内部构成，那么心智状态有没有外部构成呢？答案很明显是肯定的，以信念"卓别林是一位伟大的喜剧表演艺术家"来说，这个信念的内容是一种对于外部世界状况[②]的表达或者描述，那么这个外部的事物就称为心智状态之内容的对象（object）。所以总体而言，每种心智状态都体现了"载体—内容—对象"这样一种三元结构。下面我们将会看到，正是这个三元结构定义了心智状态的语义性质。

[①] 我们通常把它看作某种类似于交通工具一样的具有承载功能的事物，对应的英文常常是：representational vehicle。

[②] 也就是那个真实地发生在历史中的事实：卓别林是一位伟大的喜剧表演艺术家。

心智状态的结构其实已经清楚地说明了它所具有的语义特征：心智状态的载体所承载的内容是关于外在世界的内容。对于一个信念类型来说，信念内容是关于外部世界的内容：信念表达的是关于外部世界的信念。这里不论是"表达"也好，还是"关于"也罢，它们其实就是语义性质的体现。在语义自然化的诸理论中，心智状态的语义性质常常被看作一种"表征关系"（representational relation）；因此相应地，心智状态就对应于"心理表征"（mental representation），心智内容则对应于"表征内容"（representational content：the content of representation），而心智内容的对象就是"表征对象"（the thing that the representation is aimed at representing）。"表征关系"这种语义性质就是本文开始提到的"意向性"：表征内容和表征对象之间的意向性关系。

有了对心智状态的语义性质的刻画，笔者接下来要考察的问题就是：这种语义性质如何衍生了自然语言表达式的语义性质？

2. "心理语"（mentalese）和心理语优先假设

我们已经知道语义自然化的第一步是化归自然语言的语义性质到心智状态的语义性质，从而使得心智状态的语义性质在本体论序列上比自然语言的语义性质更加基本。上述这一点的合理性如何得到辩护？这个辩护主要分成两个部分，以下内容是对第一部分的分析。

根据前述对自然语言的语义性质以及对心智状态的语义性质的分析，大家应该发现了一个极富吸引力的对比：上述两种语义性质是同构的。这种同构主要体现在如下两个方面：第一，心理表征具有和自然语言相同的结构；第二，心理表征的意向性特征和自然语言的意向性特征是相同的。就第一方面来看，心理表征和自然语言的同构体现在它们语形结构的一致。也就是说，心理表征表现为一种"内在语言"，这个内在语言的"工具箱"①包括：基本的初始词汇、形成规则、合适公式、推理规则、定理或者公理等。这个内在语言一般被称作"心理语"，心理语的最基本要素就是它的词汇——人们称其为"内在概念"（internal concepts）。心理语的物质载体既不是文字符号、声音音节也不是可触碰对象，而是大脑的神经生理部件。如果这种心理语假设是正确的，那么我们的大脑思维过程将被分析成：大脑的神经生理部件形成内在概念，内在概念构成心理语，然后我们的心理表征使用心理语来进行表征工作；心理表征就是前

---

① 当然这个工具箱也可以参照自然语言的语法给出：各种基本的词汇类型，构成有意义句子的规则，从有限的句子构造新句子的推理规则等等。

面提及的心智状态比如感知、信念、欲望、思维、想象、回忆等等，当心理表征使用心理语来表征时，其实就是大脑①在进行"思想"——广义的思想。所以心理语假设的另一种说法就是"思想语言假设"（the hypothesis of language of thought）。另一方面，既然心理语和自然语言在结构上完全一致，那么两者的意向性属性当然也就完全一致了。自然语言的意向性就是心理语的意向性。通过心理语或者思想语言的假设，我们知道了心理表征和自然语言在语义性质方面的同质性，但似乎仅此还不足以论证心理表征的语义性质在本体论上比自然语言的语义性质更加基本；因此关于心理语在本体论上的优先性，我们还需要独立的论证。

如何给出这个论证，学者们远远没有达成共识。一个通常的策略是：通过说明这种优先性假设会带来哪些解释上的好处，来论证该假设本身的合理性。根据这个策略，我们需要说明的问题就变成心理语假设在解释上具备哪些好处。假定心理语优先的最大好处是可以分析不具备人类语言能力的物种如何具有表征能力，因为如果自然语言及其语义性质相比心智状态的"语言"以及语义性质更加基本，那么没有自然语言能力的物种就不会有心理表征。但根据我们的直觉②，许许多多的不使用人类语言的动物具有良好的表征能力，这种缺乏语言的内在表征比通过应用自然语言的表征要广泛得多。仅从心理语能够涵盖更多的被解释对象这一点来说，心理语比自然语言要更加基本。此外，如果我们接受语言的进化论立场，即认为语言是人作为动物进化到一定程度才产生的，那么很明显，人经历了一个从没有语言到有语言的进化，但人的心理表征在进化前后是一致的——谁都会承认人类一直拥有心理表征的能力，而且这种能力和人类是否进化得能够使用语言无关。因此，心理语比自然语言在本体论序列上要优先得多。有了这样的论证，心理语的优先性假设才得以成立。

值得说明的是：所有上述两个步骤在自然化语义理论中都存在着极大而且广泛的争议；有许多学者并不承认心理语或者心理语假设的优先性但仍然坚持自然化的根本立场——这些学者对于心智状态的语义性质优先于自然语言的语义性质有其他独立论证——关于这些论证笔者在此不再赘述。就此而论，本节讨论的内容相对自然化语义理论来说完全是可分离的，是否持有本节论述的立场对自然化语义理论来说不是根本的。

也许一个温和的结论有助于结束这部分内容的讨论：尽管心理语以及优先性假设的正确性尚有争议，但是对于很多自然化语义理论来说它确实是一个方便的假设——也仅仅只是方便而已。

---

① 这里的大脑并不一定就是人的大脑。
② 这种直觉远没有达成广泛的一致。

3. 自然事实和表征内容

在完成心智状态的语义性质优先于自然语言的语义性质的论证之后，自然化语义理论接着要做的事情就是通过基本的自然属性来解释心智状态（心理表征）的语义性质。在本部分内容的第一小节，笔者已经分析了心理表征的基本结构，即心理表征具有表征、表征内容和表征对象三个基本要素，并且以之为基础分析了心理表征的语义性质，即表征内容与表征对象之间的意向性关系。那么对于自然化语义理论来说，如何"自然地"说明上述意向性关系呢？

一条颇具吸引力的线索是这样的：假设一个有表征能力的"组织"（organism）①，这个"组织"——具有心理语的结构而没有内容——面对着一个外部世界，然后该"组织"对这个外部世界形成表征即获得表征的内容；既然表征的内容是具有表征能力的组织通过面向外部世界获得的，那么表征内容和表征对象之间的意向性关联就是显而易见的了，因为表征内容恰好就是对于外部世界的表征。有了上面的线索，接下来的关键问题就是，具有表征能力的组织通过面对外部世界获得表征内容这一点如何通过自然性质来阐明？

对于"组织"获得表征内容的自然化解释有两条基本的路径：第一条遵循对表征内容的因果解释，第二条遵循对表征内容的目的论解释。对应着这两种解释，我们有两种基本的自然化语义理论：因果论的表征内容理论（causal theories of representational content：CTRC）②和目的论的表征内容理论（teleological theories of representational content：TTRC）③。前者的核心观点是：表征通过外部对象获得表征内容是一个因果事实，即从表征对象到表征内容的联系是一种因果联系。我将其形式表达如下。

> CTRC：对于任意一个心理表征 MR（mental representation）④，它具有内容 C，当且仅当 C 因果地导致了 MR。

CTRC 毫无疑问是一个极其粗糙的理论形态，但它却是大部分因果理论的核心框架，具体的因果理论只不过是在这个框架的基础上进行丰富和深化。

---

① 并不一定是人的认知器官。
② 以下行文将这个理论简写为：CTRC。
③ 同样下文将之简写为：TTRC。
④ 任意一种类型的表征，例如信念、欲望、感知等等。

目的论理论的核心观点是：表征获得其内容是因为这样获得的表征内容对于拥有表征能力的"组织"来说具有某种（生物）功能上的优势。形式表达如下。

> TTRC：对于任意一个心理表征 MR，它具有内容 C，当且仅当 C 使得 MR 具有（生物）功能上的优势。

同样的道理，TTRC 也是一个框架性的论述，每种具体的目的论理论根据其解释的重点会有不同的表现形式，当然其内容也更加丰富和深入得多。

接下来笔者转向对上述两种基本理论的具体分析，这部分分析将主要参考某些具有典型意义的哲学家的观点，因而在内容上难免会有所取舍。

三、因果论的表征内容理论

这部分内容笔者主要围绕两个具有代表性的哲学家的观点展开，他们分别是 Fred Dretske（弗雷德·德雷斯克）和 Jerry Fodor（杰里·福多）。

1. 信息和表征内容

Fred Dretske（1981）在 *Knowledge and the Flow of Information*（《知识和信息流》）一书中提供了一种以"信息"（information）概念为核心的因果理论。这个理论的基本想法是：把心理表征，比如某个信念类型的内容和该表征处于某个特定情景下所携带的信息等同起来。例如坐在办公室的我此刻相信："办公室躺着一只猫"——把这个状态记为 T，现在假设这个信念状态的内容是 P。

> P：办公室躺着一只猫。

那么该信念状态 T 是如何获得其内容 P 的呢？按照 Dretske 的解释，首先是 T 周边的环境导致 T 的具体化（be tokened），例如办公室里确实是躺着一只猫；其次，T 被环境具体化之后会携带相关的信息——"办公室""猫""躺着"等等；最后，上述信息指示了（indicate）状态 T 的内容 P。但这个解释仍然遗留了一个重要问题，即 T 在具体化之后如何获得关于表征对象的信息的？

Dretske 认为 T 和 T 所携带的信息之间存在一种因果关联，也就是说，每当信念状态 T 被具化，T 则相应地携带相关的信息——本质上就是 P。在信念状态和其携带的信息之间是一种法则学的（nomological）关联：只要 T 出现，则 T 携带相关信息。自然界中存在着大量可以说明这种关联的例子：树的年轮显示树的年岁，水银温度计的高度显示了温度计周围的气温等等。年轮和水银高度都好比是具化的"心理表征"，每当这个"表征"出现，则它会携带相关信息比如树的年岁、周围的气温，这个信息从而指示了该"表征"的内容。总体来看，这个理论在表征对象和表征之间设定了一种因果关联，然后在表征和表征内容之间又设定了一种因果关联。所以表征是如何获得其内容，并且它是如何表达其表征对象的，在这里都是自然的——自然世界中的因果联系。

事实上上述介绍只不过是 Dretske 理论的初级形态，相比 CTRC 而言它并没有扩展很多内容——除了引入"表征所携带的信息"这个概念。而且这种初级形态的理论面临着诸多严峻的挑战，其中一个比较有名的问题是"错误表征"（misrepresentation）。比如就上述 P 来说，尽管表征内容关于"猫"（有血有肉的猫），但我具有该内容很可能是因为对办公室里的某个事物进行了错误表征——比如办公室躺着一只和真猫看起来毫无二致的"玩具猫"；还有一类更加极端的错误表征，例如我的大脑可能在某个时刻出现了一种幻觉——这种幻觉完全有可能和周边环境没有任何关系而纯粹是一种医学刺激比如"电击大脑"而产生的，而这个幻觉使得我有了"办公室躺着一只猫"的表征。

为了解决上述错误表征的难题，Dretske 引入了两个概念来进一步完善他的理论框架，这两个概念分别是：功能（function）和学习过程（learning period）。引入功能的目标是区分那些对表征内容真正有影响的原因和对表征内容构成"非正常"影响的原因。从功能的角度来看，一个表征首先必须得是功能运转良好的，即表征赖以发生的"组织"正常并且恰当地发挥了其表征的功能。所以这样就把幻觉、各种非实体的刺激——对脑部进行电击等排除在了表征的正常功能范围之外：当表征正常发挥其功能时，表征内容得以发生的原因才是正常的，例如确实存在的外部对象等等。引入学习过程的目的是区分对表征内容产生真实影响的原因和非真实影响的原因。例如在学习过程中，"表征组织"学习区分那些真正对表征内容产生影响的原因，以及那些并非真正对表征内容产生影响的原因。比如"学习"：真实的猫出现时，该如何表征，类似于猫的玩具或者猫的图画等出现时，该如何表征。一旦学习过程结束，那么表征自然就建立了表征对象和表征内容之间的恰当关系，比如当表征内容是 P 时，当且仅当办公室里躺着的是一只真实的猫。学习过程以外出现的错误表征都是允许的，只不过它们恰恰不是我们所需要的表征。

如上所述，错误表征的问题似乎得到了很好的解决。但正如批评者注意到的，Dretske 的理论仍然面临着诸多难题，对于这些具体的难题，笔者暂且略过。

2. 非对称性依赖理论（asymmetric dependency theory）

Fodor（1990）提出来另一种形式的因果理论，该理论的核心和"非对称性依赖"这个概念有关。什么是非对称性依赖呢？根据 Fodor 的理论，它指的是：

> AD（asymmetric dependency）：对于规律 $Q \to C$（Q 作为原因引起 C）来说，它非对称性地依赖于规律 $P \to C$，仅当下面这种情况成立，即如果 P 并不作为原因引起 C，那么 Q 也不会作为原因引起 C，但是如果 Q 不作为原因引起 C，P 依然作为原因引起 C。

引入非对称性依赖的目标是要区分上述提到的两种不同规律，其中一类规律是基础性的，另一类则不然。比如"$P \to C$"的成立并不依赖于"$Q \to C$"的成立，相反"$Q \to C$"的成立要依赖于"$P \to C$"的成立，那么"$P \to C$"就是一个更加具有基础性作用的规律。有了非对称性依赖，Fodor 进一步定义了一个被称为"锁定"（lock onto）的概念：

> LC（lock onto）：C 锁定在 P 中，仅当下面的情况成立：①P 作为原因导致 C 是一条规律；②存在其他的原因 Q 同样可以导致 C；③对于任意的 Q（不同于 P），如果 Q 作为原因导致 C，那么"Q 作为原因导致 C"一定非对称性地依赖"P 作为原因导致 C"。

有了上述两个概念，要说明表征内容就变得很容易了。易见这里的 C 是表征内容，而 P 或者 Q 类似于引起表征内容的表征对象。如果 C 锁定在 P 中，那么 C 就是由 P 引起的表征内容；而判断 C 是否锁定在 P 中，我们诉诸非对称性依赖关系。这样非对称性依赖理论就可以表述如下：

> ADT（asymmetric dependency theory）：如果 C 锁定在 P 之中，那么 C 就是由 P 引起的表征内容，或者说 C 指示[①]P。

ADT 可以很好地应对错误表征的问题。例如对于下面的两组表征：

---

① "指示"就是一种典型的意向性关系，Fodor 理论的首要目标就是说明这种特殊的意向性。

P_1 "狗"表征狗。

P_2 "狗"表征玩具狗。

由于 P_2 是非对称性地依赖于 P_1 的，所以是"狗"而不是"玩具狗"被锁进表征的内容之中，因此当第二个表征出现时，它就是一个错误表征。

不得不说 ADT 是一个相当漂亮的理论，它极好地说明了 Dretske 通过功能和学习过程想要解决的问题，即通过把真实的确定表征内容的原因和那些非真实的原因进行区分，来分析表征内容的确定到底是怎么一回事。尽管如此，这并不意味着 ADT 是一个丝毫没有问题的理论。有关该理论的进一步争论，限于篇幅，笔者在此不予详述。

四、目的论的表征内容理论

因果论的表征内容理论试图从表征内容产生的原因来解释表征内容是如何形成的，以及这个内容又是如何同表征对象建立起意向性关联。许多学者把这种策略称为"以输入为基础"（input-based）的理论，与之相反，另外一些分析表征内容的理论采取的是"以输出为基础"（output-based）的路线。我们把这一条路径上的理论称为"目的论的表征内容理论"（TTRC），TTRC 对表征内容产生的原因不太感兴趣，而把关注焦点放在表征内容产生的结果上面。

TTRC 的一个基本洞见来自常识心理学，常识心理学认为信念的功能是和欲望（这个欲望相应于前面的信念）一道，促进一个行为的产生，而信念之所以能起到这个功能是因为信念表征了一个"内容"——这个内容和欲望一起促使人们去行动。以之为基础，对于任意一个信念状态 B，假设它的内容是 B_C，那么这个内容是如何被确定的呢？根据前面对信念内容的功能的描述，对于具体的 B 而言，那么 B_C 就是：使得 B 的功能（和欲望一起促进行动）确实可以被满足的那些条件。例如当你有一个信念，并且这个信念相应的欲望是"我想喝啤酒"，这个信念和欲望一起促使你走向冰箱去拿啤酒，那么该信念的内容 B_C 就可以被确定为：冰箱有啤酒。

根据常识心理学的洞见，TTRC 认为表征内容产生的原因和机制对于表征内容的确定来说并不是最重要的，相反，表征内容所起到的效果（常识心理学把这个效果和促进行动相联系）对于确定表征的内容来说才是最为关键的。然而与常识心理学所不同的是，TTRC 更多地把表征内容的效果和其生物学意义上的功能优势相联系。下面我们主要以 Millikan(1984,1993) 的论点为例来说明这一点。

Millikan 首先区分了一组概念:"表征的生产者"和"表征的使用者"。"表征的生产者"就是那种使"表征"得以产生出来的机制,而"表征的使用"则是那种应用"表征"去实现其他目标的机制。上述提到的机制均相应于某个有机体而言,即生产机制和使用机制都是有机体的机制。对于 Millikan 来说,"表征的使用者"使用表征要实现的效果是什么呢?这个效果仍然和常识心理学的看法一致,即促使"行为"的产生。但和常识心理学有所不同的是,Millikan 坚持这个促进行为产生的效果应当和生物目标(biological end)相协调一致,而不仅仅是促进行动本身。具体而言,这个生物目标又指什么呢?很明显,从最宽泛的意义来说,这个目标就是"进化"的总目标,即使生物的行动能够适应环境以使物种得以生存和繁衍;从比较狭窄的意义来说,这个目标就是使行动可以同行动产生的当前环境相互协调。

例如给定一个小动物——羚羊,它能够形成一个心理表征 MR;这个表征会促使它选择一项行为比如逃跑,并且这个行为和周围的环境比如前方有一只正在靠近的老虎是相适应的;那么根据目的论的表征内容理论,该羚羊形成的 MR 之内容就是:前方有一只正在靠近的老虎。至于该内容是如何形成的,目的论的表征理论不太关心。

但这种完全不考虑表征内容产生原因的理论似乎面临一个非常棘手的问题,Pietroski(1992)的思想实验清楚地显示了该难题。考虑一种简单的生物 Kimu,它只有极其有限的感官能力(比如有限的视觉能力);其唯一的天敌是一种叫作 Snorf 的动物——Snorf 喜欢在每个清晨捕食。假设在该物种的进化过程中,其中一个个体产生了某种突变,这种突变使得该个体获得了感知和靠近红色事物的行为倾向。这种行为倾向相比它的祖先来说是一个极其明显的生物学上的进步,具体来说就是,这种行为的产生使得该物种能更好地适应环境。原因在于,这种行为倾向会促进个体在每个早晨爬向附近的山顶以便能看见和靠近红色的日出景象①,而这样恰好就可以逃避其唯一天敌 Snorf 的捕猎——Snorf 仅仅在山底捕食。那么按照目的论的表征理论,Kimu 的表征内容应该是:山底下有 Snorf。因为这个内容产生的效果和 Kimu 的生物学目标相一致。但这明显违背我们的常识:无论如何,Kimu 的表征内容应该和红色的事物有关,并且该内容的确定也和这些红色事物有关。

TTRC 的一个常见回应是:上述思想实验在原则上和目的论的解释并不冲突。一方面,如果一个表征内容从结果上来说和不同的行动方向(这些不同的行动方向显示了不同的有机体行为的目标)都有关联——不论这种关联是直接的还是间接的,那么当我们要把该内容看作

①　各种"非日出的早晨"当然作为非正常情况被排除在这个思想实验之外。

所有行为目标实现的条件时，我们说 Kimu 的 MR 和红色事物有关。但是另一方面，如果仅仅坚持 Kimu 的 MR 最终只有一个行动倾向，比如逃避捕食者，那么它的 MR 就和逃避捕食有关。而上述两种解释从目的论的角度来说，并没有什么实质矛盾之处。

抛开这个具体的问题不论，TTRC 面临的一般困境是如何解释"适应环境"这个略显宏大的概念。对于 TTRC 来说，其理论的核心是把表征内容和表征内容产生的生物学目标对应起来考察，而刻画这个所谓的生物学目标的概念仅仅只是"与环境协调一致的行动或者行动倾向"。与此同时，刻画适应环境的概念通常是"自然选择"。大家都知道自然选择是生物进化论的基本概念，它说明了在历史的进化过程中，生物的哪些行为或者行为倾向被保留下来。所以"时间性"是自然选择的关键，如若表征内容和行为的时间性发生关联，那么如何解释生物组织在具体的当下的环境中发生的表征？比如人类，他们在日常生活中产生的大量具体表征，其内容很难说是因为自然选择的原因而被确定的。比如在日常过马路的活动中，我看见左侧行驶过来的车辆速度很快，因此我选择原地停留以等待；那么我此时的表征内容应该和"左侧行驶的车辆速度很快"有关。然而说上述这种具体的关联性是一种自然选择，那就显得十分奇怪了。

五、自然化语义理论的困境

综上，自然主义的语义方案旨在说明表征内容如何被确定，从而说明如此被确定的表征内容如何具有意向性这种语义特征——因为表征内容的确定依赖于表征内容和表征对象之间的"自然关联"，例如物理的因果关联或者生物学意义的关联。对于因果论的表征内容理论来说，其基本策略是把每个心理表征 MR 同这个表征在某个环境下的原因 Cs 相等同；对于目的论的表征内容理论，其基本策略是把每个心理表征 MR 同这个表征在某个环境下的效果 Es 相等同。两者都假设表征是在有机体"组织"功能运作良好的前提下产生的，也即产生表征的机制是可靠的。

不论是"MR—Cs"这种模式还是"MR—Es"这种模式，它们似乎都把表征内容和外在的自然性质（要么是物理的要么是生物的）一一对应了起来。但这种一一对应明显会遭遇许许多多的反例，比如关于错误表征的反例——错误表征的实质就是：Cs 或者 Es 和 MR 之间存在的不一致。同样还有一大类本文没有提及的反例，这类反例的核心论点和"语义的丰富性"有关，这种丰富性需要联系蒯因的指称不确定来考虑：例如表征内容"兔子"，它表征的到底是兔子还是兔子不可分割的部分，这一点仅仅从 Cs 和 Es 出发来考虑是没法确定的。①CTRC 和 TTRC 两种理论之所以持有上述"一一对应"的思想，究其根源在于，它们坚信一种关于语义的外部主义（semantic externalism）是可能的。它们认为 MR 的内容根本上可以通过 Cs 或者 Es 被穷尽，因此只要能找到"MR—Cs"和"MR—Es"的对应关系，那么 MR 也就可以得到准确的说明。

本文认为预设语义外部主义的 CTRC 和 TTRC 是难以成立的，根本理由在于：外部主义并不是刻画语义性质的唯一正确选项。这种反驳似乎陷入了一种无谓的前提之争：归根结底，我们需要弄清楚的问题最终还是"语义性质的本质到底是什么"。为了说明这种前提之争是有意义的，我们可以考虑如下这个温和的结论:因为自然化语义的两种理论有着难以解决的困难，所以我们需要反思一下这个理论由之出发的前提是否恰当。但这绝不意味着如下两点：目前的自然化语义方案根本上不可能解决其所面临的难题；第二，自然主义本身是错误的。

除了上述温和的考虑之外，本文有足够的理由认为，从语义外部主义来进行语义自然化的工作是存在问题的——除了上面的两大类反例以外。下面我将对此理由予以具体分析。本文尝试区分两类"表征"：共时性的（synchronic）表征和历时性的（diachronic）表征。前一类表征描述了表征作为一项有机体的功能的抽象性质，这就好比说，一个机体具有"发挥表征这种功能的能力"；这种能力是潜在的、不考虑具体环境的、不考虑历史的。② 与之相反，后一类表征刻画了表征作为机体功能的另一个典型特征即具体性、当下性，此类表征是发生在具体的时空环境中的表征，而不是抽象的"表征能力"。③ 下面我举一个例子来解释两种表征之间的差别。

比如我在动物园参观，当我走到老虎区时，我看见很多老虎被隔离在一个小岛上面，小岛四周是人为开掘的小河，远远看去这些环绕的小河似乎足够宽阔以至于可以保证老虎没法逾越。于是我继续靠近老虎区域，意欲更近距离地观察它们，但当我走到小河岸边的时候，我无法肯定小河是否足够宽阔，因为我感觉只要老虎走到河边，并且足够用力去跳跃，它们

---

① Loewer, Barry, "A Guide to Naturalizing Semantics", in Bob Hale and Crispin Wright (eds), *Blackwell Companions to Philosophy: A Companion to the Philosophy of Language*, Oxford and MA: Blackwell publishers, 1997.

② 当然这并不是否认，表征作为机体功能不存在生物学意义上的进化或者发展过程，进化过程当然是一个历史性的过程。

③ 这一区分和表征的"类型—殊型"区分有着实质不同：不论是表征类型还是表征殊型，它们都预设了表征是一种规律性的事件，前者不过是规律的一般表达，而后者是规律的具体实现；所以就每一个具体的表征殊型来说，尽管它是在具体时空当中实现的，但它仍然是共时性的表征。

是可以逾越小河的。此时我正看着这群老虎，并且在如此想的时候，有一只老虎非常迅速地站了起来并且向河边靠近，而且还张开了嘴巴。于是我下意识地转身离开，而且快速跑开了几步远，心中难免害怕。然而过了一小会儿，当我站在稍远处观察那只老虎时，它并没有什么进一步的动作，而仅仅只是沿着河边慢走。于是我再次靠近了小河……

这个例子略显啰唆，目的是把背景说清楚。这里和表征有关的事实主要有以下几个方面：第一，老虎；第二，动物园的老虎；第三，距离我较远的动物园的老虎；第四，距离我很近的动物园的老虎。与上述事实有关的另一类事实是：老虎是不安全的，动物园的老虎则比较安全等。在此案例中，我们该如何理解表征的内容及其确定呢？首先，这里存在一个基础性的表征内容即"老虎"，该表征内容由那个具体的老虎引起并被确定。这个表征可以通过 CTRT 和 TTRC 来解释，比如 ADT 认为"老虎"表征老虎是一个基础性的表征，因为"老虎"对应老虎是一个基础性事实，而目的论理论会认为"老虎"这个表征是自然选择的过程，是一个有助于我们实现生物学目标的表征等等。这样来看，这个表征就是一个抽象的"表征"：从一般的意义而言，表征当然和表征得以产生的因果事实有关，和表征发挥作用的生物事实有关。这种表征是一项有机体的基本功能：比如搜集关于外部世界的信息，使用关于外部世界的信息来应对外部世界。但这种抽象的表征功能没法解释上述例子中发生在具体的语境之下的表征：比如动物园的老虎等等。

这就促使我们去理解表征内容得以确定的第二个事实：这类事实即一些历时性的事实。比如当我走进动物园后，我看见的老虎不是那种抽象意义上的老虎，而是具体的活生生地存在于动物园的老虎。因此当我在动物园看见老虎时，我敢于靠近这些老虎；所以就此而言，我对老虎的表征就不应当是简单的"老虎"，而应当是"动物园的老虎"。"动物园的老虎"就是一个明显的历时性表征。历时性表征的一个基本特点就是：表征内容和表征对象之间的关联不是抽象的"MR—Cs"或者"MR—Es"式关联，而是一种具体的"附着"经验知识的表征。这里的经验知识指：有机体在具体的环境中习得的关于环境的知识——不论这些知识是不是理论性的。为什么历时性表征一定会附着经验知识呢？说清楚这个问题已然超出了本文的目标，这里我只提及一下一个基本的切入点：有机体获得表征内容是一个"学习"[①]的过程，而这个学习过程和有机体通过与环境接触习得经验知识是同步发生的。因此本文否认存在任何不附加经验知识的纯粹表征——不论是对于个体对象的表征还是对于事实事态的表征。这其实承诺了一种弗雷格式的语义观点：描述性内容对于语义内容的确定来说是必不可少的一部分。

---

① 把这里的"学习"和 Dretske 的学习进行对比应当是一件富有启发的工作。

当然，上述想法只是一个框架性的建议，其中提到了诸多需要进一步论证和辩护的概念，这将留给后面的工作来进行。本文的目标非常温和，我只想说明 CTRC 和 TTRC 两种理论对于说明表征内容而言似乎存在缺漏，探究这个具体的遗漏事项是什么也许对于我们进一步推动关于表征内容理论的分析来说，是有极大助益的。与此同时，本文最后需要提及的一点是：我对自然化语义理论的态度是开放的，尽管现行的自然化方案可能存在困境和遗漏，但这并不意味着它们在原则上不可行——这不是本文论证的目标。如果我们把那个被遗漏的事项纳入自然化的体系之内，也许它能更好地帮助我们实现语义自然化的目标。但非常值得怀疑的是：那时的自然主义还能称其为自然主义吗？

参考文献：

Loewer, Barry, "A Guide to Naturalizing Semantics", in Bob Hale and Crispin Wright (eds.), *Blackwell Companions to Philosophy: A Companion to the Philosophy of Language*, Oxford and MA: Blackwell publishers, 1997.

Papineau, David, "Naturalist Theories of Meaning", in Ernest Lepore, Barry Smith (eds.), *The Oxford Handbook of Philosophy of Language*, Oxford: Oxford University Press, 2006.

Dretske, F., *Knowledge and the Flow of Information*, Cambridge and MA: MIT/Bradford Press, 1981.

Dretske, F., "Precis of Knowledge and the Flow of Information", *Behavioral and Brain Sciences*, 1983, 6: 55-63.

Dretske, F., "Misrepresentation", in R. Bogdan (ed.), *Belief*, Oxford: Oxford University Press, 1986, pp. 17-36.

Dretske, F., *Explaining Behavior: Reasons in a World of Causes*, Cambridge and MA: MIT/Bradford, 1988.

Dretske, F., *Naturalizing the Mind*, Cambridge and MA: MIT Press, 1999.

Fodor, J., *Psychosemantics: The Problem of Meaning in the Philosophy of Mind*, Cambridge and MA: MIT/Bradford, 1987.

Fodor, J., *A Theory of Content and Other Essays*, Cambridge and MA: MIT/Bradford Press, 1990.

Millikan, R., *Language, Thought and Other Biological Categories*, Cambridge and MA: MIT Press, 1984.

Millikan, R., "Biosemantics", *Journal of Philosophy*, 1989, 86: 281-97.

Millikan, R., "What has Natural Information to Do with Intentional Representation?", in D. M. Walsh (ed.), *Naturalism, Evolution and Mind*, Cambridge: Cambridge University Press, 2001, pp. 105-125.

Pietroski, P., "Intentional and Teleological Error", in *Pacific Philosophical Quarterly*, 1992, 73: 267-81.

Putnam, H., "The Meaning of 'Meaning'", in K. Gunderson, *Language, Mind and Knowledge*, Minnesota, Minneapolis: University of Minnesota Press, 1975, 131-93; reprinted in H. Putnam, *Philosophical Papers, vol 2: Mind, Language and Reality*, Cambridge, UK: Cambridge University Press.

Quine, W. V. O., *Word and Object*, Cambridge: the MIT Press, 1960.

On Theories of Naturalizing Semantic Property and the Problem They Raised

Zhen WANG

Department of Philosophy, Hubei University

Abstract : The expressions of natural language have a relatively special semantic property, that is, "intentionality". As far as a specific language expression is concerned, it can be about of a specific object in the world, for example, "dog" is related to a living dog in the world. In terms of its nature, linguistic expressions are nothing but material sounds or traces. How can they be related to (mean to) objects that are extremely different from the expressions themselves? The theories of semantic naturalizing attempt to give an answer to this question which fits to the picture of "naturalism", namely, the semantic nature of linguistic expressions is essentially a natural property—it is no more special than other natural ones. This paper tries to analyze various theories of semantic naturalizing. Based on these analyses, I will raise a worry in its broadest sense when concerning these naturalizing theories—that is, naturalizing theories have always presupposed semantic externalism, which is problematic. The project of this paper is as follows: the second part is the beginning of the main body of this paper, in this part, I mainly introduced the basic ideas and framework of the theory of semantic naturalizing; the third part will analyze one of the major schools of naturalizing theory, namely, "Causal Theory of Semantic Naturalizing"; the fourth part turns to the analysis of another typical type of naturalizing theory, that is, the "Teleological Theory of Semantic Naturalizing"; the last part is a simple summary, in this part, I will back to the issue of the general challenge to theories of semantic naturalizing.

Keywords : meaning; naturalizing; representation

泛心论结合问题的历史回顾 [①]

◎ 董达

　　荷兰格罗宁根大学哲学与心理学系；绍兴文理学院心理学系

◎ 陈巍

　　绍兴文理学院心理学系

　　摘　要： 泛心论在本时代主要受益于意识科学的快速发展而获得极大推动。在理论建构的过程中，泛心论遇到公认最难的问题——"结合问题"。泛心论的结合问题指：心智如何由其"部分"构成？涉及人的意识，这一问题指：如何对有意识主体的统一的意识体验进行构成解释？由此，结合问题之所以成问题，主要在于诸泛心论理论版本在构造心智单元上存在理论空白。借助于形而上学中的"构成"概念，以下对结合问题进行一般化处理，将该问题的本质概括为"心智构成"论题。围绕该论题，以下主要做了三方面工作：第一，结合笛卡尔、康德、詹姆斯三位哲学史与心理学史上重要思想家的工作，对结合问题的历史疑难做了简要回顾；第二，界定了心智构成的基本内涵；第三，进一步区分了两类心智结合问题，即一般心智结合问题和特殊心智结合问题。最终，结论指出哲学与心理学史上否定心智构成的原因可能源于对构成或者整体—部分关系的受限制的甚至错误的解释方式。

　　关键词： 泛心论；心身问题；结合问题；心智构成

一、引言

　　泛心论（panpsychism）理论族在本时代主要受益于意识科学（consciousness science）的快速发展而获得极大推动。这里将泛心论的理论形式概括为"一族"理论，原因在于泛心论并不适合被看作某一种具体的理论版本。

　　在理论上，泛心论的本体论承诺（ontological commitment）指：每一存在者（entity）皆

---

　　① 本文受到国家社科基金青年项目"过程哲学与当代意识研究"（20CZX015）的资助。

具有其心智。这一承诺的核心是——存在者—心智连续性。于是，任何满足这一最低限度本体论承诺的理论事实上均可以被称为"泛心论"。在历史上，泛心论存在诸多理论版本，它们由不同的理论家提出并发展。这些理论版本一并构成了泛心论的理论家族。[1] 泛心论理论族的时代意义是：以泛心论为代表的这些理论一并构成了不同于物理主义（physicalism）、二元论（dualism）和观念论（idealism）的第四种心身问题（mind-body problem）解决方案。除泛心论外，第四种进路中的家族理论还包括：两面一元论（dual-aspect monism）、中立一元论（neutral monism）、泛体验论（panexperientialism）、怀特海泛主体论（Whiteheadian pansubjectivism）、罗素一元论（Russellian monism）、泛原心论（panprotopsychism）等。[2]

在意识科学快速发展的当代，泛心论在直面各种批评的同时不断建构和完善其理论形式，以期使之具有一个足够好的理论应有的解释效力。在理论建构的过程中，泛心论的支持者和反对者均指出了公认的最难问题——"结合问题"（combination problem）。

泛心论的结合问题指：心智如何由其"部分"（parts）构成？"部分"的二元谓词常项记为"P"，x 是 y 的一个部分记为"Pxy"。x 是 y 的一个真部分（proper part）记为"PPxy"，真部分规定为：PPxy=P$xy \land \neg$Pyx。涉及人的意识体验，这一问题指：如何对有意识主体的统一的意识体验进行构成解释（constitutive explanation）？总之，这一问题似乎需要诉诸两个本体论层次上的解释框架去说明（至少）一个心智在自然中的发生过程。类似的说辞包括：整体 / 部分、宏观 / 微观、一 / 多等。

结合问题并不适合被看作一个新问题。在历史上，约翰·斯图尔特·密尔 [3]（John Stuart Mill）尝试仿效化学科学去建立一门"心理化学"（mental chemistry），设想不同心智之间存在类似化学键的键合反应。① 威廉·詹姆斯（William James）在对心智—材料理论 ②（mind-stuff theory）的批判性反思中也曾考虑过意识不是无中生有的结果，而是存在构成性的前项。[4]149 在当代的意识研究仿效自然科学（物理学、化学等）成为一门科学学科的意义上，心智结合工作的核心是去确定构成心智的"单元"（unit）是什么。在这个意义上，心智结合问题的最重要历史资源之一包含了戈特弗里德·莱布尼茨（Gottfried Leibniz）的单子论（monadology）。

结合问题在当代之所以成问题，主要在于泛心论理论族一直以来在构造心智单元上存在理论空白。例如，约翰·塞尔（John Searle）在《纽约书评》（*New York Review of Books*）上评

---

① 密尔本人并不是泛心论者，而是持有强涌现论（radical emergentism）观点。
② 心智—材料理论是一种为 19 世纪数学家、哲学家威廉·克利福德（William Clifford）支持的观念论式的泛心论。

论神经科学家克里斯托弗·科赫（Christof Koch）的著作《意识与脑：一个还原论者的浪漫自白》（*Consciousness: Confessions of a Romantic Reductionist*），就科赫的泛心论观点直指当代泛心论在构造心智"单元"上的无能：

> "意识变成了（它的）单元，但是泛心论不能指定（specify）单元。"[5]

这里借助于形而上学中的"构成"概念对结合问题进行一般化处理，将该问题的本质概括为"心智构成"论题。围绕该论题，主要做了以下三方面工作：第一，结合笛卡尔、康德、詹姆斯三位哲学史上重要哲学家的工作，对结合问题的历史疑难做了简要回顾；第二，界定了心智构成的基本内涵；第三，进一步区分了两类心智结合问题，即一般心智结合问题和特殊心智结合问题。最终，结论指出哲学史上否定心智构成的原因可能源于对构成或者整体—部分关系的错误解释方式。

二、心智结合问题的历史疑难

泛心论的结合问题究竟是一个什么问题？关于这一问题的提问方式依然存在争议。也就是说，关于"结合问题"本身的问题澄清工作尚且没有完成，更遑论它的解决方案。就该问题在当代形而上学中讨论的现状而言，研究者已经认识到它与形而上学的基本问题纠缠在了一起。这些基本的形而上学议题可能包括：构成、过程（process）、时间性（temporality）、实体（substance）、同一性（identity）、个体化（individuation）等。

泛心论的"结合问题"这一措辞正式出自威廉·西格（William Seager）1995年的文章《意识、信息和泛心论》（*Consciousness, Information, and Panpsychism*）。他指出结合问题是关于意识的泛心论理论所面临的最难问题："'原子意识'的诸多成分如何结合（combine）成为一个新的、复杂的像我们所具有的意识。"[6]280 亦可参照大卫·查莫斯（David Chalmers）的定义："基本物理存在物像夸克、质子的体验如何结合产生我们知道并热爱的类似的人类意识体验。"[7]179 这里，单词"combination"因其动词形式"combine"的用法被译为"结合"。因为"结合"并不是一个专门术语（term of art），这里进而用形而上学中传统的"构成"术语加以替代。不过，笔者并不认同西格和查莫斯对该问题的定义，认为他们对该问题的定义存在内涵限制过度的问题（见以下第四部分）。

对形而上学的"构成"概念使用的补充说明：在当代泛心论中，对心智构成的理解始于整分论（mereology）——关于心智的整体—部分关系的形式存在论（formal ontology）。在整分论的意义上，心智的"构成"在英文中可使用"composition"或"constitution"；这里延续彼得·凡·因瓦根（Peter van Inwagen）的"构成问题"（composition question）[8]，称"心智构成"为"mental composition"。但是，需注意形而上学中的"构成"并非必然是整分论式的；"构成"与"整分论"这两个概念在形而上学中的内涵是不同的。[9]

结合问题并不适合被看作一个新问题，它更像是对哲学史上曾经被完全否定的一类思想的重新唤醒。结合问题的历史疑难是：对心智结合的设想在很长一段历史时期内是在原则上被否定的。首先参见勒内·笛卡尔（René Descartes）的意见：

> "这个差别在于，就其性质来说，肉体永远是可分的，而心智完全是不可分的。因为事实上，当我考虑心智，这是在说——我自身只是一个有思想物，我无法在我自身之中区分出任何部分，只是将我自身理解成是完整的一个。"[10]90

这里，笛卡尔的意见进一步衍生出了关于意识的另一个重要议题——意识统一性（unity of consciousness）。意识现象在每一时刻是统一地为一个有意识的主体所拥有。意识体验的内容是统一的。有意识的主体在每一时刻不是分别地体验到内容 A，体验到内容 B，然后体验到内容 C，而是一并地体验到内容 A—B—C，从而具有一个单一的、统一的意识状态。当代在"意识统一性"的定义上存在争议，将"意识统一性"简明概括如下。

意识统一性：有意识的主体是统一地拥有一个单一的意识体验。[11]

于是，泛心论的结合问题可以看作关于意识统一性的构成解释方式问题。

笛卡尔认为：心智结合在逻辑上是矛盾的。意识统一性必然蕴含了"心智不可能结合"。简要理由如下：如果意识是经过普通怀疑之后得到的最后的存在者，那么它就不可能是构成的结果（以及具有构成的性质）；反之，如果意识是构成的结果，它就不可能是最终的存在者，意识依然可以被继续怀疑下去，直到并非意识的最终的存在者出现。所以，在笛卡尔处，意识作为沉思的最终的结果不可能是构成的。

另参见伊曼努尔·康德（Immanuel Kant）在笛卡尔之后补充的另一反对意见：康德认为"心智结合"不仅在逻辑上是矛盾的，而且对它的设想超出了人的理智能力。泛心论者大卫·斯科比纳（David Skrbina）对《纯粹理性批判》（1781/1787）中的一处文本从泛心论的视角出发做了新的解读。他指出康德曾经考虑过如果心智（可能）是身体的内在性质——心智与身体两者的区别只是相对而言的内 / 外之分，那么心智与身体两者之间原本的异质性可能就消失了：

> "如同已知的那样，这一任务所造成的困难在于预先设定的内感官对象（灵魂）与外感官对象的异类性，因为作为直观的形式条件而属于前者的只有时间，属于后者的却还有空间。但是，如果人们考虑到，这两种对象彼此的区别在这里并不是内在的，而只是就一个显现得外在于另一个而言的，从而作为物自身是物质显像的基础的东西也许并不如此异类，这一困难就消失了……"[12]282-283

康德从未给出过具体的泛心论式的明确设计。因为他接下来指出，这一考虑产生了超出人类认识的问题：即诸心智之间的"共联性"问题。共联性指"一个实体在与另一个实体的交互规定中的因果性"。[12]96 康德认为这一问题超出了人的理智能力范围。关于这一问题的解决方案完全在心理学之外，在一切人类知识领域之外。[12]283

事实上，康德的这一结论与其前批判时期的考虑一脉相承。他在《通灵者之梦》（1766）中即认为即使心智内在于物质，以此消除心智与身体之间的异质性，但是，"之后无法得出物质本身具有观念能力，因为许多个那类实体，结合为一个整体，不可能形成一个思想的单元"。[13]54

概括而言，笛卡尔和康德的反对意见一并构成了"心智不可能结合"的历史疑难的核心：心智结合在逻辑上是矛盾的，在理智上是不可设想的。不唯独他们二人，彼时期的主要哲学家几乎均延续了这一结论。即使莱布尼茨的单子论被认为是一种泛心论，莱布尼茨也需要使单子成为"无窗口的"，这样通过前定和谐（pre-established harmony）的方式，使诸单子之间不存在任何关系。

当代泛心论者习惯将"结合问题"在历史上正式追溯到詹姆斯的"心智不可能结合"论证。结合问题是詹姆斯中年以后理论研究的一个核心议题，至少从《心理学原理》（The Principles of Psychology）（1890）延续至《多元的宇宙》（A Pluralistic Universe）（1909）。詹姆斯将结合问题表述为：

> "假定我们的心智状态在结构上是复合的（composite），由结合在一起的更小状态组成。"[4]145

早期的詹姆斯接受了笛卡尔和康德的否定意见。詹姆斯大致采取了整分虚无主义（mereological nihilism）的处理方式，取消掉一切事物的构成关系，认为存在者最终是以没有部分的单质（simple）形式存在。理由如下：前提一，意识是实在的。前提二，聚集物（aggregates）作为一个东西并不存在，它实际上是一堆东西（例如，一堆原子）；聚集物只有在外部观察者认识的意义上才存在。根据泛心论，意识是聚集物。于是，矛盾出现。在当代，"心智不可能结合"论证被查莫斯进一步整理为：

（1）如果构成式的泛心论是正确的，意识是一个聚集的东西。

（2）聚集物实际并不存在。

（3）意识实际存在。

（4）所以，构成式的泛心论是错误的。[7]185-186

詹姆斯的极端整分虚无主义立场迫使泛心论者可能需要彻底反思"构成"的含义。这从而使他的工作在结合问题讨论中处于基础地位。这里在形而上学上将詹姆斯的论证重新抽取出如下理论构件：

（1）整分虚无主义：构成不存在。

（2）心智实在性：心智是实在的。

（3）泛心论的结合问题：心智构成不存在。[14]57

如上，查莫斯等人对詹姆斯在结合问题上的否定意见的公论是成问题的。学界的公论是：詹姆斯延续了笛卡尔和康德的结论，认为构成式的泛心论在逻辑上是矛盾的，在理智上是不可设想的。但是，晚期的詹姆斯似乎彻底推翻了自己早期的结论，（至少）自认为获得了理解心智构成的正确观念。而这一事实被主流泛心论研究界忽视了。詹姆斯至少在 20 年的时间跨度中坚持研究此问题。直到《多元的宇宙》，他依然在思考究竟该如何设计心智结合的方式。这里摘录一段话，集中代表詹姆斯多年来对该问题的重视和执着探索：

"我多年来，真心诚意，任劳任怨，钻研这个问题（指泛心论的结合问题），写作上千页的读书笔记和心得体会。许多意识怎么能够同时是一个单独的意识？同一个事实怎么能够这样不同地体验它自身？我的这番奋斗是一场空；我走进了死胡同。我知道，我只有两条路可以选择。我必定要断然放弃我整个的心理学的和康德式的教育促使我从事的那种'没有灵魂的心理学'……那么，或者必定要放弃我的理智主义的逻辑，同一律的逻辑，而采用合理性的某种高级（或低级）的形式；或者最后必定要勇敢地面对这个事实：生命在逻辑上是无理性的。"[15]113-114

对詹姆斯晚期意见的简要补充说明：《彻底的经验主义》（*Essays in Radical Empiricism*）（1912）在出版时间上虽然晚于《多元的宇宙》，但是它是收录了若干更早时间论文（多集中在1904—1905年）的一个集子。所以，这里以1909年出版的《多元的宇宙》集中代表詹姆斯最后的思想。需要注意，因为詹姆斯的过早去世，他本人对心智构成的具体设计方案和论证过程事实上并未完成。这里基于文献呈现了詹姆斯已经得出的如下三个较明确的结论：（1）他倾向于接受亨利·柏格森（Henri Bergson）的过程哲学观，将心智结合视为历时性过程："如果我没有阅读过柏格森的著作，我大概仍然是一个人偷偷地满纸涂鸦，一页页地写个不停，希望解决那种解决不了的问题。"[15]117（2）詹姆斯接受了多元论的泛心论："他们一直不知道趋向一种多元泛心论的宇宙观的那个伟大的经验运动。我们这一辈人就被这个运动吸引。"[15]170（3）詹姆斯不仅接受心智构成假定，而且认为超人类意识［或者集体意识（collective consciousness）］同样是可能的："心智在它较小而又较易接近的许多部分里的自我复合似乎是确定的事实……心智的诸多事实的确既是单一的同时又是一齐起作用的，因而我们这些有限的心智可以同时在一个超人类的智力里有相互的并存意识。"[15]158-159 亦可参见，"我……坦率地主张多元论，并且假定超人类的意识，不管它多么硕大，它本身有一个外在的环境，因而是有限的。"[15]169

三、问题核心：心智构成论题

概括而言，泛心论的结合问题属于哲学史上的大问题，其问题核心至少在詹姆斯时代就已经确定。结合问题同人类个体关于其意识体验的常识联系在一起。意识是统一的，实在是构成的，最后还要追加一个新的假定：心智也是构成的。于是，泛心论的结合问题的理论构件包括：

（1）**意识统一性**：意识是统一的。
（2）**构成**：实在是构成的。

构成 a（物质构成）：物质是构成的。
构成 b（心智构成）：心智是构成的。

当代对结合问题的讨论即处于该理论框架之中。新的工作均在不同程度上反思心智构成论题——"心智是构成的"——究竟是什么意思。

当代对泛心论的结合问题的研究，可集中参见 2017 年的论文集《泛心论：当代观点》（*Panpsychism: Contemporary Perspectives*）的第三部分。这一部分的文章可反映当代对结合问题的讨论现状。就该问题本身的典型讨论而言，可重点了解其中查莫斯、西格、萨姆·科尔曼（Sam Coleman）、菲利普·戈夫（Philip Goff）的意见。[2] 参考查莫斯的基础工作《泛心论的结合问题》（*The Combination Problem for Panpsychism*）。查莫斯已经很好地梳理了当代对结合问题的研究现状。他本人并没有迫切给出自己的方案，而是关注在不同层面上讨论"心智结合"的内涵。查莫斯主要将结合问题概括为三类：主体结合问题、属性结合问题和结构结合问题。主体结合问题指有意识的主体之间的结合问题；属性结合问题指心智的属性的结合问题；而结构结合问题则涉及现象体验本身（以及位于物理世界中）所具有的复杂结构。[7] 学界关于结合问题的主流讨论，大致因循此框架。而且，关于人的意识现象的结合问题被置于心智结合问题的核心位置。

理论上，认知科学中的绑定问题（binding problem）与泛心论的结合问题存在密切关系。不过绑定问题旨在强调认知的内容最终如何以统一的方式为认知主体所认知。绑定问题倾向于研究心智内容背后的脑功能整合过程。关于这两个问题的关系：可以认为绑定问题是结合问题在认知维度上的体现。这里将绑定问题简明表述如下。

绑定问题（认知科学）：认知内容是如何被认知者统一地认知的？[16]

当前学界对意识的构成解释的应用情况，或可参照神经科学家朱里奥·托诺尼（Giulio Tononi）的意识的五条现象学公理，依次为：固有存在（intrinsic existence）、构成（composition）、信息（information）、整合（integration）、排他（exclusion）。当意识现象被看作一个构成的结果，它的性质最终通过形式化的整体—部分关系被揭示出来。设意识现象 C，其意识现象概念化由它的每个区分部分以某种方式 * 结合，C 与其意识现象概念化是同构（isomorphism）关系。于是，C：

$$C \cong C_{pi}^{*} = (P_1 * P_2 * P_3 * \cdots * P_n)$$

可知定义 C 共用到 5 个记号，以规定意识现象被概念化为某种整体—部分关系。对 5 个记号规定如下：

[1] C：意识现象。

[2] P：P 由其所区分的现象区分（真）部分构成。

[3] $\{P_1, \cdots, P_n\}$：每一现象区分（真）部分。

[4] *：区分（真）部分之间的关系。

[5] nn：区分（真）部分的限定量，既不多，也不少。

可比较以上 5 条规定与托诺尼五条现象学公理的关系。不过，这里认为托诺尼的意识现象公理化是成问题的。因为他是在将意识的本性等同于意识现象的意义上进行的（从而剥夺了意识的过程性或生成性的可能性），即意识（本性）= 意识现象。在托诺尼处，他仿照欧式几何（Euclidean geometry），将从意识现象本身出发概括的最基本规定作为公理（axiom）（五条公理），公理是泛系统而不证自明的。由此，公理在特定的物理系统（神经系统）中的对应情况则是公设（postulate）。[17]

四、一般心智结合问题与特殊心智结合问题

结合问题的理论内核是心智构成论题。在心智构成不同于物质构成的意义上，一些针对泛心论的常识诘难实际上并没有触及泛心论的本质。例如，有的人可能问：我身体中的脑细胞也有属于自己的某种意识体验吗？泛心论者可以这样回答：一个脑细胞是脑科学确定的属于人的身体的物质的"部分"，并不是泛心论旨在讨论的心智的"部分"。所以，这一问题实际上与泛心论的心智构成设计方案并不存在直接推演关系。

重新回顾上述西格和查莫斯对结合问题的界定，他们的定义在内涵上存在限制过度的问题，由此在这里看来并没有抓住问题的本质。西格和查莫斯将结合问题规定为：夸克、质子、原子等物理存在物的"意识"如何结合为人的意识体验。泛心论的结合问题指：你、我的这一个统一的意识体验如何由其心智部分 X_i 构成？可知一般的心智构成论题并没有预设原子、分子等物理存在物也具有其"意识"。心智的构成关系至少不适合在物质构成的意义上被预先限定。

此外，考虑论证难度：西格、查莫斯等人对泛心论的结合问题的定义使该问题直接被纳入物理主义的世界图景之中。但是正如这里强调的，心智构成论题的首要问题是规定（至少一个）心智单元、心智部分 X_i。"原子意识"可能是心智单元的备选项之一。但是，基于当前的物理学发展，这一假设在泛心论的反对者看来几乎是不可理喻的。"物理的单元同时可能也是心智的单元"这一激进命题并没有被完全否定。不过这最终取决于我们对构成观念（物质构成与心智构成）有了更深刻的理解。所以，"原子意识"问题更适合被视为结合问题中的一类更特殊的问题。这里进一步区分了两类心智结合问题，一般心智结合问题与特殊心智结合问题。

泛心论的结合问题 a（心智部分，一般心智结合问题）：人类个体的一个统一的意识如何由其心智部分 X_i 结合而成？

泛心论的结合问题 b（原子心智，特殊心智结合问题）：人类个体的一个统一的意识如何由物理世界中终极物（原子、质子、夸克……）的心智结合而成？

另一个需注意的问题是心智结合被过度限制为心智内容的结合。有的人可能认为心智部分 X_i 等于心智内容。那么，在科学中，有意识主体的体验对象在原理上可以找到负责每一体验对象（例如视觉，你所知觉到单一对象的颜色、边缘、锐角、亮度……）的脑细胞组织信息加工模块。在这个意义上，形而上学中的心智结合问题似乎直接等同于认知科学中的绑定问题。

概括而言，如果心智部分 X_i 仅通过物质构成就可以获得定义，如果心智结合问题最终诉诸物质构成关系获得解释，那么这里提出的心智构成观念是不必要的。于是，最终的结论只能是：形而上学的"构成"概念就等于"物质构成"概念。心智构成并不需要额外特殊设计。

五、结论

泛心论的直接对手是涌现论。泛心论认为意识不是无中生有的、涌现的结果，于是意识被设想为构成式的。托马斯·内格尔（Thomas Nagel）在《泛心论》（*Panpsychism*）（1979）一文中认为泛心论的结论——包括心智构成论题在内——大致来自 4 个合理的前提：(1) 物质构成，有心智的生命在物理上是构成的；(2) 非还原论，心智属性不是物理属性，并且不可能被还原为物理属性；（3）实在论，同时承认物理实在性与心智实在性；（4）非涌现论，构成性的系统不存在真正涌现的属性。[18]181-182 泛心论理论族最终合理的选择是构成式的泛心论以及心智构成论题。

心智构成的可能性，一方面取决于研究者对心智结合方式的进一步设计，另一方面也在于迄今为止尚且不存在原则上否定心智构成的确定理由。查莫斯认为：某种特定的、新的现象关系可能作为时—空关系之下的新发现的根本关系并非全然不可能。[7]200 基于对"心智构成"概念的定义和推广，这里认同内格尔对心智结合问题的历史疑难的判断：哲学史上否定心智构成的原因可能源自对构成或者整体—部分关系的受限制的甚至错误的解释方式。[19]51 泛心论的结合问题的核心在于泛心论理论族尚且无法规定心智的"单元"。如果泛心论通过某种方式可以规定一个心智 X 的"单元"或者心智部分 X_i 是什么，这样至少可以使心智构成论题得以立论。

参考文献：

Skrbina, David, *Panpsychism in the West*, Cambridge: The MIT Press, 2005.

Brüntrup, Godehard, and Ludwig Jaskolla(eds.), *Panpsychism: Contemporary Perspectives*, New York: Oxford University Press, 2017.

密尔：《精神科学的逻辑》，李涤非译，杭州：浙江大学出版社, 2009.

James, William, *The Principles of Psychology, vol 1*. 2 vols. Vol. 1, London: Macmillan and Co, 1890.

Searle, John R., "Can Information Theory Explain Consciousness?", *New York Review of Books*, 2013, 60: 30-41.

Seager, William Edward, "Consciousness, Information, and Panpsychism", *Journal of Consciousness Studies*, 1995, 2 (3): 272-288.

Chalmers, David J., "The Combination Problem for Panpsychism", In *Panpsychism: Contemporary Perspectives*, edited by G. Brüntrup and L. Jaskolla, 179-214, New York: Oxford University Press, 2017.

van Inwagen, Peter, *Material Beings*, New York: Cornell University Press, 1990.

Aizawa, Kenneth, and Carl Gillett(eds.), *Scientific Composition and Metaphysical Ground*, United Kingdom: Palgrave Macmillan, 2016.

笛卡尔：《第一哲学沉思集》，庞景仁译，北京：商务印书馆, 1986.

Brook, Andrew and Raymont, Paul, "The Unity of Consciousness", *The Stanford Encyclopedia of Philosophy* (Summer 2017 Edition), Edward N. Zalta (ed.), 2017. URL = <https://plato.stanford.edu/archives/sum2017/entries/consciousness-unity/>.

康德:《纯粹理性批判(注释本)》,李秋零译,北京:中国人民大学出版社,2011.

Kant, Immanuel, *Dreams of a Spirit-Seer*, Translated by Emanuel F. Goerwitz, London: Swan Sonnenschein& Co., Lim, 1900.

李恒威、董达:《自然主义泛心论:基本观念和问题》,上海交通大学学报(哲学社会科学版),2017(1): 51-61.

詹姆斯:《多元的宇宙》,吴棠译,北京:商务印书馆,1999.

Burwick, Thomas, "The Binding Problem", *Wiley Interdisciplinary Reviews-Cognitive Science*, 2014, 5 (3): 305-315.

Tononi, Giulio, and Christof Koch, "Consciousness: Here, There and Everywhere?", *Philosophical Transactions of the Royal Society B-Biological Sciences*, 2015, 370 (1668): 117-134.

Nagel, Thomas, "Panpsychism", In *Mortal Questions*, 181-195, Cambridge: Cambridge University Press, 1979.

Nagel, Thomas, *The View from Nowhere*, New York & Oxford: Oxford University Press, 1986.

The Combination Problem of Contemporary Panpsychism

Da DONG

Department of Psychology, Shaoxing University; Department of Philosophy & Psychology, University of Groningen Netherlands

Wei CHEN

Department of Psychology, Shaoxing University

Abstract: In contemporary philosophy the recurrence of panpsychism mainly benefits from the establishment and development of contemporary consciousness science. Whilst in construction of theory, panpsychism has been confronted with the recognized hardest problem— "the combination problem". This problem refers: How is the mind composed with its "parts"? Relating with human consciousness, it implies: How could the unity of conscious experience be explained through constitutive explanation? This paper considers that the problem as it's intractable lies on a gap of constructing mental units amongst various panpsychic theories. Here I try to generalize the problem in virtue of the conception of "composition" in metaphysics and conclude the core of the problem as "mental composition thesis". The argument proceeds as three parts: the first part reviews historical literatures of important modern philosophers, especially Descartes, Kant and James; the second part further makes a distinction between two types of mental combination problem—general combination problem and special combination problem; the last part reflects that the main reason of rejecting mental composition thesis perhaps originates from the restricted, even false hypothesis of composition and whole-parts relationship.

Keywords: panpsychism; families of theories; mind-body problem; combination problem; mental composition

[知识论]

自然主义的哲学定位及自然化认识论批判

◎ 陈晓平

华南师范大学政治与公共管理学院

摘　要：本文从蒯因关于自然主义的有关论述出发，探寻"自然主义"的恰当内涵，并给出如下定义：自然主义是实用的经验主义；自然主义的本体论是语境主义多元论；自然主义的认识论是休谟问题域中的认识论。然而，蒯因没有对自然主义做这样的哲学定位，而是取消"第一哲学"，即把哲学和认识论看作自然科学的一些章节，并以此作为自然主义的标志。具有讽刺意味的是，蒯因关于自然主义的大量论著并无资格进入自然科学的行列，只能滞留于他所试图摈弃的超自然的哲学领域，这便足以暴露其立场的不一致性。从哲学的角度看，自然主义是很重要的，而蒯因所说的"自然主义转折"实际上只是自然主义内部的一个错误的转折，即在休谟问题域中的认识论上由积极的转变为消极的，而消极的自然主义面临矛盾和失范的困境。

关键词：自然主义；实用的经验主义；语境主义；休谟问题；蒯因

这个题目听上去有些蹊跷。也许有人会立即指出：当代自然主义的领军人物蒯因（W. V. O. Quine）在其《自然化的认识论》这一纲领性文献中[1]，已经把哲学看作自然科学的一个章节；这意味着，自然主义的哲学定位就是把这个"定位"连同哲学一起取消。此说法可谓一针见血。问题是，蒯因本人实际上并未取消哲学，而且无意把他自己有关自然主义的论著纳入自然科学的行列。我们从这一事实可以窥见蒯因自然主义的某种内在矛盾。本文的目的不是要反对自然主义，而是要在哲学之内确立自然主义的位置，赋予"自然主义"更为重要的内涵和意义，从而纠正蒯因等人对自然主义的误导。

---

① Quine, W. V. O., "Epistemology Naturalized", in his *Ontological Relativity and Other Essays*, New York and London: Columbia University Press, 1969, pp. 69-90. 中译文见涂纪亮、陈波主编《蒯因著作集》第 2 卷，北京：中国人民大学出版社，2007 年，第 400—415 页。

一、自然主义的要义：实用的经验主义

自然主义的"自然"二字可被给予多种理解，因此，我们有必要首先对"自然主义"的含义加以澄清。为此目的，一种可行的策略是从倡导者蒯因的有关论述入手，探寻"自然主义"的演进线索，顺藤摸瓜，最终得出我们自己的结论。

蒯因的文章《实用主义者在经验论中的地位》[①]比其《自然化的认识论》晚 12 年发表。在这期间，蒯因对"自然主义"有了更多的思考，也因此而有了更多的纠结。比如，此文的第一句话就道出蒯因的心结之一："我并不清楚做一个实用主义者意味着什么。我也不清楚被称为实用主义者的哲学家们以什么方式在观点上彼此更为接近，而离那些不被这样称呼的哲学家们的观点更远。我怀疑'实用主义'这个词我们也可以不用。"[②]

蒯因为什么会有这样的纠结呢？因为在蒯因那里，"实用主义"和"经验主义"总是纠缠在一起。事实上，在蒯因的成名作《经验论的两个教条》[③]于 1953 年发表以后，人们就把他与逻辑经验主义者加以区别，称其为"逻辑实用主义者"，但蒯因却始终坚持自己是经验主义者，同时也不否认"实用主义者"的称谓。如此一来，蒯因集"实用主义"和"经验主义"于一身，二者之间的关系对于蒯因便成为一个问题。

在《实用主义者在经验论中的地位》这篇文章中，蒯因首先把自己定位于经验主义者，然后与那些被称为"实用主义者"的代表人物如皮尔斯（C. S. Peirce）、詹姆斯（W. James）、杜威（J. Dewey）等人进行比较，试图发现其中的同异之处，进而表明"实用主义在何种程度上支持了经验论的进步；也能够提示在何种程度上实用主义处于正确的轨道，即使它仅仅作为追随者而不是领导者；而且最后也能够提示在何种程度上我是一个实用主义者"[④]。显然，蒯因更乐意把自己定位于经验主义之上，而把实用主义看作由此派生的次要定位。

蒯因把经验主义的发展分为五个转折："第一个是从观念转向语词，第二个是语义的焦点

---

① Quine, W. V. O., "The Pragmatists'Place in Empiricism", in *Pragmatism*：*Its Sources and Prospects*, ed. by Mulvaney, R.J. and Zeltner, P.M, University of South Carolina Press, 1981, pp. 21-39. 中译文见《哲学译丛》1990 年第 6 期，第 31—39 页。

② Quine, W. V. O., "The Pragmatists'Place in Empiricism", in *Pragmatism*：*Its Sources and Prospects*, p. 23.

③ 蒯因：《经验论的两个教条》，《从逻辑的观点看》，江天骥等译，上海：上海译文出版社，1987 年，第 19—43 页。

④ Quine, W. V. O., "The Pragmatists'Place in Empiricism", in *Pragmatism*：*Its Sources and Prospects*, p. 23.

从词项转向语句，第三个是语义的焦点从语句转向语句系统，第四个是方法论上的一元论，即摈弃分析—综合的二元论，第五个是自然主义，即摈弃先于科学的第一哲学的目标。"①

在蒯因看来，这五个转折标示了经验主义是如何带领实用主义沿着正确的轨道向前发展的，而其最终归宿是自然主义；可以说，自然主义是经验主义与实用主义相结合的产物。

我们还发现，这一"正确"方向有一总的趋势，那就是"意义"的意义越来越丰富，而且承载意义的语言单位越来越大。具体地说：从观念的意义走向语词的意义，从语词语义扩展到语句语义，从语句语义扩展到语句系统的语义；然后，将语句系统内的两类语句即分析语句和综合语句加以合并，确切地说，对分析语句给予取消，将其归入综合语句；最后又将两类语言系统即哲学和科学加以合并，确切地说，对哲学给予取消，将其归入科学的语言系统。

坦率地说，笔者看不出，这种单向度的意义合并为什么说是正确的。如果这是正确的方向，那么，各门自然科学的界线最终也应取消，从而合并为一个大一统的"科学"。到那时，消亡的就不仅是"第一哲学"和认识论，而且还有自然科学的各个分支。在我看来，这种"发展"方向是灾难性的；相应地，如此发展之终点的"自然主义"也是灾难性的。

蒯因承认，说这五个转折代表"正确的"方向，具有他个人的因素，因为"我当然是以我自己的眼光来看待这个轨道的正确性"②。请注意，除了前两个转折是由别人促成的，后三个转折都是由蒯因自己促成的。蒯因在其力作《经验论的两个教条》中促成了第三个和第四个转折，即他对那"两个教条"给予沉重打击；那两个教条分别是分析—综合二分法和观察语句还原论。

蒯因对逻辑经验主义的"两个教条"的批判，在学界引起极大反响。然而在笔者看来，虽然此举具有一定的进步意义，但其破坏作用也是不可小看的。事实上，蒯因对他此举的负面作用也多少有所反省。在那本论文集再版时，蒯因在序言中承认："我认为它的缺点只是强调得太过了。"③究竟过分到什么程度，其负面作用和正面作用有多大？对此我们在后面的章节里还会谈及，以下着重讨论蒯因所促成的第五个转折。

第五个转折是经验主义向自然主义的转折。就这个转折而言，蒯因从本体论和认识论两个方面，将实用主义与经验主义做了比较。蒯因谈道："难道这里没有什么差别吗？差别要在

---

① Quine, W. V. O., "The Pragmatists' Place in Empiricism", in *Pragmatism:Its Sources and Prospects*, p. 23-24.

② Quine, W. V. O., "The Pragmatists' Place in Empiricism", in *Pragmatism:Its Sources and Prospects*, p. 23.

③ 蒯因:《从逻辑的观点看》，江天骥等译，上海：上海译文出版社，1987年，"重印版序言"第5页。

本体论中寻找。对于詹姆斯和我称之为欧洲的唯心主义者来说，实在基本包含在感觉中。……另一方面，对于像我这样的自然主义哲学家来说，物理客体，一直到最具假说性的粒子，都是实在的，尽管对它们的这种认识是需要经受校正的，正如所有科学一样。"①

在这里，蒯因指出他与实用主义者的区别主要在于本体论：他属于物理主义者或唯物主义者，而那些实用主义者在不同程度上属于感觉实在论者，亦即感觉现象论者或唯心主义者。具有讽刺意味的是，蒯因仍把自己称为"自然主义哲学家"，但其自然主义的显著特征就是要取消哲学，而把哲学并入自然科学。可见，蒯因的"自然主义哲学"大有"圆的方"之意味。

虽然蒯因与实用主义者在本体论上有很大的差别，但在认识论上是基本一致的。蒯因指出："尽管詹姆斯主张他的唯心主义本体论，尽管杜威持有他的中间的本体论，他们在处理认识论的方式上，却毫不含糊地是自然主义的。……他们可以严肃地采用自然主义的、发生学的认识论，就像他们对待其他科学那样。"②

上面提到，把认识论看作一门自然科学，这是蒯因自然主义认识论的显著标志。蒯因之所以把詹姆斯和杜威这些实用主义者看作认识论上的自然主义者，是因为他们把认识论看作一门研究认识的发生和进化的自然科学，即经验心理学或认识发生学。蒯因赞赏詹姆斯这一说法："我们重要的范畴（空间、时间、数）都是由进化而培育的生物学上的变异。"③这与康德把空间、时间、数等看作"先验范畴"是截然不同的，而康德的先验哲学正是蒯因的自然主义所要取缔的"第一哲学"和"超越的认识论"。

在此，笔者不得不指出，蒯因把"自然主义"的要义完全搞错了。他把哲学和认识论加以自然科学化甚至加以取缔，以此作为自然主义的认识论；他只把物理现象看作真实的而否认精神现象的真实性，以此作为自然主义的本体论。其实，这样的认识论和本体论都是很不自然的。"自然"不是哪个人随便规定就行的，否则就会陷入无意义的"口水之争"。较为恰当的做法是，以"自然"在日常语言中的含义为出发点，逐渐地向哲学"自然而然"地扩展开来。

比如，关于心身问题，金在权（J. Kim）指出，许多自然主义者只把物理主义算作自然主

① Quine, W. V. O., "The Pragmatists' Place in Empiricism", in *Pragmatism*: *Its Sources and Prospects*, p. 33.

② Quine, W. V. O., "The Pragmatists' Place in Empiricism", in *Pragmatism*: *Its Sources and Prospects*, p. 35

③ Quine, W. V. O., "The Pragmatists' Place in Empiricism", in *Pragmatism*: *Its Sources and Prospects*, p. 35.

义，而把笛卡尔的心身二元论归入反自然主义（显然，蒯因属于此类）。然而，众所周知，笛卡尔是承认心灵与身体以及其他物体之间具有因果关系的，这正是把心灵放在自然界中；在这个意义上笛卡尔可以算作自然主义者。"如果我们真要从那个时代找出一些关于心灵的超自然主义者（supernaturalists）的典型代表，我们最好提及莱布尼茨及其'先在和谐'的主张。"①

在这里，金在权就是从人们的常识出发来界定"自然主义"的。既然笛卡尔的心身二元论符合大多数人的看法即常识，为什么要把它归入反自然主义呢？相比之下，物理主义者坚持把丰富多彩的自然界还原为单调乏味的物理世界，那倒是有点反自然主义的味道。当然，作为物理主义者的金在权并不否认自己是自然主义者，但他说那是需要论证的；他本人努力发展的"随附性"（supervenience）理论，就是为了说明"不太自然的"物理主义如何可能成为自然主义的。

关于物理主义和自然主义之间的关系，金在权谈道："我们期望物理主义者都是自然主义者，虽然允许自然主义者不选择物理主义，或者至少并非坚定地站在物理主义一边。物理主义通常与关于世界的还原论观点联系在一起；我们中间的大多数人都承认，一个人可以是一个好的自然主义者，即使他不去拥抱那种关于世界的荒凉的沙漠景观，那种世界景观时常与还原论联系在一起。"②

笔者赞成金在权把自然主义与物理主义加以区分的做法，进而指出，无论是在认识论还是本体论上，蒯因正式给出的"自然主义"的定义都是不妥的。具体地说，蒯因让自然主义的认识论等同于经验心理学，让自然主义的本体论等同于物理主义，这两种做法都是与人们的常识相违的。

何谓自然主义？答曰：自然主义就是基于实用主义的经验主义，简称"实用的经验主义"。一方面，按照常识，认识的起点是经验，并且知识的可接受性也是必须经过经验核准的，因此认识论中的经验主义最为自然。另一方面，按照常识，经验是应接不暇的，我们必须选择最为有用的经验作为知识的基础，因此实践论中的实用主义也是最为自然的。可见，把"自然主义"定义为"实用的经验主义"不仅符合蒯因的初衷，在学理上也是顺理成章的，即符合认识论和实践论的常识。

据此定义，蒯因中后期正式地以"自然化认识论"为标志的哲学立场并非真正的自然

---

① Kim, J., "From Naturalism to Physicalism: Supervenience Redux", in *Proceedings and Addresses of the American Philosophical Association*, Vol. 85, No. 2 (2011), p. 115.

② Kim, J., "From Naturalism to Physicalism: Supervenience Redux", in *Proceedings and Addresses of the American Philosophical Association*, pp. 109-110.

主义，而是对自然主义的背离。相反，蒯因早期接近于逻辑经验主义者——特别是卡尔纳普——的哲学立场才是真正的自然主义。以下将对此进行论证。

二、自然主义的本体论：语境主义多元论

蒯因在其最后一本专著《从刺激到科学》中[①]，以"自然主义"为名专设一节，对其自然主义做了进一步的阐述。其中谈道："尽管卡尔纳普把他的'理性重构'的现象主义定向表述为一个实用的选择，而没有形而上学的意味，纽拉特也许把它看作是（我也如此）包括了一种笛卡尔式的心身二元论，假如确实不是精神一元论的话。另一方面，物理主义是唯物主义，除开承认数学的抽象对象之外，是直截了当的一元论。"[②]

在这里，蒯因指出了他与卡尔纳普（R. Carnap）在本体论上的区别：他主张物理主义或唯物主义一元论，而卡尔纳普则倾向于笛卡尔式的心身二元论，甚至是精神一元论即唯心主义。这一区别类似于蒯因与詹姆斯、杜威等实用主义者的区别，并且说卡尔纳普对其本体论立场是出于"实用的选择"。由此可以看出，在蒯因眼里，卡尔纳普作为逻辑经验主义的领军人物，在很大程度上也是一位实用主义者，因而其立场堪称实用的经验主义。按照我们在上一节给出的定义，卡尔纳普有资格被纳入自然主义者的行列。事实上，蒯因也是这样看的。

蒯因紧接上面那段话之后指出："卡尔纳普的《世界的逻辑构造》，就是我所想到的自然主义。"[③]不过，令人费解的是，卡尔纳普在那本书中所表达的本体论正是蒯因所批评的感觉现象论即唯心主义，所表达的认识论也是蒯因所批评的"凌驾于科学之上的"的逻辑方法论，为何蒯因要把那本书看作自然主义的一个典范呢？况且那本书是卡尔纳普的早期著作（1928年），远在蒯因发起自然主义的转折（1968年）之前。

在笔者看来，那是因为自然主义的转折其实不是从蒯因发表《自然化的认识论》才开始的，而是早在哲学发生语言学转向就开始了；这种转向正是蒯因所说的经验主义的第一个和第二个转折，即从观念意义向语词意义的转折和从语词意义向语句意义的转折。这种语言学

---

① Quine, W. V., *From Stimulus to Science*, Harvard University Press, 1995. 中译本见涂纪亮、陈波主编《蒯因著作集》第 6 卷，北京：中国人民大学出版社，2007 年，第 549 − 644 页。

② 蒯因：《从刺激到科学》，载涂纪亮、陈波主编《蒯因著作集》第 6 卷，北京：中国人民大学出版社，2007 年，第 565 页。

③ 蒯因：《从刺激到科学》，载涂纪亮、陈波主编《蒯因著作集》第 6 卷，北京：中国人民大学出版社，2007 年，第 565 页。

转向在逻辑经验主义那里达到一个高潮，卡尔纳普的那本书是这个高潮中的一朵显眼的浪花。正如蒯因在叙述那两个转折时所说："支配着维也纳学派（即逻辑经验主义——引者注）的意义证实理论，关注的是语句的而不是语词的意义和意义性。"①

为什么说哲学的语言学转向也是向自然主义的一次转折呢？因为语言学转向使"意义"从观念外化于语言，从而具有较高程度的公共性、客观性和可操作性，因此具有较高程度的经验性和实用性。既然我们把自然主义定义为实用的经验主义，在此意义下，哲学的语言学转向堪称自然主义的转向。

需要指出，哲学的语言学转向不仅发生在蒯因所说的第一和第二个转折，也延续到他所说的第三个转折，即意义的载体由语句转向语句系统。蒯因把第二个转折的结果称为"语境定义理论"，用以取代以前的"语词定义理论"。以前是首先确定语词的意义，然后由语词的意义来确定包含那些语词的语句的意义。与之不同，语境定义是用语句的意义来确定这些语句所共同包含的某个语词的意义，这些语句就提供了关于那个语词的语境。如果说第二个转折所产生的是语句语境的意义理论，那么第三个转折所产生的便是语句系统之语境的意义理论。显然，语句系统是一个更大的语境，它决定了其中每一个语句的意义，而不是由语句的意义来决定语句系统的意义。我们不妨把蒯因所说的经验主义的第二个和第三个转折统称为"语境主义转折"。

蒯因对语境主义转折给予极高的评价，他说道："语境定义预示着在语义学中的一场革命：它也许不像天文学中的哥白尼革命那么突然，但作为中心的转变来说却与它相似。"② 应该说，蒯因的这个比喻是恰当的：哥白尼革命是把宇宙的中心由地球改为太阳，语境主义革命是把语言意义的中心由语词改为语境。

语境主义革命的重要成果之一是导致本体论的语言学转向，即我们所说的自然主义的本体论。一个语境决定了其中各个语句的意义，进而决定了其中各个语词的意义。语词的意义包括含义和指称两个方面，并且在语境确定的情况下含义决定指称。语词的指称对象就是我们通常所说的"实体"或"本体"，本体论的语言学转向由此而产生。由于语言本体论是相对于语境而言的，而语境是可以转换的，所以语言本体论是相对的和多元的；据此，我们把自然主义的本体论称为"语境主义多元论"。与之对照，以往的本体论是超越一切语境的绝对本体

---

① Quine, W. V. O., "The Pragmatists' Place in Empiricism", in *Pragmatism : Its Sources and Prospects*, p. 26.

② Quine, W. V. O., "The Pragmatists' Place in Empiricism", in *Pragmatism : Its Sources and Prospects*, p. 25.

论，通常称之为"形而上学本体论"。

本体论的语言学转向有两座丰碑，分别是蒯因早期的文章《论何物存在》和卡尔纳普中后期的文章《经验论、语意学和本体论》。① 这两篇文章几乎同时撰写，其本体论观点如出一辙。然而，蒯因心中同时酝酿着对逻辑经验主义的"两个教条"的批判，不久便发起他所谓的经验论的第三个和第四个转折，其结果是他与卡尔纳普分道扬镳。现在让我们对上面提到的那两篇文章中的本体论做一个比较。

蒯因在《论何物存在》中明确地提出他的本体论观点，即"存在就是约束变项的值"亦即"存在就是论域中的成员"。我们知道，约束变项的值域即论域是相对于一个理论系统或语言系统而言的，不同的理论系统有着不同的论域。这样，何物存在的本体论问题便成为一个语言系统之内的问题，本体论成为相对的而非绝对的，超越任何语言系统的绝对本体论或形而上学本体论是无意义的。在这个意义上，蒯因也像逻辑经验主义者一样"拒斥形而上学"。

蒯因举例说："这里我们有两个相互抗衡的概念结构；现象主义的和物理主义的。哪一个应当占优势呢？每一个都有它的优点；每一个都有它自己特殊的简单性。我认为每一个都应当加以发展。的确，每一个都可以说是更基本的，虽然在不同的意义上：一个在认识论上是基本的，另一个在物理学上是基本的。"② 在此，蒯因比较了现象主义和物理主义这两种语言系统或"概念结构"，二者对应于两种不同的"本体论承诺"，即现象的本体论和物理的本体论。一般而言，这两种本体论无所谓孰优孰劣，取决于当事人看问题的角度。

一个理论就是一个语境，至少是一个语境的一部分。既然诸多理论或语境是平起平坐的，隶属于它们的诸多论域及相应的本体论也是平起平坐的，这就是语境主义的多元本体论。然而，在实践中我们往往不能同时采用几个不同的理论或处于不同的语境，必须选择其中某一个作为谈话的平台或基础；那么，如何在诸多平行的本体论中选择其中一个呢？对此，蒯因给出的回答是：根据实用的标准。

蒯因说道："我提出一个明显的标准，根据它来判定一个理论在本体论上作出什么许诺。但实际上要采取什么本体论的问题仍未解决，我所提出的明显的忠告就是宽容和实验精神。"③

---

① Carnap, R., "Empiricism, Semantics and Ontology", in his *Meaning and Necessity*, University of Chicago Press, 1956, pp. 205-221. 中译文见洪谦主编《逻辑经验主义》上卷，北京：商务印书馆，1982 年，第82—101 页。

② 蒯因:《经验论的两个教条》，载《从逻辑的观点看》，江天骥等译，上海：上海译文出版社，1987 年，第17 页。

③ 蒯因:《论何物存在》，载《从逻辑的观点看》，江天骥等译，上海：上海译文出版社，1987 年，第18 页。

蒯因所说的"宽容精神"就是不要把不同的本体论看作水火不容的，而把它们仅仅看作不同理论的"本体论承诺"。蒯因所说的"实验精神"就是实用主义，即根据实际需要在多个本体论中进行选择。在实用标准中，蒯因特别强调简单性原则，因为"简单性的规则的确是把感觉材料分配给对象的指导原则"①。

以上就是蒯因的语言本体论，其要义是：实用主义＋语言经验主义，符合我们关于自然主义的定义，即实用的经验主义。可见，我们把蒯因的这一本体论看作自然主义的本体论是言之有理的。事实上，蒯因也常把本体论的相对性看作自然主义本体论的主要特征。② 不过，这与蒯因在另外的场合把自己冠以"物理主义"或"唯物主义一元论"的做法是相违的。这意味着，蒯因的自然主义本体论是有着内在不协调性的。接下来，我们转而讨论卡尔纳普的语言本体论。

卡尔纳普在《经验论、语意学和本体论》一文中指出："现在我们必须区别两种存在问题：第一，这个新种类的某些对象在语言框架内部的存在问题，我们称之为内部问题；第二，把这些对象的系统当作一个整体的存在或实在性问题，叫作外部问题。内部问题和它们的可能答案是借助它们的新的表示式来明确地表述的。用纯逻辑的方法或用经验的方法可以找到答案，随这个框架是一个逻辑的还是一个事实的构架而定。一个外部问题的性质是有疑问的，还需要周密的考查。"③

卡尔纳普所说的内部问题就是对象在语言框架之内的存在问题，也就是蒯因所说的约束变项的值或论域的成员的存在问题。内部问题属于认识论问题，它的答案可以通过逻辑方法或经验方法来寻找。与之不同，外部问题是关于整个对象系统的存在问题，实际上是关于语言框架是否实在的问题。须指出，语言是工具，选择语言框架所依据的是实用标准，而不是理论标准，因而属于实践论而非认识论。与之不同，内部问题属于认识论而非实践论，与外部问题分属不同的哲学范畴。

卡尔纳普说道："一个关于对象系统的实在性的所谓陈述是一个没有认识内容的伪陈述。的确，在这方面我们必须面对一个重要问题；但它是一个实际问题，不是理论问题；它是关于是否要接受新的语言形式的问题。这个接受不能够被判定为或是真的或是假的，因为它不是

---

① 蒯因：《论何物存在》，载《从逻辑的观点看》，江天骥等译，上海：上海译文出版社，1987年，第16页。
② 参阅蒯因：《本体论的相对性》，载涂纪亮、陈波主编《蒯因著作集》第2卷，北京：中国人民大学出版社，2007年，第368—399页。
③ 卡尔纳普：《经验论、语意学和本体论》，载洪谦主编《逻辑经验主义》上卷，北京：商务印书馆，1982年，第83—84页。

一个断定。它只能够被判定为或多或少地便利的、富于成果的，有助于达到语言所预期的目标的。"①

我们看到，卡尔纳普的本体论与蒯因的本体论是高度吻合的，其内部问题和外部问题的区分对应于蒯因关于一个理论的本体论承诺问题和在多个理论之间加以选择的问题；其要义也是实用主义＋语言经验主义，因而同属实用的经验主义即自然主义。由此可见，蒯因和卡尔纳普共同提出自然主义的本体论，即语境主义多元论。

然而时过不久，蒯因在《经验论的两个教条》中却又说："卡尔纳普、刘易斯等人在选择语言形式、科学结构的问题上采取实用主义立场；但他们的实用主义在分析的和综合的之间想象的分界线上停止了。我否定这样一条分界线因而赞成一种更彻底的实用主义。"②

蒯因对分析命题与综合命题之界线的否定，就是他所说的经验主义的第四个转折。这一转折意味着他对内部问题和外部问题之界线的否定，因为内部问题是通过逻辑和经验的规范来解决的，其中包括对分析和综合的区分；与之不同，外部问题是根据实用的标准来解决的，在那里无须区别分析和综合。一旦取消分析与综合的界线，内部问题也就像外部问题一样仅仅依据实用的准则来处理。正因为此，蒯因说他所持有的实用主义更为彻底。

然而不幸的是，蒯因这种更为彻底的实用主义在很大程度是以摈弃逻辑分析为代价的，其结果是把内部问题与外部问题相混淆、把理论与实践相混淆，由此不可避免地把诸多逻辑矛盾引入自然主义的本体论之中，其中包括语境主义多元论和物理主义一元论之间的冲突。

三、自然主义的认识论：休谟问题域中的认识论

蒯因在其《实用主义者在经验论中的地位》一文中，把经验主义的发展历程划分为五个转折，而这五个转折的起点是休谟的经验主义，即："以上所说就是我所认为的休谟以后的经验主义的五个有意义的进步。"③ 我们知道，休谟并不是近代经验主义的开启人，在他之前至少还有洛克和贝克莱。那么，为什么蒯因要把休谟作为回顾近代经验主义发展历程的起点呢？

---

① 卡尔纳普：《经验论、语意学和本体论》，载洪谦主编《逻辑经验主义》上卷，北京：商务印书馆，1982年，第93页。

② 蒯因：《经验论的两个教条》，载《从逻辑的观点看》，江天骥等译，上海：上海译文出版社，1987年，第43页。

③ Quine, W. V. O., "The Pragmatists' Place in Empiricism", in *Pragmatism : Its Sources and Prospects*, p. 29.

在笔者看来，这是因为休谟提出的归纳合理性问题及其否定性回答，在很大程度上改变了认识论的发展方向，而蒯因的"自然化认识论"其实就是休谟心理主义和自然主义的延续。

蒯因在其《自然化的认识论》中这样谈道："把认识论的重担交给心理学，在早期是一个作为循环推理而遭否定的步骤。假如认识论家的目标是确立经验科学的基础，那么，在这种确立中利用心理学和别的经验科学，他的意图就落空了。然而，一旦我们不再幻想从观察中推出（deducing）科学，这种对循环性的顾虑几乎就没有什么意义了。如果我们只是力图去理解观察与科学之间的联系，那么可以适当地建议我们去利用任何可用的信息，包括恰好由我们正在寻求理解它与观察之间有何种关联的科学所提供的信息。"[①]

蒯因这里所说的"认识论家的目标是确立经验科学的基础"是指传统认识论。对于传统认识论来说，如果用经验科学来作为经验科学的基础，这便是"循环推理"，在逻辑上是不成立的。然而，一旦人们确认"从观察中推出科学"是不可能的，那么"这种对循环性的顾虑几乎就没有什么意义了"。为什么？因为"破桨总比没桨要好"，有缺陷的循环推理总比没有任何推理要好。用经验科学来为经验科学奠定基础，用关于人们认识过程的心理学或神经科学来代替传统认识论，这就是蒯因所倡导的自然化认识论的纲领，也是他所说的经验论的第五个转折。促成此转折的关键是人们认识到"从观察中推出科学"是不可能的，而"从观察中推出科学"的推理，正是休谟区别于演绎推理的归纳推理，亦即休谟常说的"经验推理"。

著名的"休谟问题"是关于归纳推理的逻辑合理性问题。休谟经过一番周密的论证表明，所谓的归纳推理或经验推理是没有逻辑合理性的。他指出："根据经验来的一切推论都是习惯的结果，而不是理性的结果。"[②]他甚至说："我们和畜类所共有的那种实验的推理，虽是全部生活所依据的，可是它也不是别的，只是在我们内在活动而为我们所不知晓的一种本能或机械的力量。"[③]借用现代生理心理学的术语来说，归纳"推理"不过是一切动物都具有的心理本能即条件反射。

正是休谟的论证使蒯因认识到，"从观察中推出科学"是不可能的，从而不介意用经验科学推出经验科学的"循环推理"，把认识论转变为关于人这类动物的"心理本能"的研究，即蒯因所说的经验心理学。由此可见，蒯因所说的经验论的第五个转折与其说是由蒯因发起的，不如说是由休谟发起的，只不过蒯因积极响应休谟而使自然主义得以发展。对此，蒯因也有

---

① 蒯因：《自然化的认识论》，载涂纪亮、陈波主编《蒯因著作集》第2卷，北京：中国人民大学出版社，2007年，第404—405页。
② 休谟：《人类理解研究》，关文运译，北京：商务印书馆，1982年，第42页。
③ 休谟：《人类理解研究》，关文运译，北京：商务印书馆，1982年，第96页。

暗示，他说："信条（doctrine）的方面，即对自然真理知识的辩护，又如何呢？在这里，休谟绝望了。……在信条方面，我并未发现我们今天距休谟离开我们之处前进多远。休谟的困境就是人类的困境。"①

有鉴于此，我们有理由把休谟问题作为自然主义认识论的奠基石，在承认休谟问题之重要性的前提下，围绕休谟问题而展开的各种认识论研究都属于自然主义认识论的范围。于是，我们可以把自然主义认识论定义为"休谟问题域中的认识论"。事实上，在哲学史上，休谟常常被冠以"自然主义"，这与他强调经验"推理"不过是人的心理本能有很大关系。

根据这个定义，不仅包括蒯因认识论在内的休谟派认识论属于自然主义认识论，而且相当一部分传统认识论也属于自然主义认识论；例如，以卡尔纳普和莱欣巴赫（H. Reichenbach）为代表的逻辑经验主义。卡尔纳普和莱欣巴赫对休谟问题非常重视，只是不接受休谟的否定性结论，试图对休谟问题给出肯定性回答，即试图为归纳推理的合理性加以逻辑的辩护。为此，他们创立了概率归纳逻辑，他们后期的工作主要是围绕归纳逻辑展开的。直到今天，逻辑经验主义的这一认识论方向并未终止，正以"贝叶斯方法"的名义在当代科学哲学中占有重要的位置。

我们看到，休谟问题域中的认识论研究是沿着两个相反的方向发展的：一个是蒯因的自然主义认识论，它以接受休谟问题的否定性答案为前提，将传统认识论转化为经验心理学；另一个是卡尔纳普的自然主义认识论，它以拒绝休谟问题的否定性答案为前提，坚持传统认识论对于经验科学的超越性。为了加以区别，我们不妨把前者称为"消极的自然主义认识论"，而把后者称为"积极的自然主义认识论"。

更有甚者，按照我们关于自然主义认识论的定义和划分，被蒯因式自然主义认识论极力反对的康德哲学，也可纳入积极的自然主义认识论的行列。首先，康德的先验哲学在很大程度上就是为了回答休谟问题而提出来的，因而属于休谟问题域中的认识论；其次，康德试图为休谟问题给出肯定性的答案，其结果就是他那著称于世的《纯粹理性批判》。

康德的一句名言是："休谟的提示在多年以前首先打破了我教条主义的迷梦。"②康德这里所说的"休谟的提示"就是指休谟问题。康德评论道："自从有形而上学以来，对于这一科学的命运来说，它所遭受的没有什么能比休谟所给予的打击更为致命。休谟并没有给这一类知识

① 蒯因：《自然化的认识论》，载涂纪亮、陈波主编《蒯因著作集》第 2 卷，北京：中国人民大学出版社，2007 年，第 402 页。

② 康德：《未来形而上学导论》，庞景仁译，北京：商务印书馆，1978 年，第 9 页。

带来什么光明，不过他却打出来一颗火星……从这个火星是能得出光明来的。"①

在康德看来，休谟问题打出来的"火星"就是康德自己的先验哲学。我们还可以说，对于卡尔纳普等逻辑经验主义者来说，休谟问题打出的"火星"就是他们发展起来的概率归纳逻辑以及作为后继者的贝叶斯方法。与之相反，休谟本人对休谟问题的否定性回答则"没有给这一类知识带来什么光明"，以致蒯因把认识论甚至整个哲学归并为自然科学的一个章节。在这个意义上，康德和逻辑经验主义的自然主义认识论是积极的，而休谟和蒯因的自然主义认识论则是消极的。

四、蒯因自然主义的出路

我们从蒯因关于自然主义的有关论述出发，探寻"自然主义"的恰当内涵，并给出如下定义：自然主义是实用的经验主义；自然主义的本体论是语境主义多元论；自然主义的认识论是休谟问题域中的认识论。

蒯因所说的经验主义的五个转折，前三个都涉及哲学的语言学转向。由于语言比观念更具有公共性、客观性和可操作性，因而具有更强的经验性和实用性；这使得经验主义的语言学转向是一种自然主义转向。

然而，蒯因没有对自然主义做这样的哲学定位，而是在取消分析—综合二分法的基础上进而取消"第一哲学"和认识论，并以此作为自然主义的标志。现在看来，蒯因所说的自然主义转折实际上只是自然主义内部的一个转折，即转向消极的自然主义认识论。

蒯因的消极的自然主义认识论存在许多不当之处。正如金在权和普特南（H. Putnam）等人指出的，其致命缺陷是取消了认识论必不可少的规范性。② 由此带来的一个严重后果是不协调性，并在本体论上显示出来，即相对的、多元的语言本体论和绝对的、一元的物理主义本体论之间的冲突。

蒯因本人意识到他的自然化认识论包含着"循环推理"以及某种程度的失范，但是，他在接受关于休谟问题的否定性答案之后便"自甘堕落"了，既然休谟问题已经表明那种"堕落"即"让经验科学作为经验科学的基础"是不可避免的，其结果最终是对哲学和认识论的取消。

蒯因的消极的自然主义处于失范和矛盾的困境之中。在笔者看来，它摆脱困境的必由之路

---

① 康德:《未来形而上学导论》，庞景仁译，北京：商务印书馆，1978 年，第 5—6 页。

② 参阅 Kim, J., " What is 'Naturalized Epistemology' ?", *Philosophical Perspectives*, Vol. 2, Epistemology (1988). 和 Putnam, h., 'Why Reason can't be Naturalized', *Synthese*, 52(1982)。

是：由消极的自然主义转变为积极的自然主义。道理很简单：试图取消哲学者必将被哲学扫地出门；因此，如果谁想要在哲学中为自然主义保留一席之地，那么他必须放弃对哲学的取消主义态度。

五、蒯因的自然化认识论及其批评

蒯因于 1968 年 9 月在维也纳召开的第十四届国际哲学大会上首次明确地提出自然化认识论（epistemology naturalized）的纲领，该发言收入他次年出版的论文集《本体论的相对性及其他论文》。[①] 从此以后，蒯因一直不遗余力地倡导自然主义，以致在他的自然主义旗帜下，聚集了一大批哲学家和有关领域的科学家，形成一股气势不凡的思潮。值得注意的是，对于蒯因的自然化认识论，哲学家们分成两大阵营，其观点对立的程度是不同寻常的。处于反对阵营的重量级人物之一金在权这样描述另一阵营的状况：

> "现在许多工作于知识论的哲学家都在强调系统心理学对哲学认识论的重要性。他们为此给出的理由却是各种各样的，关于心理学与认识论之间的恰当关系的概念也是如此。但是他们在一点上几乎是全体一致的，即他们拒绝他们所谓的笛卡尔认识论传统及其当代体现，后者包括罗素、刘易斯（C. I. Lewis）、奇泽姆（R. Chisholm）和艾耶尔（A. J. Ayer）等人的学说；并且他们在对蒯因的自然主义进路的支持中保持团结。……传统进路的追随者有时被指责为隐含着反科学的偏见或漠视心理学及其相关学科的新发展。与此对照，他们自己的进路则被誉为'自然主义的'和'科学的'，能够更好地融合相关科学领域的重大进展，如'认知科学'和'神经科学'等，并承诺比传统认识论的先验方法取得远为丰富的哲学回报。"[②]

蒯因的自然化认识论的最大特点是将认识论及其所属的哲学一道归并于自然科学，把哲学看作自然科学的一章，把认识论看作经验心理学的一章。在蒯因看来，高居于自然科学之上的"第一哲学"和传统认识论均已破产，他说："卡尔纳普及维也纳学派的其他逻辑实证主义者，已经让'形而上学'这个术语具备了一种贬义的使用，它意指没有意义。下一个被这

---

① Quine, W. V., *Ontological Relativity and Other Essays*, New York and London: Columbia University Press, 1969.

② Kim, J., " What is 'Naturalized Epistemology' ?", *Philosophical Perspectives*, Vol. 2, Epistemology (1988), p. 395.

样对待的术语是'认识论'。"①

蒯因提出自然化认识论的纲领，其要点是："认识论依然将继续存在下去，尽管它是在一种新的背景下并以一种被澄清了的身份出现的。认识论，或者某种与之类似的东西，简单地落入了作为心理学的因而也是作为自然科学的一章的地位。它研究一种自然现象，即一种物理的人类主体。这种人类主体被赋予某种实验控制的输入（例如，具有适当频率的某种形式的辐射），并且在适当的时候，他提供了关于三维外部世界及其历史的描述作为输出。贫乏的输入和汹涌的输出之间的关系，正是我们要加以研究的。而推动我们研究它的理由和总是推动认识论的理由，在某种程度上是同一种理由。这就是：为了弄清楚证据是如何与理论相关联的，并且人们的自然理论是以何种方式超越现成证据的。"②

对于蒯因的自然化认识论，金在权不以为然，他指出："蒯因所说的'贫乏的输入'和'汹涌的输出'之间的关系是因果关系，自然化认识论学者所研究的至少是准因果关系。至于是否或在什么程度上输入为输出提供了'辩护'，主体视网膜上被给予的某种照射导致主体的某种表征性输出，这如何是'合理的'或'理性的'，关于此类问题的评价对于自然化认识论学者来说都是无关的。"③

金在权进而指出："辩护（justification）是我们的认识论传统的核心概念，正如在这传统中被理解的那样，辩护是一个规范性的概念，相应地，认识论本身是一种规范性研究，其主要目的是关于为信念辩护之条件的系统性研究。"④

在金在权看来，蒯因把认识论等同于经验心理学，只关注心理现象或感官刺激之间的因果关系，而不过问这些因果关系之得出过程的合理性，实际上就是放弃了辩护的职责，从而失去了认识论必须具备的规范性。他说道："要求我们把以辩护为中心的认识论框架搁置一边。那就是蒯因方案的新颖之处。蒯因正要求我们把用以填入那个位置的东西变成纯描述性的和因果律的人类认知科学。"⑤

---

① 蒯因：《自然化的认识论》，载涂纪亮、陈波主编《蒯因著作集》第2卷，北京：中国人民大学出版社，2007年，第409页。

② 蒯因：《自然化的认识论》，载涂纪亮、陈波主编《蒯因著作集》第2卷，北京：中国人民大学出版社，2007年，第409—410页。

③ Kim, J., "What is 'Naturalized Epistemology'?", *Philosophical Perspectives*, Vol. 2, Epistemology (1988), p. 390.

④ Kim, J., "What is 'Naturalized Epistemology'?", *Philosophical Perspectives*, Vol. 2, Epistemology (1988), p. 383.

⑤ Kim, J., "What is 'Naturalized Epistemology'?", *Philosophical Perspectives*, Vol. 2, Epistemology (1988), p. 388.

金在权对于蒯因认识论的这一批评是具有代表性的。反对自然化认识论的另一重量级人物普特南（H. Putnam）也提出类似的批评，并给出颇为细致的分析和论证。

与金在权一样，普特南认为，认识论的价值主要在于给出合理性的标准或规范，并根据这些规范为认识或知识的合理性进行辩护；如果放弃了辩护的职责，就意味着放弃了认识论的规范性，也就放弃了认识论本身。据此，他把蒯因的自然化认识论称为"认识论取消主义"。

普特南评论道："蒯因的立场是完全的认识论取消主义（epistemological eliminationism）：我们应当放弃辩护的概念、好的理由、有保证的断言，并重建'证据'的概念（以使'证据'成为感觉刺激，它导致我们具有我们所具有的科学信念）。然而，在争论中，蒯因反复地声称，他并没有'取消规范'的意思。"[1]

普特南描述了一种状况："'自然化认识论'这一表达今天被许多哲学家使用，他们明确地认为自己在做规范认识论（至少是方法论）。但是'自然化认识论'这篇文章实际上是把它们都取消掉。因此，这种情况是令人极度困惑的。"[2] 在普特南看来，蒯因的自然化认识论及其规范性概念是混乱的，至少是令人费解的。

普特南在列举了蒯因的一系列观点之后评论说："如果说这是蒯因的所有信条，那倒也没什么问题。然而，一旦把蒯因在这儿说的和在那儿说的加以调和，困扰和疑难便出现了。"[3] 普特南本着宽容精神试图调和蒯因的一些说法，但得出的结论是：其说法要么是矛盾的，要么是空洞的。

六、蒯因"规范性"概念的内在矛盾

蒯因的自然化认识论是否能够保留认识论所必备的规范性，这是引起激烈争论的焦点问题。蒯因在其后期著作《真之追求》的第 8 节"规范与目的"中，比较集中地阐述了他的观点:自然化认识论具有规范性。不过，在笔者看来，其论述是令人费解的，甚至是自相矛盾的。

蒯因再次重申自然化认识论与笛卡尔以来的传统认识论之间的同异之处："我属于较大的少数派或较小的多数派中的一员，这派成员拒绝笛卡尔为科学确实性奠定基础的梦想，其确实性比科学方法本身还要坚固。但是如我们所看到的，我依然关注传统认识论中一直占据核

---

[1]　Putnam, h., "Why Reason can't be Naturalized", *Synthese*, 52(1982), p. 19.

[2]　Putnam, h., "Why Reason can't be Naturalized", *Synthese*, 52(1982), p. 19.

[3]　Putnam, h., "Why Reason can't be Naturalized", *Synthese*, 52(1982), p. 16.

心位置的东西，即科学与其感觉资料之间的关系。我接近它的方法是把它看作有血有肉的人身之内的输入—输出关系，而这些人是预先承认外部世界的；作为关于那个世界的科学之一章的研究，那种关系是开放的。为了强调我与笛卡尔之梦的分歧，我已把感觉和感觉物写为神经感受器（neural receptors）及其刺激。我把这种追求称为自然化认识论。"①

把认识论看作自然科学的一部分，这是蒯因的自然化认识论的标志。自然化认识论致力于研究自然人的神经末梢的刺激—反应关系，亦即输入—输出关系，并把这种关系与人们对世界的认识联系起来；可以说，这主要是神经生理学和经验心理学的研究内容。因此，蒯因实际上是把认识论转化为神经生理学和经验心理学。当然，这些学科有其自身的学术规范，但这种规范是技术性的，而不是传统认识论的，后者比前者具有更高程度的普遍性和抽象性。

蒯因的自然化认识论就是要摈弃传统认识论规范的普遍性和抽象性，只承认具体学科的技术规范。即便如此，蒯因认为二者在一点上是共同的，即：经验心理学也可像传统认识论那样，把"科学与其感觉资料之间的关系"作为研究对象；只是这种关系在自然化认识论中成为人的神经末梢的刺激—反应或输入—输出关系，因而成为自然科学的一部分，而不是像传统认识论那样凌驾于自然科学之上。

此外，蒯因还强调一点，那就是自然化认识论把作为研究对象的人看作"是预先承认外部世界的"，自然化认识论作为其中一章的科学就是关于那个外部世界的表述。蒯因的本体论常被称为"物理主义"或"唯物主义"，对此，蒯因供认不讳，宣称他在本体论上也是与笛卡尔的心身二元论分道扬镳的："我几乎不需要说，二元论是没有吸引力的。……现在易于看出，可以把那种具有相互作用或者不具有相互作用的二元论还原为物理一元论，除非假定有一种脱离肉体的精神。"②

笔者认为，蒯因的自然化认识论是相当可疑的，因为人们关于外部世界的认识能否还原为人的神经末梢的刺激—反应是相当可疑的。这个问题与当代心灵哲学密切相关；可以说，与自然化认识论相匹配的心灵哲学不可避免地归于物理主义，而且是还原的物理主义，这与蒯因关于外部世界的本体论承诺是一致的。不过，心灵哲学中的物理主义特别是还原的物理主义，已经遭受严重的挫折，这个挫折也可看作是自然化认识论的挫折。③

---

① Quine. W. V., *Pursuit of Truth*, Cambridge: Harvard University Press, 1992, P. 19.

② 蒯因：《事物以及它们在理论中的地位》，载涂纪亮、陈波主编《蒯因著作集》第 6 卷，北京：中国人民大学出版社，2007 年，第 23 页。

③ 参阅 Kim, J., *Physicalism, or Something near Enough*, Princeton: Princeton University Press, 2005。就连最坚定的还原的物理主义者金在权也承认，其理论在感受性问题上遭受挫折，因而退到"接近充足的物理主义"。

对于自然化认识论的规范性，蒯因指出："在其规范性方面，自然化认识论一般来说致力于启发法——带着它那在科学假设构造中的理性猜测的整体策略。在当前的行文中，我一直宁愿处理理论在被构想出来之后的检验，这是真值条件和经验内容的所在地。因此，我一直忽略对理论的构想，而那里是规范性考虑到达的地方。"①

在这里，蒯因也像逻辑经验主义和波普尔证伪主义那样，区分了科学理论的构想过程和验证过程。不过，蒯因的独特之处是把科学理论的构想过程看作规范起作用的主要场所，并把这样的规范叫作"启发法"；而其他学派则多把科学检验看作规范起作用的主要场所，其规范性主要体现于通常所说的"假设—演绎法"。需要指出的是，蒯因把"真值条件和经验内容的所在地"和"规范性考虑到达的地方"分在两处：前者处于理论检验的阶段，后者处于理论构想的阶段。这种做法或说法是很奇怪的，难道蒯因所说的规范性与经验检验关系不大甚至是无关的？我们很快看到，蒯因对此实际上给出一种否定的回答；这意味着，蒯因的规范性观点是含有内在矛盾的。

关于自然化认识论的规范性，特别是关于启发法的规范性，蒯因进一步谈道："尤里安（Ullian）和我在《信念之网》中曾对它进行了某些探讨，列出五个在构造假设中所要寻求的长处：保守性、概括性、简单性、可反驳性和谦和性（modesty）。进一步的建议可从自然科学（hard science）史的案例中得到。更为技术性地说，规范的自然化认识论与误差范围、随机偏差和其他应用统计数学的东西纠缠在一起。"②

蒯因把构想科学理论的规范叫作"启发法"，并初步归结为五个特征。现在的问题是，这五个特征是各门自然科学共有的，还是神经生理学或经验心理学所特有的？显然是各门自然科学共有的；这从蒯因让人们从自然科学史（而不是神经生理学或经验心理学）的案例中去发现类似特征的建议便可看出。事实上，蒯因所提出的启发法的五个特征与传统认识论的提法是大致相当的，特别是其中的"可反驳性"（refutability）、概括性（generality）和"简单性"（simplicity）正是波普尔证伪主义和逻辑经验主义的规范认识论的关键词，"启发法"（heuristics）也是拉卡托斯的规范认识论的关键词。

由此可见，蒯因的自然化认识论至少从传统认识论中继承了一部分规范，因而具有一定的超越自然科学的各门具体学科的性质，包括对神经生理学或经验心理学的超越。此外，蒯因提到自然化认识论所涉及的技术规范，如基于统计数学的处理误差的规范，也不限于神经

①　Quine. W. V., *Pursuit of Truth*, p. 20.
②　Quine. W. V., *Pursuit of Truth*, p. 20.

生理学和经验心理学，因而也具有一定程度的普遍性。事实上，逻辑经验主义和贝叶斯方法等传统认识论对此都有所涉及。

请注意，当蒯因谈论这些规范的时候，他便把从前门赶出去的传统认识论又从后门引进来了，他的所谓"自然化认识论"因此而落空。有趣的是，蒯因对此似乎并不在意，公然宣称："自然化认识论中最显著的规范实际上与传统认识论的规范是一致的。"[①]又一次展现出其自然化认识论的飘忽不定和内存矛盾。

我们知道，假设—演绎法是传统认识论的主要规范，它的作用范围主要是在科学理论的检验阶段而不是发现或构想阶段。假设—演绎法大致相当于蒯因常说的"经验检验点"（empirical checkpoints）："一个理论，通过从中演绎出观察断言句（observation categoricals）并检验该断言句，而得到检验。"[②]关于经验检验点，蒯因还发表了如下评论："当我引出预言来作为科学的检验点时，我并不把它看作是规范的。我把它看作对一种特殊的语言游戏的定义，即维特根斯坦所说的科学游戏；这种语言游戏与其他好的语言游戏如小说和诗歌相对照。一个语句要求得到科学的身份，这依赖于它对那个把预言作为检验点的理论所做的贡献。"[③]

坦率地说，蒯因后面这段话是令人费解的。首先，他否认假设—演绎法——即"把预言作为科学的检验点"——的规范性，其理由是它只是科学语言游戏的定义。然而，语言游戏的定义和语言游戏的规范并不矛盾，我们完全可以把一种游戏的主要规范作为它的定义，当然也可以把别的东西作为它的定义。例如猜字游戏的主要规范就是猜字，而不允许猜成别的东西，若猜成别的东西就是犯规；在这里，猜字既是该游戏的定义，也是该游戏的规范。所以，蒯因把假设—演绎法看成科学游戏的定义，并不能成为他否认假设—演绎法是科学游戏之规范的理由，反而凸显出假设—演绎法作为科学规范的极端重要性，以至成为科学之所以为科学的定义。

其次，蒯因不把假设—演绎法即经验检验点看作规范，意味着他不把科学检验看作规范，这与他前面的说法是相矛盾的。他在前面的引文中说，对一个构想出来的理论的检验正是"真值条件和经验内容的所在地"，而经验主义是"自然化认识论中最显著的规范"，由此可以推断，对理论的经验检验是自然化认识论的规范，甚至是最显著的规范。事实上，蒯因在另外的地方曾经明确地断言这一点，对于自然主义，他说："超出观察和假设—演绎法之外，并

---

① Quine. W. V., *Pursuit of Truth*, p. 19.

② 蒯因:《从刺激到科学》，载涂纪亮、陈波主编《蒯因著作集》第 6 卷，北京：中国人民大学出版社，2007 年，第 587 页。

③ Quine. W. V., *Pursuit of Truth*, p. 20.

不需要任何辩护。"①

蒯因还谈道："科学游戏并未承诺是物理的，无论物理意味着什么。物体早已扩散为粒子群，而且玻色—爱因斯坦统计学已质疑粒子的特殊性。甚至传心术和透视法（clairvoyance）也是科学的选择，无论它们如何濒临绝境。为复活它们需要给出不同寻常的证据，但是，一旦这种情况发生，那么，经验主义自身——我们看到，那是自然化认识论的最高规范——将被抛弃。"②

"科学游戏并未承诺是物理的"这句话并不错，但是科学游戏应当承诺是经验的，正如蒯因这里所说，经验主义是"自然化认识论的最高规范"。然而，蒯因同时又说"传心术和透视法也是科学的选择"。这意味着，自然化认识论的最高规范不能阻止传心术和透视法这类东西进入科学的行列，这恰恰表明自然化认识论是严重失范的。

传心术和透视法这类东西可以成为科学，这个结论是令人震惊的，甚至蒯因也忍不住惊呼："一旦这种情况发生，那么，经验主义自身——我们看到，那是自然化认识论的最高规范——将被抛弃。"不过，这只是虚惊一场，蒯因马上就以平静的口吻说道："科学在经历了这样的动荡之后仍然是科学，即那同一种旧的语言游戏，仍以感觉预言的检验点为转移。经验主义的崩溃（collapse）将允许来自传心术或天启术（revelation）的额外输入，但是，对如此产生的科学所进行的检验仍然是预言性的感觉。"③

我们看到，蒯因宁愿让自然化认识论的"最高规范"即经验主义崩溃掉，也要允许传心术或天启术之类的东西进入科学。不过，这个说法本身就是自相矛盾的：一方面，失去最高规范的"科学"如传心术或天启术已经不是科学了，但蒯因仍然称之为"科学"；另一方面，使经验主义崩溃的传心术或天启术仍然"以感觉预言的检验点为转移"，因而仍然是经验性的，即"同一种旧的语言游戏"。在此，我们又一次领略了蒯因论述的语言风格：飘忽不定和自相矛盾。

不过，蒯因关于传心术或天启术具有经验性的说法并非全无道理，尽管其经验性与通常所说的经验性有着本质的区别。按照传统认识论的规范，科学游戏必须经受经验检验，并且科学检验必须具有公共性，公共性的标志之一是他人可重复性。据此，传心术或透视法之类的东西不可能成为科学，因为它们的预言往往在经验检验中被表明是假的；或者说，由于传心

---

① Quine, W. V. O., "The Pragmatists' Place in Empiricism", in *Pragmatism:It Sources and Prospects*, p. 28.

② Quine. W. V., *Pursuit of Truth*, pp. 20—21.

③ Quine. W. V., *Pursuit of Truth*, p. 21.

术或透视法的私人性而使对它们的他人可重复的经验检验根本无法进行。

然而，在蒯因的自然化认识论中，经验证据被赋予新的含义，即基于神经刺激的"感觉证据"，这样的证据因失去公共性而为传心术或透视法这类东西开了后门，使之能够成为"科学"。可以设想，一个号称"鬼魂附体"的人，其神经末梢的输入—输出关系也符合神经传导的某种因果规律，从而成为"感觉证据"；这使预测"鬼魂附体"的一套说辞可以通过自然化认识论的"经验"审查，由此获得科学理论的资格。

蒯因坚持说自然化认识论是有规范的，但其规范却不能阻止传心术和透视法之类的东西进入科学；无论如何，这是难以让人心安理得的，甚至蒯因本人也有所不安。于是，蒯因进一步解释说："在那种极端情况下最好还是修改游戏本身，进而把传心术和天启术的预言纳入检验点，这些预言是由它们的输入加上感觉输入一道得出的。通过定义来阻止难以置信的偶然性，这种做法是无益的。"①

前面提到，基于神经末梢的刺激—反应的预言性检验并不能对传心术或透视法之类的东西造成威胁。反之，如果我们引入假设—演绎法，从而把公共可检验性作为科学的规范，这便可以把传心术之类拒于科学大门之外。不过，这在蒯因看来却是"通过定义来阻止难以置信的偶然性"，因而"是无益的"。正因为此，蒯因呼吁"修改游戏本身"，实为把科学的"检验点"从公共经验扩大到私人经验，从而把传心术或天启术纳入经验科学。

如果我们坚持追问，能够容纳传心术之类的所谓"科学"或自然化认识论，其规范还有什么价值或意义？蒯因所能给出的回答是："说规范性因素因认识论特征将被抛弃，这种说法是错误的。正如理论认识论通过自然化而成为理论科学的一章，规范认识论通过自然化而成为工程学的一章，即：预言感觉刺激的技术。"② 不错，传心术和天启术都有一套预测感觉刺激的技术，其规范性就在那里，这也是自然化认识论的规范性所在。

蒯因的自然化认识论的所谓"规范"不过如此，它让不具有公共可检验性的传心术和天启术也可进入科学的大门，从而在一定程度上默认了私人科学的存在。笔者坚决否认私人科学的存在，正如维特根斯坦坚决否认私人语言的存在一样。规范的科学必须具有公共性，既然蒯因的自然化认识论的"规范"取消这一基本要求，那么它所说的"规范"实际上就是"失范"。

---

① Quine. W. V., *Pursuit of Truth*, p. 21.
② Quine. W. V., *Pursuit of Truth*, p. 19.

参考文献:

蒯因:《自然化的认识论》,载涂纪亮、陈波主编《蒯因著作集》第 2 卷,北京:中国人民大学出版社,2007 年,第 400—415 页。

Quine, W. V. O., "The Pragmatists' Place in Empiricism", in Mulvaney, R. J., and Zeltner, P. M., *Pragmatism: Its Sources and Prospects*, University of South Carolina Press, 1981, pp. 21-39.

蒯因:《经验论的两个教条》,载《从逻辑的观点看》,江天骥等译,上海:上海译文出版社,1987 年,第 19—43 页。

蒯因:《从刺激到科学》,载涂纪亮、陈波主编《蒯因著作集》第 6 卷,北京:中国人民大学出版社,2007 年,第 549—644 页。

蒯因:《论何物存在》,载《从逻辑的观点看》,江天骥等译,上海:上海译文出版社,1987 年,第 1—18 页。

蒯因:《本体论的相对性》,载涂纪亮、陈波主编《蒯因著作集》第 2 卷,北京:中国人民大学出版社,2007 年,第 368—399 页。

Quine, W. V., *Ontological Relativity and Other Essays*, New York and London: Columbia University Press, 1969.

Quine. W. V., *Pursuit of Truth*, Cambridge: Harvard University Press, 1992.

蒯因:《事物以及它们在理论中的地位》,载涂纪亮、陈波主编《蒯因著作集》第 6 卷,北京:中国人民大学出版社,2007 年,第 7—28 页。

Kim, J., "From Naturalism to Physicalism: Supervenience Redux", in *Proceedings and Addresses of the American Philosophical Association*, Vol. 85, No. 2 (2011), pp. 109-134.

Kim, J., " What is 'Naturalized Epistemology' ?", *Philosophical Perspectives*, Vol. 2, Epistemology (1988), pp. 381-405.

Kim, J., *Physicalism, or Something near Enough*, Princeton: Princeton University Press, 2005.

Putnam, H., "Why Reason can't be Naturalized", *Synthese*, 52(1982), pp. 3-23.

卡尔纳普:《经验论、语意学和本体论》,载洪谦主编《逻辑经验主义》上卷,北京:商务印书馆,1982 年,第 82—101 页。

休谟:《人类理解研究》,关文运译,北京:商务印书馆,1982 年。

康德:《未来形而上学导论》,庞景仁译,北京:商务印书馆,1978 年。

On The Position of Naturalism in Philosophy and Critiques of Naturalized Epistemology

Xiaoping CHEN

School of Politics and Public Administration, South China Normal University

Abstract : We'll search for the proper sense of "naturalism" from Quine's discuss of naturalism, and give definitions as follows: Naturalism is pragmatic empiricism; Ontology of naturalism is contextualist pluralism; Epistemology of naturalism is epistemology in the domain of Hume's Problem. However, Quine himself does not locate naturalism in philosophy like this, but eliminating "the first philosophy" such that he take philosophy and epistemology as some chapters of natural science , which is taken as the mark of naturalism. Ironically, Quine's a lot of essays are not qualified to the ranks of natural sciences, and could only be remained in the supernatural realm of philosophy that he tried to abandon. This fact is sufficient to expose the inconsistency of Quine's position. From a philosophical perspective, naturalism is very important, and the "turn of naturalism" Quine so called is just an improper turn within naturalism, the turn to negativity from activity in epistemology within the domain of Hume's Problem. Negative naturalism faces the dilemma of contradiction and norm-lost.

Keywords : naturalism; pragmatic empiricism; contextualism; Hume's Problem; Quine

试论分析哲学关于知识定义和辩护的三大争论

◎ 刘高岑

洛阳师范学院 哲学与科技文化研究所

摘　要： 知识问题是贯穿整个哲学史的核心论题之一。20 世纪 50 年代后，随着语言分析哲学的纵深发展，知识的本质和辩护问题也成为分析哲学关注的重要论题。当代分析哲学关于知识问题的研究主要围绕三大争论展开：一是知识的定义或条件问题（知识应满足哪些条件），二是知识的辩护问题（基础主义与融贯主义的争论），三是知识与人和世界的关系问题（内部主义与外部主义的争论）。这些争论不仅大大推进了人们关于知识本质的理解，而且为知识问题的研究开拓出新的视域，使之展现出新的生机。目前，在新的思想平台上寻求知识定义和辩护的新路径成为主要发展趋势，一种融合各方合理因素的新型知识理论——心灵—语境知识理论——正在成为各方日渐趋向的选择。

关键词： 知识的定义和辩护；三大争论；发展趋势

20 世纪 50 年代以后，随着对基础主义知识理论的批判和知识问题研究的多向度展开，分析哲学家们就知识的本质和条件、知识的辩护、知识的心理因素等问题进行了深入的研究和争论。这些研究争论主要围绕知识的条件问题、"所予"问题和知识的辩护问题展开。这些争论为我们全面理解和把握人类知识之本质提供了可资利用的重要资源。本文试对这三个影响深远的争论加以扼要评析。

一、知识的条件与盖梯尔问题

在古希腊哲学中，关于知识问题的探讨是围绕着知识的本质和条件展开的。然而，近代哲学的认识论转向使知识的来源、知识的形成、知识的基础成为知识论的核心问题，并相应地建构起基础主义的知识理论，而知识的本质和条件问题则被相对边缘化。逻辑实证主义实际上并未改变这种状况，它只是从语言的逻辑分析（语法分析和语义分析）和实证分析的哲学框架对基础主义进行了新的论证，从而系统地建立了现代意义上的基础主义知识理论。然而，随着传统基础主义知识理论之统治地位的日渐式微，随着逻辑实证主义以逻辑分析和实证分析为特征的研究范式之狭隘性和局限性的日益暴露，知识的本质、条件和辩护问题再度成为人们关注的焦点。英国哲学家 T. 索雷尔曾对当代哲学家超越逻辑实证主义的知识理论框架，以彰显主体地位的语用分析哲学来研究知识本质和知识条件的情况作了如下总结："只是从 20 世纪 40 年代起，当时整个英美哲学都受到分析方法的引导，在英美才开始认识到这个论题（即知识论题）应单独分析的那一部分，可是，从此以后在这一部分论题上倾注的注意力大概已超越了早期热衷于分析方法的人们的任何想象。"①

所谓知识的条件也就是一个命题要成为知识所必须具备的条件。这也就是知识的定义问题。柏拉图在《美诺篇》和《泰阿泰德篇》中就已经提出了"知识是有理由的真信念"的定义。1946 年美国哲学家刘易斯（C. I. Lewis）在《对知识和评价的分析》一书中已经试图把逻辑经验主义主张的明晰而精确的语言和逻辑分析方法运用于上述知识条件问题的研究。赖尔在《心的概念》（1949）中也指出了运用分析方法研究这类问题的极端重要性，他认为，哲学家运用语言分析的方法研究知识所包含的东西的重要性就在于，围绕着知识概念的许多模糊不清能够得以澄清。分析哲学的知识问题研究正是以语言/语用分析为切入点展开的。按照这种研究范式，认为某人拥有某种知识，实际上就是认为他可以说"我知道——"；而从"我知道——"的用法来看，知识的定义可以具体展开为知道（或知识）的三个必要而又充分的条件：（1）真理性条件：如果一个主体知道命题 P，那么 P 是真的；（2）信念条件：如果一个主体知道 P，那么他相信 P；（3）辨明（justification）条件：知道一个命题的人已经达到以一种可信赖的方法相信或接受这个命题。这三个条件亦可表示如下：

S 知道 P（或 S 拥有知识 P）当且仅当

A. P 为真；

B. S 相信 P；

C. S 有理由相信 P。

当代著名哲学家艾耶尔（A.J.Ayer）在《知识问题》（1956），齐硕姆（R. M. Chisholm）在《知觉：一个哲学研究》（1957）中都曾从不同的角度明确地提出和论述了上述观点。但也

---

① T. 索雷尔：《知识的分析》，载《哲学译丛》，1992 年，第 4 页．

有一些哲学家对上述的这种知识定义提出了异议。上述三个条件中，真理性条件是大家一般都同意的，没有什么争论。说 S 知道 P 但 P 却是假的，这是无意义的。因为"知道"就必定是知道社会公共认同为真的某种东西。例如，我们可以说"S 知道地球是行星"，而不可能说"S 知道地球是正方形的"。关于信念条件有一些小的争论，主要是关于信念的性质问题。一些哲学家认为信念是在适当条件下表达某个命题的倾向（disposition），而另一些哲学家则认为信念是伴随着一个可用真假加以评价的内容的精神状态。关于信念的倾向说明有两个重要困难，一是难以对新颖的信念作出解释，因为，如果某个信念是新颖的，那人们就不可能基于此前情况形成关于此信念的表达倾向；二是难以对一个倾向是真的或假的是什么意思作出解释，即无法对倾向的真假做出令人信服的解释。由于这两个明显的困难，大多数哲学家都普遍同意信念是某种特定精神状态的观点：一个人拥有某个命题性的知识至少要求那个人有关于这个命题的某种心理上的认同（assent）关系。争论最大的是关于辩明条件，即：怎样才算拥有关于某项知识的理由，以什么方法才能达到对知识的辩明，并从而达到相信一个命题是可信赖的？正是围绕着辩明问题，知识论领域展开了基础主义与融贯主义、内部主义与外部主义、因果论与实用论等各种争论。

20 世纪 50 年代后关于知识定义或知识条件的大规模的争论，由美国哲学家盖梯尔（E. L. Gettier）于 1963 年在《分析》上发表《有理由的真信念就是知识吗？》这篇短文所引发。在该文中，盖梯尔对上述的知识定义或知识条件提出了这样的反例：史密斯有理由相信（a）"琼斯拥有一辆福特牌轿车"这个错误命题（他过去知道琼斯确实拥有一辆福特牌轿车，却不知道琼斯刚刚把车卖了）；据此，他可以合理地相信（b）"或者琼斯拥有一辆福特牌轿车，或者布朗在巴塞罗那"这个选言命题；而布朗当时又恰巧在巴塞罗那，所以选言命题（b）就是真的。这样，（b）对于史密斯来说就是有理由的真信念，因为（b）是真的而且史密斯有理由相信（b）。然而，事实上史密斯却并不知道（b），即对史密斯来说（b）并不是知识。因为使（b）成为知识的那个必要条件（即"布朗在巴塞罗那是真的"）是史密斯所不知道的。也就是说，史密斯有理由的真信念"或者琼斯拥有一辆福特牌轿车，或者布朗在巴塞罗那"其实并不是史密斯的知识。盖梯尔试图通过这种反例表明，上述的知识定义或知识条件至少是有问题的，因为它并没有给出某人拥有某项知识的充分条件，即"并没有陈述出某人知道一个给定命题的充分条件"①。这就是著名的"盖梯尔问题"。盖梯尔问题的实质在于：某人 S 有理由相信一个假信念 P，他以 P 为前提进行推论，却合理地得到一个碰巧为真的信念，他由此而

① E.L. 盖梯尔：《有理由的真信念就是知识吗》，载《哲学译丛》，1988 年，第 4 页.

得到一个可合理地相信的真信念，但这个他有理由相信的真信念实质上却不是他的知识。

盖梯尔的文章发表后，在西方知识论领域引起强烈反响。正是以盖梯尔问题为契机，知识的本质、知识的条件等问题在当代哲学背景下获得空前深入的探讨。概括地说，对盖梯尔问题的解决可划分为两条路线：一是认为盖梯尔反例并不构成对传统知识定义的威胁，因为盖梯尔反例本身并不成立。齐硕姆、迈耶斯（R.G.Meyers）和斯特恩（K.Stern）等人都持这种观点。齐硕姆认为，只要我们把 "S 有理由相信 P" 与 "对于 S 来说 P 是显然的" 这两个短语的意义区分开来，使 "S 有理由相信 $P=Df$：（i）对 S 来说 P 是显然的；（ii）如果对 S 来说 P 不是显然的，则命题 P 是由命题的析取衍推出来的，而组成该析取的每个命题对 S 都是显然的，而不是不完全显然的。这样，我们得以保留传统的知识定义"[①]。就是说，如果命题 P 是由一个命题与其他命题的析取衍推出来的，那么，即使作为前提的命题对 S 来说是显然的，P 对 S 来说也不是显然的，所以 P 便不是 S 有理由相信的，即 P 不是 S 的知识。而迈耶斯和斯特恩则认为，盖梯尔类型的反例全都依赖于这样一个原则：某人能够有理由依据 P（如 "琼斯拥有一辆福特牌轿车"）接受某个 H（如 "布朗在巴塞罗那"），即使 P 是假的。而这个原则本身却是错误的，因为语用的语境相关原则要求避免析取怪论；即当我们以 P 为根据析取 H 时，H 必须与 P 是语义相关和语境相关的。而盖梯尔反例恰恰是违背这个原则设定的。所以盖梯尔反例无效。[②]

第二条路线是承认盖梯尔反例，而对传统的知识定义进行各种各样的修正。持这种观点的哲学家有戈德曼（Alvin Goldman）、波洛克（John L. Pollock）、诺齐克（Robert Nozick）等人。戈德曼提出因果条件来补充传统的知识定义，他认为要保证知识的真，就要把信念与事实联系起来，使事实成为信念的原因：某一真信念 P 是知识，则事实 P 应是这一信念的原因，并且存在着连接事实 P 与该信念的链条。他把这作为知识的第四个条件。诺齐克认为，盖梯尔反例根源于认知者相信了假信念，所以必须补充知识定义的条件以保证认知者不相信假信念。一个信念要成为知识，就必须特别注意所相信的命题的真值，仅当该命题的真值是真的时，它才能被相信。也就是说，诺齐克认为，对传统的知识定义必须补充如下条件：如果 P 不是真的，S 就不相信 P；在变化了的情景中，如果 P 成为真的，S 将相信 P。

正是盖梯尔问题引发了 20 世纪后半期关于知识问题的广泛而深入的研究。围绕盖梯尔问题，哲学家们在涉及了逻辑哲学、语言哲学、认识科学和心灵哲学的广阔领域内进行了各种

---

① R.M. 齐硕姆：《作为有理由的真信念的知识》，载《哲学译丛》，1990 年，第 1 页．

② Meyers, R.G. and Stern, K., "Knowledge without Paradox", *The Journal of Philosophy*, Vol.70（1973）: 147.

层面的争论和探讨。盖梯尔问题及由此而引发的其他有关知识和认识的问题，目前仍未取得公认的解决。这个问题最终将以怎样的方式解决已变得不再重要。重要的是，在当代哲学背景下围绕盖梯尔问题展开的关于知识问题的各种争论和探讨，已经从各个层面大力推进了我们关于知识、信念、真理、实在、心灵等重大问题的研究。而尤为重要的是，正是这个争论把许多哲学家引向了心灵哲学和心智分析的层面，为知识问题的研究开拓出新的视域、展现出新的生机。如戈德曼就明确地主张从心灵的层面来研究知识问题，他认为，信念的可确证状态依赖于产生和保持它的心理过程；合理的信念是由恰当的心理过程产生的，而不合理的信念则是由不恰当的心理过程产生的。如此等等。

二、基础主义、融贯主义及其关于"所予"的争论

所予（the given）是基础主义知识理论的一个基本概念。为了使知识的辨明能够摆脱循环，能够在某一点终止，最直接明了的途径便是找到或设定一个不必再对之进行辨明的基础。这是基础主义知识论的基本理路。而基础主义者共同找到的这个基础就是直接呈现于主体心灵的"所予"。事实上，自笛卡尔以来关于"所予"的学说就一直是认识论的中心问题。近代哲学给"所予"赋予的含义是直观领悟、简单观念、知觉、回忆和反省等。语言转向以后，"所予"问题又在语言哲学和逻辑分析的基底上展开。逻辑实证主义的核心目标是探研科学知识的结构、科学知识的辩护和科学知识的合理重建。所以，"所予"问题就是他们必须首先给予解决的问题。尽管逻辑实证主义内部关于"所予"不无分歧，但是把"所予"解释为表征主体直接经验的观察陈述或记录语句则是其共同接受的观点。艾耶尔在《基本命题》（1950）和《知识问题》（1956）等著作中都曾深入而具体地讨论了逻辑实证主义哲学框架中"所予"的含义和构成等问题。

20 世纪 50 年代以后，逻辑实证主义的意义理论、经验还原论、两种语言观、中性观察语言说及其关于理论与方法的区分、评价与描述的区分等观点，遭到来自各个层面的猛烈攻击。虽然最初的批评不是在知识论的框架中直接针对"所予"展开的，而是针对中性观察陈述是否存在展开的，但逻辑实证主义的"中性观察陈述"所表征的正是知识论中的"所予"；所以，如果表征所予的中性观察陈述不存在，那么基于观察陈述的基础主义知识理论当然也就难以立足了。正是由于这个原因，就在蒯因发表批判两种语言理论的《经验论的两个教条》（1950）之后不久，当代著名的基础主义者 C.I. 刘易斯（C.I.Lewis）便针锋相对地发表《经验知识的所予要素》（1952）一文，对"所予"在经验知识中的基础地位进行捍卫，他指出："除

非有某种确定的东西，否则任何其他的东西都是不可能的"，经验知识的体系必须奠基于"感觉的直接发现物"（direct findings of sense）这种"所予"之上。① 不过，在知识理论框架下关于"所予"的争论、基础主义与融贯主义的大规模争论，则是随着塞拉斯（W. Sellars）对"所予神话"（the myth of the given）的批判而拉开序幕的。

1956 年塞拉斯发表了《经验主义与心灵哲学》这篇在知识论领域具有革命性意义的重要论文。在该文中，塞拉斯对他称之为"所予神话"的思想观念进行了深入的剖析和批判。他首先指出，在认识和知识问题的研究中持续不断地以多种形态呈现着这样一个哲学主题：经验知识依赖于（i）"直接意识到的东西"（immediate awarenesses）这个基础，（ii）精神的"私人性"和人们进入他自己精神状态的"私有通路"是经验的首要特征这个假定，以及（iii）逻辑和认识论概念先于所有主体间概念（intersubjective concepts）形成内部事件。贯彻这一主题的结果就是建立基础主义的知识理论，即认为：感觉意识提供了一种形式的经验知识，而这种形式的经验知识是（i）直接得到的（即非推论的），（ii）不以其他的关于事实的特殊或普遍的知识为先决条件，（iii）这种知识构成所有关于事实之论断的基础和最高法庭。"关于所予的神话所采取的一种形式是这样一种看法：有而且必定有一个关于单一事实的结构，而且，（i）其中每个事实不仅不需要通过推论就能知道确系如此，而且不以其他任何关于单一事实或者普遍真理的知识为前提；（ii）关于这个结构所属的种种事实的知识是不需要通过推理就能获得的，这种知识构成了关于世界中一切个别的或普遍的实际要求的最高法庭。这里重要的是要指出，我把属于这个层次的事实的知识不仅表征为它是不需要通过推理就能获得的，而且表征为它不以关于其他任何个别的或者普遍的事实的知识为前提。"②

塞拉斯认为，传统基础主义知识论所赖以立足的这种所予理论是错误的。因为（i）它没有把非概念的感知状态与概念的构造的知觉过程区分开来；（ii）心灵对事物的接受总是要涉及把某物表征为是"这个"或"那个"，因而，就像康德所认识到的，它已经有了一个或正确或不正确地以一定方式调动、应用描述概念和分类概念的判断形式；（iii）知觉是一种规范或范型的事情和产物，知觉的这种能力比回应感觉刺激的倾向要求更多的东西。所以，"本质之点在于，当我们把一个事件或一个状态描述为知道时，我们并不是正在给出关于那个事件或状态的一个经验描述；而是把它安置于理由的、辨明的和有能力辨明某人说什么的逻辑空间之中"③。塞拉斯的结论是：在对刺激的无中介的回应这个意义上，可以说知觉判断是直接的，即它自身不是从其他

① Lewis, C.I., "The Given Element in Empirical Knowledge", *Philosophical Review*, Vol.61（1952）.
② Sellars, W., *Science, Perception and Reality*, Routledge and Kegan Paul, 1963: 164.
③ Sellars, W., *Science, Perception and Reality*, Routledge and Kegan Paul, 1963: 169.

判断推出的；但是，这种判断的认识或知识权威依赖于它们被适当地卷入有理由和给出理由的主体间的游戏；因此，它们作为知识不可能独立于它们和其他判断的推论关系而成立。塞拉斯并因此而主张一种强的认识论的内部主义："关于任何特殊事实的客观知识……都以人们预先知道形式 X 是 Y 的一个可依赖的征候（symptom）这个一般事实为先决条件。"[①]

　　既然并不存在独立于主体构造的"所予"，既然知觉判断也卷入了给出理由的主体间的游戏之中，不能脱离其他判断而独立存在，那么也就没有什么东西能够成为知识的独立基础，基础主义知识理论当然也就不能成立。如果是这样，知识作为一类独特的信念（或命题），其本质特征是什么？知识又如何被辨明呢？又如何对知识的合理性作出有效的辩护呢？塞拉斯给出了融贯主义（coherentism）的回答。融贯主义（或融贯论）是真理论和知识论中的一种重要观点。[②]就知识论的视角和论域来看，融贯主义的基本观点是：所有那些等于知识的信念都是借助于它们与其他信念的关系而被辨明的，尤其是借助于它们所属的那个融贯的（即无矛盾的）信念系统被辨明；信念或知识的辨明是对称的、相互的，既可以用 A 辨明 B，也可以用 B 辨明 A。当代的融贯主义可以追溯到布拉德雷（Bradley），在 1914 年出版的《真理与实在》中，布拉德雷已初步讨论了这一问题。此后，尤因（A.C.Ewing）在《唯心主义：一个批判的考察》（1934）、布兰沙德（Brand Blanshard）在《思想的本性》（1939）中也都从不同的视角提出和论及了融贯主义知识论的相关问题。但所有这些论述都是粗略的，都没有从知识论的层面加以系统而深入地展开。塞拉斯则在深入批判"所予"理论的基础上首次在当代哲学基底上系统地论述了融贯主义知识理论。

　　按照塞拉斯的看法，尽管人们能够在未经推论的情况下就可以辨明地相信一个经验真理，但是，绝没有任何经验信念是自我辨明的、自我保证的或自我可信赖的。"说某人直接地知道 P，就是说他深信 P 的权力，本质上关涉到这个事实：他以一种特殊而具体的方式意识到 P。"[③]具体而言，非推论知觉信念的认识权威可以追溯到这个事实：在学习知觉语言的过程中，人们不仅获得了知觉情形中相关概念的可信赖的用法倾向，而且在学会使用知觉语句时，已经知道了在知觉语境中所涉及的东西。

---

　　① Sellars, W., "*Science, Perception and Reality*", Routledge and Kegan Paul , 1963: 168.
　　② 必须注意的是，知识论中的融贯主义与真理论中的融贯主义既密切相关又有很大的区别。二者是从不同的视角、不同的方面和不同的论域来讨论问题的。在真理论中融贯论与符合论相对应，而在知识论中融贯主义则与基础主义相对应。比如纽拉特，在真理论上我们说他是一个融贯主义者，但从知识论视角来看，却又可以说他是一个基础主义者。
　　③ Sellars, W., "*Science, Perception and Reality*", Routledge and Kegan Paul , 1963: 188.

　　塞拉斯认为，甚至接受第一原理（即经验知识是直接得到的、不依赖于任何知识的知识）的理由，也是以好的论证的有效性来保证它们的可接受性。关于第一原理（FP）可以肯定的是，下述的这种把它们从更加基本的前提中推出的论证是无效的：

　　　　（A1）$P_1, P_2, \cdots, Pn \vdash FP.$

　　那么，第一原理本身怎样才能得到辨明？这里塞拉斯求助于"转换层次"（trans-level）辨明推理，认为（A1）所缺乏的好的论证完全可以由如下形式的论证给出：

　　　　（A2）$P_1, P_2, \cdots, Pn \vdash$ 接受 FP 是可推理的。

　　按照塞拉斯的解释，（A2）断定了这样一种结果：一个特殊的认识行为的过程，即接受第一原理 FP，是被适当的推理所支持的。这表明第一原理的有效性也在于论证，特别是在于健全的实际推理，这种推理表达了一种从事这种行为的意向（intention）：

　　　　（A3）我将达到合意的认识终端 E。
　　　　达到 E 暗含接受 K 类原理。
　　　　原理 FP 是 K 类原理。
　　　　所以，我将接受 FP。

　　塞拉斯认为，这种模式的实践推理也支配着对类定律概括和对理论系统的有保证接受这种情况。采纳一个系统的理论框架主要求助于下述的认识论终端而被辨明：能够给出所设立之定律的非通常的解释性说明。采纳概括论断，即从一个开放类的某种特性的可观察的统计频率，概括出这个类的非观察的有穷样品的特征，则主要求助于如下的认识论终端而被辨明：能够得出关于未检验的有穷样品的给定特征之构成成分的推理，这个推理也在一定程度上提供了总体被检验的样品中给定特征的构成状况的说明。①

　　这样，塞拉斯在"经验主义与心灵哲学"等论文中，不仅围绕"所予"问题对基础主义知识论进行了深入批判，而且深入、系统地论证了融贯主义知识理论。塞拉斯的理论观点受到

---

① Sellars, W., *Essays in Philosophy and its History*, Dordrecht: Reidel, 1975: 392-405.

许多哲学家的拥护，勒热尔（K. Lehrer）、雷彻尔（N. Resther）等人纷纷著文对之加以发挥和引申；但是，齐硕姆、阿尔斯顿（W. Alston）、阿姆斯特朗（D. M. Armstrong）等人则对塞拉斯所持的激进的融贯主义知识理论持反对态度，而对基础主义知识论作出新的辩护和论证。

齐硕姆的《领悟：知道的基础》（1957）和《知识论》（1966、1977、1989）等著作，集中地体现了 20 世纪 50 年代后基础主义知识论的基本取向和基本特点。与传统的基础主义不同，齐硕姆对基础主义的论证主要从以下两个层面展开。针对融贯主义对"所予"的批判，齐硕姆首先论证了"所予"的存在性及其基础性地位。这个论证的核心是通过对语词用法的分类和分析表明，在语词的一类用法中表达了直接有证据的东西，即无须其他知识给予辨明的"所予"。按照齐硕姆的看法，某些语词有比较用法和非比较用法，在一个语词的比较用法中，语词的应用是以我们所作的比较为基础的。例如，当我们把某物呈现颜色的方式与另一物呈现颜色的方式比较时，我们使用的颜色词就是比较用法。在词的比较用法中，需要另外的信息来辨明词的应用。然而，在词的非比较用法中，人们却可以描述他所经验的东西而无须把这一经验与别的经验做比较。例如，人们可以说出自身的状态而不必把它与别的状态做比较。词的非比较用法使人们把这些非比较的断定作为特定的知识记录下来，作为其他词比较用法的基础。齐硕姆断言，词的这些非比较用法所表达的陈述，表征的就是直接有证据的东西；而且，词的比较用法是以词的非比较用法为基础的；也就是说，词的非比较用法所表述的知识就是无须其他知识给予辨明的"所予"，它构成知识的基础。

其次，齐硕姆通过对人们认知或知道过程的分析，运用类公理化方法建立了系统的基础主义知识理论。齐硕姆的知识论系统主要包括六个初始的认识论评价词项和七条知识原理。六个认识论评价词项是：

a. 确定的（certain）：对于某人 S 来说命题 P 是确定的，当且仅当，对于 S 相信 P 来说，没有其他的命题是更加明了的。

b. 明显的（evident）：一个命题 P 对于 S 来说是明显的，当且仅当，S 相信 P 被辨明到以 P 为根据作出判断这样的程度。

c. 不可合理怀疑的（beyond reasonable doubt）：对 S 来说命题 P 是不可合理怀疑的，当且仅当，S 相信 P 是比基于 P 的判断更为辨明的。

d. 认识上清晰的（epistemically in the clear）：对于 S 来说命题 P 在认识上是清晰的，当且仅当，S 相信 P 被辨明到能够基于 P 作出判断。

e. 概然的（probable）：命题 P 对于 S 是概然的，当且仅当，S 相信 P 比不相信 P 是更加辨明的。

f. 对等的（counterbalanced）：命题 P 对于 S 来说是对等的，当且仅当，S 相信 P 被辨明就像相信非 P 被辨明一样，反之亦然。

齐硕姆把前五个词项设计为依次隐含的：如果某个命题对于某人来说是确定的，那么对于他来说这个命题就是明显的；如果一个命题是明显的，那么它就是不可合理怀疑的；依次类推。齐硕姆还引进一些公理对此加以确证。①

运用以上认识论评价词项，齐硕姆提出了一组认识原理。其中最重要的是如下七个原理。正是通过这些原理，齐硕姆对基础主义知识论作出了有力的辩护。

a. 如果 F 是自我呈现的性质（self-presenting property），即自动呈现于我的性质，并且，S 拥有 F 且 S 相信他自己拥有 F，那么对于 S 来说，他拥有 F 就是确定的。

b. 如果对于 S 来说感觉上呈现于他的某种东西是明显的，并且对于 S 来说，某种东西以这种方式呈现于他，在认识上是清晰的，那么对于 S 来说，某种东西正呈现于他就是明显的。

c. 如果对于 S 来说感觉上呈现于他的某种东西是明显的，并且 S 相信以这种方式正呈现于他的东西是 G，且"这个东西是 G"这个命题在认识上是清晰的，那么对于 S 来说，他知觉到（perceives）G 就是没有理由怀疑的。

d. 如果 S 相信某个命题通过一系列作为证据的命题被证实，那么对于 S 来说，这个命题就是概然的。

e. 如果 S 相信某个命题通过概然的命题被证实，那么对于 S 来说，这个命题在认识上就是清晰的。

f. 如果同时有三个以上的相关命题对 S 来说每一个都是认识上清晰的，而且其中之一是没有理由怀疑的，那么对于 S 来说它们就全都是没有理由怀疑的。

g. 如果同时有三个以上的相关命题对 S 来说每一个都是没有理由怀疑的，而且有一个对于 S 来说是明显的，那么对 S 来说它们全都是明显的。

齐硕姆正是通过上述七条原理描述和论证了基础主义知识论。原理 a 表明，如果我有一

---

① Chisholm, R., *Theory of Knowledge*, Prentice-Hall, 1989: 12-17.

个自我呈现的性质并且我相信我有这个性质，那么，对我来说，"我拥有这个性质"这个命题就是最大限度被辩明的。因为没有任何东西是更加被辩明的，所以，自我呈现为其他偶然命题提供了进行辩明的基础。原理 b 则描述了进行这种辩明的方式。原理 c 则是关于知觉过程的：如果某物（例如猫）以某种方式自我（或自动）呈现于我，对我来说是明显的，并且我相信以这种方式呈现于我的是猫，且这个命题对我来说在认识上是明晰的，那么，这三种东西合在一起就使得"我知觉到（perceive）一只猫"成为没有理由怀疑的。原理 d 和 e 从否定方面描述了融贯问题：如果一个被相信的命题并非与其他对我来说概然的命题不融贯，那么相信这个命题就是可接受的。原理 f 和 g 则以"认识上明晰的""没有理由怀疑的""明显的"几个概念进一步讨论了多个命题相互依存、相互制约的融贯关系。

上述原理表明，齐硕姆从根本上是将自我呈现、知觉、记忆和信念作为经验知识辩明的根源，但是，非常明显的是，他也把融贯主义的许多合理的东西吸收进来作为经验辩明的一个源泉，来描述和论证基础主义知识理论。当今西方知识论研究中知识的辩护问题仍是其讨论的核心领域，基础主义与融贯主义的争论也仍在进行，但其基本发展趋向则是在相互吸收、相互融通中寻求知识辩护的新路径。

三、内部主义与外部主义的争论

与知识的定义和盖梯尔问题的讨论、关于"所予"的争论以及融贯主义和基础主义的争论相伴随，当代知识论还进行着内部主义（internalism）与外部主义（externalism）的争论。实际上，在知识辩护的研究和争论中，无论是采取融贯主义还是采取基础主义，都必须对知识是什么、知识何以可能、"所予"的本质等进行解释、辩护或反驳。例如，真理性是知识的条件之一，那么怎样对真进行解释？是从主体的内在认识进行解释，还是把信念和理由与外部世界联系起来进行解释？再如，怎样解释"所予"？是联系外部世界来解释还是仅从内在的心理过程来解释它？显然，所有这些问题是任何取向知识理论都必须回答和解决的。内部主义与外部主义的争论正是围绕这些问题展开的。粗略地说，内部主义把知识或信念的合理性诉诸主体自身，以主体的内在心理过程的分析来解决问题；而外部主义则求助于主体信念与外部世界的关联，进一步以外部条件来辩护知识的合理性。内部主义要求以内在心理过程为信念提供辩明，外部主义则拒绝这样的要求，而代之以外部世界的事实。显然，内部主义与外部主义的争论同基础主义与融贯主义的分歧是在不同层面上进行的。所以，一个基础主义者既可以是内部主义者，也可以是外部主义者。例如，齐硕姆是内部主义的基础主义者，而阿姆斯特朗和戈德曼则是外部主义的基础主义者。对于融贯主义者来说情形也一样，他可以是内部主义的融贯主义者，也可以是外部主义的融贯主义者。塞拉斯是典型的内部主义的融贯主义者，而勒热尔则既坚持融贯主义又坚持外部主义。

其实，内部主义与外部主义所争论的问题本就是知识论的题中应有之义。早在1946年刘易斯就已经表述了这一论题:"所有的知识都是某人的知识;而且，根本没有人能够为他的信念拥有不在他自己经验之中的任何理由。"[1] 这是当代知识论研究中内部主义观点的最早表述。内部主义与外部主义争论就是围绕着如何对信念或知识进行辨明展开的。内部主义的核心思想是，人们仅仅通过反省自己的意识状态就能够形成一组认识原理，而这组认识原理将使他有能力发现他是否辨明了他此时此刻拥有的那个信念;而且，这些认识原理是人们不必借助于任何外部世界对象的协助就能够得到和应用的。简言之，内部主义认为，人们只需考虑自己的精神状态就可以辨明他的某个信念。[2] 内部主义把信念的辨明看作由人们的内部精神状态（知觉、记忆、反省等）决定的，把感性材料看作心灵里的东西，把事实看作心灵加工的产物。如上所述，塞拉斯论述了融贯主义的内部主义，而齐硕姆论述的则是基础主义的内部主义。

内部主义的上述辨明观遭到外部主义的坚决反对。外部主义批评内部主义没有在辨明和真理之间建立任何联系，因而被辨明的信念也可能是假的，就像盖梯尔反例所表明的。外部主义认为，要克服这种情况就必须在辨明和真理之间建立逻辑联系，必须把主体的信念与外部世界联系起来。具体地说，他们认为，在 S 相信 P 这一信念状态与使 P 为真的那种事件状态之间有一种逻辑关系，使得如果 S 相信 P，外部世界必定是情况 P。外部主义具体表现为两种理论，一是辨明的可信赖理论（reliability theory），二是辨明的因果理论（causal theory）。可信赖理论认为，使一个信念成为知识或在知识论上得到辨明的是它与真理的可信赖的联系。戈德曼是可信赖理论的主要代表人物之一，他提出了一种"可信赖的过程理论"，强调产生信念的知觉过程的可信赖性。其要点是:一个主体 S 知觉地知道对象 X 具有性质 Q，当且仅当，在 C 条件下，S 从对象 X 的刺激中所产生的经验 E，使得他相信 X 具有 Q。因果理论试图通过说明信念与真理或外部世界的因果关系来辩护知识的合理性。因果理论很大程度上是受盖梯尔问题推进的。按照因果理论，某人知道 P，当且仅当: P 是真的，那个人相信 P，且那个人的这一信念是通过 P 为真这个事实因果地产生和支持的。总之，外部主义的根本特征就是

① Lewis, C. I., *An Analysis of Knowledge and Valuation*, The Open Court Publishing Company, 1946: 236.
② Chisholm, R., *Theory of Knowledge*, 1989: 76.

把知识的辨明与真理、外部世界、世界事态联系起来。

外部主义的确在许多方面丰富和深化了知识问题的研究，在某些问题上也提供了比内部主义更合理的解答。但外部主义也遇到一些难以克服的困难。比如可信赖知觉的建构过程、原因在信念和知识形成中如何发挥作用等问题，外部主义就不能独立地给出圆满的回答。齐硕姆在详细分析了各种外部主义以后指出："外部主义或者是空洞的，或者它们必须利用内部的概念。因此，并没有迹象表明外部主义的辨明概念可以取代内部主义的辨明概念。"① 正像基础主义与融贯主义正在走向融合一样，内部主义与外部主义也正在从相互论争逐渐走向相互融合。

20 世纪 50 年代以来，分析哲学围绕知识的条件、"所予"的本质、知识的基础和融贯性问题、知识与主体和世界的关系问题等所展开的这些争论，不仅里程碑式地丰富了关于知识问题的理解，拓展了知识研究的视野，而且其朝向心灵和语境方向的深入，也正在开拓出研究知识问题的新路径。正是在这些扩张性争论和探索的基础上，当前的知识研究日益趋向一种更加宏阔的哲学思想平台，一种具有更宏大视野的知识理论——心灵—语境知识理论——也越来越显示为未来发展的基本趋向。

---

① Chisholm, R., *Theory of Knowledge*, 1989: 84.

On the Three Debates about the Definition and Justification of Knowledge

Gaocen LIU

Institute of philosophy and scientific culture, Luoyang Normal University

Abstract: The problem of Knowledge is one of the core issues throughout the history of philosophy. After the 1950s, with the development of linguistic analytical philosophy, the nature and justification of knowledge have become important issues of analytical philosophy. The knowledge research of analytical philosophy mainly revolves around three questions. (1)The definition or condition of knowledge (what conditions should knowledge satisfy?); (2)The justification of knowledge (the debate of foundationalism and coherentism); (3) the relationship between knowledge and the man and the world (the debate of internalism and externalism).These arguments not only greatly promote the understanding of the nature of knowledge, and develop new horizon to the research of knowledge problem. At present, seeking the new way of knowledge definition and defense has become the main development trend. A new type of knowledge theory integrating reasonable factors from all sides, mind-context knowledge theory is becoming a popular choice.

Keywords: the definition and justification of knowledge; three main debates; trend of development

知识论领域中的自我问题研究进路分析

◎ 薛　吕
山西大学哲学社会学学院

摘　要： 自我问题可以说是当代西方哲学研究中重要的论题之一，围绕这一问题引起了众多争论。以往关于自我问题的研究，大多只是聚焦于具体的自我问题讨论，忽略了探讨自我问题的方法论维度。本文认为，要推进关于自我问题的研究，关键在于找到更容易理解这个问题的方向和路径。基于此，本文从当代知识论角度切入对自我问题进行研究，根据所关涉问题的性质、观点以及处理方式，概括提炼出当代西方哲学家们在知识论中处理自我问题的三条不同路径：反笛卡尔主义路径、心智理论路径和科学主义路径。并指出这三条路径各自面临着不同的困境和问题，不能真正地向我们揭示理解自我问题的根本方法和核心所在，我们需要在此基础上寻找讨论自我问题新的图景和方法，从而为自我问题的研究提供指引。

关键词： 自我；意识；自我知识；心智理论；科学主义

目前，围绕自我问题的研究可谓方兴未艾，已经成为当代西方哲学各相关领域着力研究的热点问题之一。当代哲学对自我问题的关注范围非常广泛和深入，其中诸多讨论与哲学不同分支领域以及科学研究领域密切相关，推进了人们对自我问题的哲学认识。当代哲学家们对自我问题的讨论有很多种方式，他们从各种不同维度对自我问题进行了深入研究。例如，盖伦·斯特劳森 (Galen Strawson) 曾在 20 世纪 90 年代指出，当代研究者们从不同领域层面对这一问题的讨论形成了不同认识，诸如从认知现象学、现象学和形而上学、时间中的自我（the self in time）、意识流（the 'stream' of consciousness）等多个层面研究自我问题，他在文中列举了不少于 21 个关于自我的概念。[①] 然而，对于诸如"何谓自我"以及它的适用范围等关键性问题，却始终众说纷纭，没有统一有效的解答。

---

① Strawson, Galen, "The Self", in *Journal of Consciousness Studies*, 1997, pp.405-428.

在这里，本文并不是要对关于自我问题的争论增加任何新的洞见，因为自我问题本身应当是一个开放的问题域，这样的问题域是没有最终答案的。本文试图整理和分析当代西方研究者们讨论自我问题的不同研究进路，从而获得整体上的纵览，为找到更容易理解自我问题的方式和进路提供指引。由于知识论范围内的自我问题同样在不同研究领域加以讨论，也采取了不同哲学研究方法，当代哲学家们处理自我问题的观点也各不相同，如现象学或认知科学领域中的各种观点分歧，因此，本文试图仅从知识论角度出发，紧紧围绕自我问题的性质、观点以及处理方式，系统提炼这个问题在知识论领域中的主要研究成果以及不同研究进路，力图为当代自我问题研究提供一幅整体图景。

一、反笛卡尔主义路径

一般而言，所谓知识论主要是研究知识的性质、定义、来源和"真知识"获取等问题的一个专门研究领域。纵观当代西方知识论中的各种论题，无论是由盖梯尔（E. L. Gettier）在他篇幅仅为两页的论文《有理由的真信念就是知识吗？》中提出对传统知识概念的挑战之后而展开的对知识定义的重新讨论，还是关于知识的特征、确证 (justification) 等问题的讨论，从根本上说，都未曾脱离对知识和认知本质问题的哲学探究。关注或追问知识本身可以看作一种活动，人类是求"真"的主体，我们作为认知者总是试图去认识或理解这个世界。同时，这也让人们倾向于相信，在追问知识或求"真"过程的背后，会有一个精神或心灵世界的"指挥中心"，所有的知识、思考、认知都由此发出。这里的"指挥中心"也就是"自我"。那么，"我"作为认知主体是否真实地存在？"我"真的能认识或认知到这个世界吗？对于诸如此类问题的研究，拓宽了当代知识论的领域，同时也成为理解知识论的一个核心问题。尤其是自我的实在性问题，无论是人类知识的来源还是自我知识、求"真"或"真信念"（justified true belief），都不得不面对自我的实在性问题。

自我的实在性问题是讨论自我问题的关键所在。事实上，当这一问题被提出来时就已经预设了答案，无非是肯定或否定的回答。尽管研究者们对这个问题的论证并不像他们最初所设想的那样，能够得到完美或乐观的答案，但至少给我们提供了研究这一问题的大方向和出发点。

我们知道，笛卡尔对自我是否存在的问题作出了肯定的回答。在他看来，自我作为"思维或精神实体"是必然存在的。笛卡尔的这一观点对后世哲学关于自我问题的研究有着极为深刻的影响，引起当代研究者们的广泛关注和讨论。当代研究者们主要关注的问题是，自我或主体是否为笛卡尔主义者所说的那样，即自我是作为"精神实体"的"我"，它可以独立存在，并指向具体的实在。换句话说，自我是真实存在的还是幻想虚构的？围绕这一问题，研究者们从不同角度展开论述，大多都给出了反笛卡尔式的否定回答。因此，本文将这一路径称为反笛卡尔主义路径。不难看出，这一路径从传统意义上讲是一种认识论路径，即以反笛卡尔式的实体自我为线索，意图摧毁笛卡尔式的二元论理解"自我"的这种方式，从而提供一种对自我、心灵和意识本身等的重新理解。

在日常生活中，我们每个人作为人类生活中的一员产生了一系列活动、行为。为了能够适应整个人类的生活方式，进而参与到现实生活有意识的规范活动中，"我"这个语词的用法就不能是单一的。为了能够更好地回答自我的实在性问题，我们就需对"我"这个语词的种种用法进行全面分析。哈瑞（Rom Harré）通过分析研究"自我"这个语词的不同用法，进而否定了自我的真实存在。他认为："人类以三种形式向世界和彼此呈现：作为人（as persons）、作为有机体（as organisms）和作为复杂的分子簇（as complex clusters of molecules）。在这些本体论的基础上，没有一种语法是可以被舍弃的，也没有一种语法可以在不连贯的情况下被扩展去理解其他语法。"[①] 于是，他对这三种语法即人的语法、有机体的语法和分子簇的语法进行了分析，指出每个人在参与日常生活中的活动时会表现出一种自我意识，作为一个为自己言行负责任的独特个体。换句话讲，我们每个人都会产生自己是独一无二、单独存在的的感觉，根据这种感觉或意识，每个人在参与活动时只能体现一个"我"，而且似乎不遵守这一原则的表达或论述将会被视为无效的胡说。哈瑞将每个人都会产生的自我是独一无二、单独存在的的感觉，视为"身份认同感"（sense of identity），而当我们试图考察"身份认同感"时，它并不是通过以内省的方式寻找一个位于每个人个体存在核心的自我来揭示的。当我在审视或考察我自己时，"我"所指向的那个自我必然会逃避我，因为正是那个自我在审视我。因此，哈瑞说道："自我可以作为一种单独存在的感觉，并不是从一个人对自己的认识或相信什么中而得到的一个抽象概念，它是在作为唯一的单个自我之公共展示中实现的。"[②]

在与神经生物学家、认知心理学家和试图理解大脑的人工智能科学家交流的基础上，当代心灵哲学家丹尼特（Daniel C. Dennett）对人类、动物、机器以及意识进行了非凡的沉思和解构，巧妙地将哲学、神经病学、物理学和哲学本身结合在一起。他认为，自我是一种虚构，是与理论上推测的实体（诸如亚原子粒子）完全不同的理论虚构；询问是否真的存在自我，这

① Harré, Rom, *Cognitive Science: A philosophical introduction*, SAGE Publications Ltd, 2002, p.167.
② Harré, Rom, *Cognitive Science: A philosophical introduction*, SAGE Publications Ltd, 2002, p.289.

是一个范畴错误。他指出，关于是否真的存在自我的问题，无论从哪个方向看，都可以得到简单的回答，因为这个问题本身已经预设了它自己的答案，我们当然是存在的。丹尼特这样说道："是不是有实体自我，要么在我们的大脑里，要么在我们的大脑之上，控制我们的身体，思考我们的思想，做出我们的决定？当然不是！这样的想法要么是经验白痴，要么是形而上学的哗众取宠。"①丹尼特运用物理学中的重心概念，描述他认为自我是虚构的观点。在物理学中，人们虚构了"重心"概念来更好地观察和理解物体或物理对象的运动方式和行动轨迹。我们的大脑时刻对我们的日常生活活动进行着评价、构造，进而生成自传记忆，大脑的这一系列活动是无意识地进行的，而自我即产生于其中。出于理解和整合关于我的心理现象、记忆或叙事的需要，便设定自我作为"心理或叙事重心"，如同物理学中的"重心"概念一样，这里的"自我"也是理论上的虚构。

与丹尼特的观点相比，麦兹辛格（Thomas Metzinger）的观点更激进。他认为，世界上没有自我这样的东西存在，没有人曾经有过自我。在他看来，自我存在的个人主观体验的出现是有条件的，即一个有意识的信息处理系统需要在一个透明的自我模式下运行。也就是说，现象性的自我可以视为一个过程，而不是一个具体存在的实体事物。这样看来，自我只不过是复杂表征过程的属性，在现实中是一个表征性的构造，出于所有科学和哲学的目的，自我的概念可以被安全地消除。他说道："从逻辑到形而上学的考虑，当然没有必要假设一个简单的、基本的现实成分，与我们任何关于现象自我或经验主体的传统心理学或传统哲学概念相一致。世界上不存在自我或经验主体这样的东西。"②此外，麦兹辛格还引入了两个新的理论实体："现象自我模型"（phenomenal self-model）和"意向性关系的现象模型"（phenomenal model of the intentionality relation）。他认为，这两个假设实体是不同的理论实体，在概念分析层面上或许有所帮助。但对心灵哲学来说，它们只是描述意识的个人层面和次个人层面之间重要的概念联系。

但是，自我是否如上所述仅仅是虚构的、多余的，是需要被完全取消的呢？针对麦兹辛格的观点，扎哈维（Dan Zahavi）认为，这是对有意识体验的第一人称视角进行了表征主义（Representationalist）和功能主义（Functionalist）的分析，但麦兹辛格本人似乎仍然致力于自我的传统定义，根据这一定义，自我是一种神秘不变的本质，一种独立于过程的本体论实体，能够独自存在。麦兹辛格否定了这样一个实体的存在，进而认为不存在自我这样的东西。但

---

① Dennet, Daniel C, *Consciousness Explained*, Boston: Little Brown and Company, 1991, p. 41.

② Metzinger, Thomas, *Being No One:The Self-Model Theory of Subjectivity*, The MIT Press, 2003, p.577.

扎哈维指出，拒绝关于自我的传统定义，这并不意味着要否定自我的实在性，进而把自我当作虚构而取消。在扎哈维看来，"当代关于自我的讨论中，尤其是在跨学科研究的背景下，自我概念的丰富性不断增加。自我的概念在不同的学科中意味着不同的东西——有时是完全不同的东西。因此，当务之急是澄清这些相互冲突或互补的自我概念之间的关系"①。

关于自我是真实存在的还是幻想虚构的问题，一些研究者提出的观点值得我们特别关注。例如，安斯康姆（G.E.M.Anscombe）通过分析"我"的指称问题，进而否定了笛卡尔主义者所谓的可以作为"精神实体"的"我"。哈瑞提出，"我"在日常语言交流中是有多种用法的，我们应当从语法层面对自我的实在性问题进行分析研究。而安斯康姆同样关注"我"的指称问题。她指出，关于"'我'具有真实指称并指向某一具体的实在"的观点，是由于人们将"我"与其他物理语言进行比较而得出的结论。② 因此，"我"只是出于交流或实践的需要而运用的，它不指向任何东西，当然也不可能指称笛卡尔式的实在。即使"我"有指称，也仅仅是出于实践上的必要。与安斯康姆的观点不同，塞尔（John R.Searle）则提出，虽然没有关于自我这个实体的经验，也没有一个自我作为我们经验的对象，但这并不意味着我们不需要假设一些这样的实体。他说："有一个形式上或逻辑上的要求，即我们假设自我是经验之外的东西，以便我们能够理解我们经验的特征。"③ 塞尔认为，这个假设的自我形式概念，与理性、自由选择、决策和行动理由的概念有关。他指出："我假设的自我概念是一个纯粹的形式概念，但它更复杂。它必须是一个实体，这样的一个实体才有意识、知觉、理性、参与行动的能力，以及组织知觉和理性的能力，以便在自由的前提下进行自愿的行动。如果你拥有所有这些，你就拥有了自我。"④

综上所述，关于自我是真实存在的还是幻想虚构的问题，西方研究者们通过分析得出了肯定或否定的结论。但在本文作者看来，这些结论还需要进一步的反思。不管自我是真实的还是虚构的，一件事还是很多件事，它显然还有需要进一步解释的内容。

首先，主张自我或主体是虚构的观点，他们仍然需要更合理地解释，为什么伴随着人的

① Zahavi, Dan, *Subjectivity and Selfhood: Investigating the First-Person Perspective*, The MIT Press, 2005, p.103.

② Anscombe, G.E.M, *The First Person:Mind and Language*, S.Guatemalan(eds.), Oxford : Oxford University Press, 1975, pp.45-65.

③ Searle, John R, *Mind: A Brief Introduction*, John Martin Fischer and John Perry(eds.), Oxford : Oxford University Press, 2004, p.298.

④ Searle, John R, *Mind: A Brief Introduction*, John Martin Fischer and John Perry(eds.), Oxford : Oxford University Press, 2004, p.297.

所有经验和行动，我们总能直接地感觉到：在内心深处或在这些行为和心理活动背后存在着一种自我或主体主导着外在行为。此外，我们还应认真考察，这一观点在多大程度上能帮助我们理解有关"自我"的心理现象或活动，因为承认"自我"的实在性，一些重要的心理现象，诸如怀疑、意欲、推理等，能更容易得到有效的解释。

其次，在日常生活中，我们每个人都会经历诸如疼痛、快乐等简单的心理现象，但若是如传统行为主义那样把疼痛等仅仅解释为相应的身体表征，这显然是没有说服力的，因为疼痛我们都很真实地经历过，而不仅仅是诸如瘀青、流血这样的身体表征。更进一步，假设疼痛等心理现象是实在的，那么自我的实在性也必须得到认可，因为疼痛必须有一个主体，否则将遭遇违背常识的理论困难。既然自我并不是幻想，也非笛卡尔所说的作为"精神实体"的我，那么我们应该如何理解"自我"的实在性？自我的这种实在性有何独特的属性？能否将自我的实在性看作"可感受性"（qualia）？这些都是需要进一步澄清的问题。因此，在反笛卡尔主义路径中还有一些待研究的关键性问题。

二、心智理论路径

我们知道，当代知识论语境中的自我问题研究，主要是关于自我知识概念的研究。无论是在研究传统上，还是在概念界定上，知识论研究都需要对自我知识做出合理清晰的界定，这是毋庸置疑的。在当代知识论中，自我知识这一主题涉及的问题和范围非常广泛，诸如自我认知或自我觉知、心理的自我知识（psychological self-knowledge）、身体性自我知识（bodily self-knowledge）、自我知识的权威性以及自我意识等问题。当代研究者们围绕这些问题展开讨论，呈现出不同于传统哲学的研究方式，他们将关注的焦点转向揭示人类心智状态或心理状态的内在本质和特征，包括对直觉、身心关系、意向性、意识和思维的本质等问题的新理解。在此基础上，关于自我知识的研究不再是脱离人的身体和周围环境因素的研究，而是与人的身体构造、心智状态、生理特征和身体活动等相关联，呈现出从经验出发，并以多元化、跨领域、多学科交叉融通整合为特征的研究方式，来重新理解自我知识。这种关于自我问题的研究进路可以称为"心智理论路径"。

我们知道，心智理论（a theory of mind）研究是在当代西方学界发展起来的一种科学研究领域。广义上讲，当代心智理论主要研究人的心智、心理状态的本质与特征，诸如意向、知识、怀疑、假装等，并基于这些研究信息来预测和解释自己与他人的行为或认知活动。普瑞马克（David Premack）和伍德若夫（Guy Woodruff）这样说道："在假设其他个体想要、思考、相信等时，我们会推断出一些不可直接观察到的状态，并预期地使用这些状态来预测他人以及自己的行为。据我们所知，这些推论相当于一种心智理论，在成年人中是普遍存在的。"① 由此可见，心智理论与关于自我问题的研究进路有共通之处。首先，二者之间存在着重合的研究对象和内容，其中包括直觉、感知、意向性和意识等；其次，二者的各种论题研究最终都指向对人类心智、心理状态、知识等的探求，或者至少是蕴含着对知识本质的思考；再次，心智理论的研究方式在关于自我知识理论建构中发挥着重要作用。

在哲学上，自我知识被看作认知活动的一个对象，是我们处理自我问题的一个重要焦点话题。当代研究者们以不同于传统的研究路径对这一问题进行了探讨、分析，提出自然主义或内感觉论的自我知识理论、构成主义自我知识理论以及相关的问题等。

澳大利亚哲学家阿姆斯特朗（D. M. Armstrong）提出内感觉论的自我知识理论。他将内省（introspection）描述为大脑的自我获取过程，即内省是关于我们大脑当前凝视的信息或错误信息的获取，而"觉知（awareness）被认为是一种心理事件，是对我们周围环境的信息或错误信息的获取。它不是对物体的'熟知'，也不是与物体接触的'探照灯'，而仅仅是获得信念"②。阿姆斯特朗将内省和感知描述为仅仅是信念或信息的流动（flow of information or beliefs），而所谓的内感觉可以看作一种内省意识，能直接觉知到我们自身当下的心智状态。也就是说，我们是通过内感觉"知道"自身心智状态。因此，内感觉形成的知识是以非推论方式获得的，这样的自我知识当然区别于那些依赖推理所形成的知识。

由此可见，自然主义或内感觉论的自我知识理论将内省描述为类似觉知或感知的能力，由此消除主体心智或心理状态与外在的周围环境之间的鸿沟，突出了内省知识或自我知识的心理特征。然而，这种观点受到了一些研究者的批评。休梅克（Sydney Shoemaker）认为，阿姆斯特朗坚定地支持这样一种观点，即内省是一种"内在的感觉"（inner sense），是根据知觉模式（model of perception）来构思的。然而，在休梅克看来，内省感知并不能为我们提供被感知对象，即关于我们自身的"识别信息"，并且"自我在内省中并不是作为识别的候选者出现的，内省也并没有起到提供识别信息的作用"③。由此，休梅克指出，假设一个自我的内省知觉，充其量是没有意义的，除非这种知觉在解释我们的内省自我知识时起到某种作用。与此

---

① Premack, David and Woodruff, Guy, "Does the Chimpanzee Have a Theory of Mind?", in *The Behavioral and Brain Sciences*, 1978(4), p.525.

② Armstrong, D.M, *A Materialist Theory of The Mind*, Routledge & Kegan Paul, 1968, p.326.

③ Shoemaker, Sydney, *The First-person Perspective and Other Essays*, Cambridge University Press, 1996, p.12.

同时，内省自我感知的假设似乎也无法解释没有它同样无法很好解释的东西。

休梅克的观点产生了广泛的影响。莫兰 (Richard Moran) 也不认同自我知识的知觉模型，他认为，"所谓的内省判断不能被认为是对某些独立的心理事实的真正'发现'。我们必须对'自省'的逻辑进行分析，以解释它们的外表是第一人称判断的表达"①。而关于一个人的信念或感知，我们无法找到任何表象或感性的东西，作为准知觉判断的经验基础。即使一个人在某种情况下意识到自己的信念，这一复杂的东西也不是以某种感知的方式呈现出来，在莫兰看来，这种感知是不存在的。此外，关于自我知识的非推论性以及基于此产生的自我知识所得到的殊性、透明性，莫兰认为，我知道我自身的心理或思想，与我知道他人心理的方式之间有着基本的不对称。他说："摆在我们面前的是第一人称和第三人称关系的基本不对称。一个人无须观察自己的言行，就可以立即对自己做出可靠的心理归属。这种能力在于第一人称本身的性质，而不是一种他可以接触或进入另一个人思想的途径。"② 也就是说，在讨论自我知识时，第一人称与第三人称之间是有差异的，而"非对称"应当是表达这种差异的恰当语词。

还有一些研究者对自我知识的内感觉论持反对意见。例如，伯恩（Alex Byrne）论证了这样一个关于自我知识的理论，即关于一个人如何知道自己的心理或心智生活的自我知识理论。其基本思想是，一个人从一个特定的世俗或环境的前提，推断出一个人处于 M 的心智状态（通常，这个世俗性的前提不会涉及任何心智状态的东西）。在这个意义上，心智状态是透明的，就是说，自我知识是通过关注一个相应的世界或世俗领域来实现的，而不是通过内省审视自己的心智。伯恩还考察了对自我知识的内感觉论持反对意见的八种观点。③

比尔格米（Akeel Bilgrami）对自我知识的构成性观点（constitutive view）进行了论证。他的观点虽然衍生于斯特劳森提出的意向性的规范性观念，但却有所不同。他说："我强调这一点与斯特劳森稍有不同，因为我想声明，它将自我知识本身转化为一个规范性概念。"④ "自我知识是由意向状态（intentional states）构成的，而不是按照因果感知论（causal

---

① Moran, Richard, *Authority and Estrangement:An Essay on Self-Knowledge*, Princeton University Press, 2001, p.13.

② Moran, Richard, *Authority and Estrangement:An Essay on Self-Knowledge*, Princeton University Press, 2001, p.12.

③ 关于伯恩对这八种观点的考察，限于文章篇幅，在此不作详细介绍，请参见 Byrne, Alex, *Transparency and Self-Knowledge*, Oxford University Press, 2018, pp.29-47。

④ Bilgrami, Akeel, *Self-Knowledge and Resentment*, *Knowing Our Own Minds*, Crispin Wright and Barry C. Smith and Cynthia Macdonald(eds.), Oxford: Clarendon Press, 1998, p.217.

perceptualist）的思路来思考的。"① 也就是说，关于自我知识的确证或构成，与知觉有关的那种因果机制根本不起作用，也不以有责任的行动者是否已经获得了这种规范性特征条件为目的而崩溃。可以说，比尔格米关于自我知识的构成性观点是基于远离自然化世界观的立场形成的。

基于以上论述，本文认为，当代内感觉论的自我知识理论将自我知识建立于对现象意识经验的观察和推理之上，这是以知觉经验的方式来获得自我知识，也就是说，认知到自己心智状态的方式与认知他人的方式类似。但这样会使自我知识带有某种经验上的"偶然性"，因为通过知觉而获得自我知识的过程是有特定的环境或世俗因素参与其中的，这便与自我知识本身的特性相矛盾。而构成主义的自我知识理论则主张自我知识实际上是由意向状态构成的，这种自我所拥有的意向状态是"透明的"，包含了真信念。但事实上，这却无法解释认知者进行自我欺骗的情况。不管认知者是出于无意还是有意的自我欺骗，他这时真正的意向状态除了认知者本人之外，他人是无法真正获取的。在这种情况下，意向状态的真值不一定是真的，因为这是可以模仿的。即便认知者在理性反思过程中能做出某种态度的决断，也有可能发生这并不是我们实际持有的态度的情况。假设自我知识是由这样的意向状态所构成，那么很明显，这不符合自我知识本身的特征。在很多情况下，认知主体本身的意向状态并不受自我反思性理性能力的规范，它更多地受到物理对象、环境和人的活动的影响。

从现实经验出发来说明自我、自我心智状态以及意识等问题，确实对有意识经验的"自我"之构成、特征和状态等得出了有效结论。但对于诸如自我、自我意识或觉知形成的基础和条件，有自我觉知是否能呈现自我，自我意识中是否总是包含着自我等问题，却没有作进一步的解释和说明。当然，不可否认的是，意识问题本身是一个极其复杂的问题，甚至往极端里说，自我问题最后解决的是意识问题。而对这一问题的研究目前已经形成了一门新学科，即"意识研究"（consciousness studies）。根据维尔曼斯（Max Velmans）和施耐德（Susan Schneider）的说法："意识研究"是一个总称，其中包括了神经科学、心理学、哲学、人工智能和语言学等领域对意识进行多学科的研究。在其存在的短暂时期内，这一领域已经变得非常广泛，截至目前，已经有了超过六十万本的图书和文章的标题中带有"意识"。② 因此，在这一路径中所呈现的问题，我们需要做进一步的研究，这也是找到更容易理解自我问题的方

① Bilgrami, Akeel, *Self-Knowledge and Resentment*, *Knowing Our Own Minds*, Crispin Wright and Barry C. Smith and Cynthia Macdonald(eds.), Oxford: Clarendon Press, 1998, p.227.

② Velmans, Max and Schneider, Susan(eds.), *The Blackwell Companion to Consciousness*, Wiley Blackwell, 2007, p.1.

向和途径之核心，特别是关于心智状态、自我体验与自我意识等的问题需要予以充分的关注。

三、科学主义路径

科学主义（scientism）可以看作一种哲学思潮或科学观，它的表现形式和特征丰富多样，内容庞杂，在不同的历史时期有不同的形式和内涵，并且在哲学体系中也呈现出纷繁复杂的一面。因而，尽管学术界对科学主义的界定做了很多细致入微的探讨和划分，但仍然没有形成一个精确、统一的定义，不同的学者持各自不同的看法，莫衷一是。但不可否认的是，科学主义对自然科学的进步和发展有很大的推进作用，还促进了其他研究领域和人文社会科学的变革发展。在知识论领域中，研究者们在借鉴科学主义的方法以及自然科学研究成果的基础上，对自我问题、意识问题以及自我知识等进行了重新理解和探究，在一定程度上促进了对这些问题之研究方式的变革与创新，从而赋予了其新的生命力和时代性。

近些年来，随着脑科学、人工智能与认知神经科学等自然科学的快速发展，当今自然科学领域对自我问题的研究不断地向前推进，研究者们基于神经科学、脑科学的最新研究成果，对自我、自我意识等的相关问题进行了科学分析，产生了许多富有价值的理论观点。这为当代西方的哲学家们探讨自我问题和意识问题提供了一个新的维度，由此产生了诸多富有启示意义的理论成果。由此，本文将这一关于自我问题的研究路径称为"科学主义路径"。

在这里，关于自我问题研究的科学主义路径具有一种自然主义的特征，是以自然主义的方式来理解当代自然科学研究对自我问题的种种描述，即自我概念本身不是一个建构性的产物，而是一种描述性的活动。这是属于科学主义路径的特征。此外，科学主义路径中对自我问题的研究呈现出多元化、融合化、多学科交叉研究的特点，从这一意义上来说，科学主义路径本身并不是一个自成一体的路径，只是本文根据研究者们的学术成果和研究方式，进而归纳出来的一条关于自我问题的研究进路。在这一路径中，研究者们从各自的学术背景和不同角度出发，对自我的实在性、自我意识等问题进行了有益的探索。在自然科学知识不断更新和快速发展的大背景下，关于自我问题研究的科学主义路径势必将成为更具活力与实用性的研究进路。

首先，关于自我的实在性问题，一些认知神经科学家基于自然科学、神经科学及脑科学等学科的研究成果，对自我的实在性进行了论述。具有代表性的人物是达马西奥（Antonio R. Damasio），他从神经科学、认知科学和脑科学等多个视角对自我的实在性进行了论述。在他看来，自我实在性的基础和根源是在整个人脑装置中的。人的大脑中有自动处理外部对象、有机体内部活动的装置，这个既非假设也非抽象的装置可以说是自我的实在性基础。正如达马西奥所说："大脑在其结构中拥有一些装置，这些装置被设计成以这样一种方式来管理生物体的生命，即始终维持生存所必需的内部化学平衡。这些装置既不是假设的，也不是抽象的；它们位于大脑的核心——脑干和下丘脑。管理生命的大脑装置也必然代表生物体不断变化的状态。换句话说，大脑有一种天然的方式来表征整个生命体的结构和状态。"①

布莱克莫尔（Sarah-Jayne Blakemore）和乔尔杜里（Suparna Choudhury）则进行了一系列的心理学研究和神经生理学研究，其中包括了对经历控制错觉的人（即意志障碍患者）的研究——这些人失去了自我的感觉——同时考察了我们通常如何将自己的行为视为自己的行为，由此认为，自我和他人之间的界限变得可渗透，这样一个人就不再觉得自己是行动的执行者，而是行动的载体。②

其次，认知神经学家还对意识和自我意识问题进行了科学的研究，涉及诸如自我意识的起源、自我与意识神经机制是什么等问题。按照达马西奥的理论，客观的大脑过程将意识的主观性从感觉映射的布料中编织出来。因为最基本的感觉图像与身体状态有关，并被描绘成感觉，所以，在认知行为中的自我感觉就成为一种特殊的感觉——一种在有机体与物体互动时所发生的感觉。当大脑处理外部和内部感觉事件时，多个思维或心灵图像不断发生。当大脑回答谁正在经历思维或心灵的展示这个未被问到的问题时，自我意识就出现了。他认为，"自我意识在大脑的核心中占有一席之地。剥去人类大脑的外部解剖结构，就会发现许多负责调节、情感、清醒和自我意识的深层区域"③。此外，他还建议，对于意识这个难题的解决方案，应把这个问题分成两个部分。"第一个问题是我们如何产生我所说的'大脑中的电影'（movie-in-the-brain）；第二个问题是'自我'，以及我们如何在大脑中自动产生对电影的归属感。"④

一些研究者从生物学、脑科学与自我的关系出发来探讨自我问题。诸如巴尔斯（Bernard J. Baars）和盖奇（Nicole M. Gage）概述了当前新兴的大脑和心灵科学，并指出自我有其生物学的起源。他们认为，自我问题与大脑中的某一物有关联，例如，大脑节奏被证明既有有意

---

① Damasio, Antonio R., "How the Brain Creates the Mind", in *Scientific American*, 1999(6), p.117.

② Choudhury, Suparna and Blakemore, Sarah-Jayne, "Intentions, Actions, and the Self", in *Does Consciousness Cause Behavior?*, Susan Pockett, William P. Banks, and Shaun Gallagher(eds.), The MIT Press, 2006, pp.39-51.

③ Damasio, Antonio R, "How the Brain Creates the Mind", in *Scientific American*, 1999(6), p.116.

④ Damasio, Antonio R, "How the Brain Creates the Mind", in *Scientific American*, 1999(6), p.115.

识的信息，也有无意识的信息。他们说："今天，这些主题都是相互关联的知识链的一部分。以前被回避的话题，现在都被确定在似是而非的大脑相关因素中，比如有意识的经验、无意识的过程、心理意象、自愿控制、直觉、情绪，甚至自我。"[1]

综上所述，认知科学家们基于科学实验，进而对自我、自我意识等的相关问题进行了科学分析，这为哲学家们研究自我和意识等问题提供了一个新的维度。哲学家们借助于这些自然科学最新研究结果，对自我、自我意识等问题展开了广泛讨论。例如，诺林（Sean O. Nuallain）指出，意识、意志和自我不是精神生活的附带现象，而是精神生活的核心。它们共同规定了发生在大脑中的计算过程，并制约着大脑的运作。人类的生活更多是一个自我认证（self-authentication）的过程。[2]扎哈维考察了经验、自我意识和自我之间的关系，并认为"这三个概念都不能孤立地去理解，而应该结合起来"[3]。基于此，他认为，尽管经历了长时间的行为主义和功能主义，但其中所涉及的主体性问题不会就此消失。对意识的满意解释不能仅靠意图行为的功能分析，而必须认真对待意识的第一人称或主观维度。任何将意识还原为神经元结构的评估，以及任何关于意识归化是否可能的评估，都需要对意识的经验方面进行详细的分析和描述。他还认为，"最低限度的自我"（minimal self）的经验概念比"叙事自我"（the narrative self）更为根本，也是叙事自我的预设。[4]可见，扎哈维是对自我、意识、主体性、经验进行了现象学的分析，并着眼于意识研究中的当代讨论。

与扎哈维的研究方式不同，布莱克莫尔和乔尔杜里从行为与自我意识的关系出发来研究自我问题，讨论了自我意识是如何从行动中产生的。我们如何感觉到自己的行为得到了控制？将自己的行为归因于自我的能力对于感觉这种体验是"我的"是至关重要的。他们考察了我们是如何认识到自己行为的后果，并进行了这种"自我监控"系统（"self-monitoring" system）如何区分自我和他人等诸如此类的研究，进而认为："意识是具体化的——通过行动，我们意识到自己是独特的、截然不同的自我。"[5]

---

① Baars, Bernard J. and Gage, Nicole M, *Cognition, Brain, and Consciousness:Introduction to Cognitive Neuroscience*, Second Edition, Elsevier Ltd, 2010, p.4.

② Nuallain, Sean O, *The Search for Mind:A New Foundation for Cognitive Science*, Cromwell Press, 2002, p.243.

③ Zahavi, Dan, *Subjectivity and Selfhood: Investigating the First-Person Perspective*, The MIT Press, 2005, p.3.

④ Zahavi, Dan, *Subjectivity and Selfhood: Investigating the First-Person Perspective*, The MIT Press, 2005, pp.2-10.

⑤ Choudhury, Suparna and Blakemore, Sarah-Jayne, "Intentions, Actions, and the Self", in *Does Consciousness Cause Behavior?*, Susan Pockett, William P.Banks, and Shaun Gallagher(eds.), The MIT Press, 2006, p.49.

综上所述，本文认为，在关于自我问题研究的科学主义路径中，这些基于生物学、神经科学、脑科学等科学研究的重要成果和理论，对自我以及自我意识等相关问题进行的哲学研究，确实能够在一定程度上回答诸如自我和意识的根源、自我与他人的区分以及自我意识的运行机制等问题，从而为讨论自我知识和自我意识的本质、自我与人类行为之间的关系等热点问题提供了一种可供选择的思考方式。但问题在于，大脑中一些生物实体是怎样与"心智"交流并引起意识？具有主观性的意识如何能从关于大脑的实验、神经科学的实验以及行为实验等客观过程中得出？尽管科学家们所做的工作是想要把"无意识的物质怎么会产生意识"这样的问题进行分解，然后再逐步推进，但就目前而言，关于这一类问题的回答充满争议。即使得出了有效的结论，其产生的解释效力能否得到认可仍有待于考察，至少对于自我问题而言是如此。例如，如何能够回答诸如人在什么时候开始有自我意识，自我意识的出现有无统一的标准或出现的必要条件是什么，通过自我意识获得的知识属于什么类型的知识，以及自我意识有哪些确切的对象等问题。这有待于进一步的解释和说明。

随着自然科学的发展，对认知主体或"我"的脑状态、人的意识的了解将会越来越深入，这将会为我们试图找到更容易理解自我问题的方向和途径提供有益的启示，同时也拓宽了我们讨论自我问题的视野，有助于我们进一步澄清诸如"是否有一个关于我的意识"以及"我对自己的心智状态知道些什么"等问题。

四、结语

综上所述，本文从当代知识论角度切入对自我问题的研究，提炼出当代西方哲学家们处理自我问题的三条不同路径，即反笛卡尔主义路径、心智理论路径和科学主义路径。通过对当代哲学家们处理自我问题的不同路径进行分析，可以看出，这三条路径是在同一个层面上处理自我问题，没有跳出对自我概念本身的理解方式，只是就这个概念的内容展开不同路径的探索。反笛卡尔主义路径为心智理论路径提供了一个大的背景，而科学主义路径又为理解自我问题提供了新的维度、注入了新的活力。然而，正如本文开篇所言，自我问题应该是一个开放的问题域，这样的问题域没有最终的答案，理解自我问题的关键是要找到更容易理解这个问题的方向和进路。从本文来看，以上三条路径各自都面临着不同的困境和问题，并不能够真正地向我们揭示理解自我问题的根本方向和途径。因此，更加有建设性和前瞻性的做法是，在此基础上寻找理解自我问题更合理的路径和研究方法，找出更为直接有效的方式来拯救"自我"。

参考文献:

Armstrong, D.M, *A Materialist Theory of the Mind*, Routledge & Kegan Paul, 1968.

Anscombe, G.E.M, *The First Person:Mind and Language*, S.Guatemalan eds, Oxford : Oxford University Press, 1975.

Bilgrami, Akeel, *Self-Knowledge and Resentment*, *Knowing Our Own Minds*, Crispin Wright and Barry C. Smith and Cynthia Macdonald(eds.), Oxford: Clarendon Press, 1998.

Baars, Bernard J. and Gage, Nicole M, *Cognition, Brain, and Consciousness: Introduction to Cognitive Neuroscience*, Second Edition, Elsevier Ltd, 2010.

Byrne, Alex, *Transparency and Self-Knowledge*, Oxford University Press, 2018.

Choudhury, Suparna and Blakemore, Sarah-Jayne, "Intentions, Actions, and the Self", in *Does Consciousness Cause Behavior?*, Susan Pockett, William P. Banks, and Shaun Gallagher(eds.), The MIT Press, 2006.

Dennett, Daniel C, *Consciousness Explained*, Boston: Little Brown and Company, 1991.

Damasio, Antonio R, "How the Brain Creates the Mind", in *Scientific American*, 1999(6), pp.112-117.

Harré, Rom, *Cognitive Science:a philosophical introduction*, SAGE Publications Ltd, 2002.

Metzinger, Thomas, *Being No One:The Self-Model Theory of Subjectivity*, The MIT Press, 2003.

Moran, Richard, *Authority and Estrangement:An Essay on Self-Knowledge*, Princeton University Press, 2001.

Nuallain, Sean O, *The Search for Mind:A New Foundation for Cognitive Science*, Cromwell Press, 2002.

Premack, David and Woodruff, Guy, "Does the Chimpanzee Have a Theory of Mind?", in *The Behavioral and Brain Sciences*, 1978(4), pp.515-526.

Shoemaker, Sydney, *The First-person Perspective and Other Essays*, Cambridge University Press, 1996.

Strawson, Galen, "The Self", in *Journal of Consciousness Studies*, 1997, pp.405-428.

Searle, John R, *Mind: A Brief Introduction*, John Martin Fischer and John Perry (eds.), Oxford: Oxford University Press, 2004.

Velmans, Max and Schneider, Susan(eds.), *The Blackwell Companion to Consciousness*, Wiley Blackwell, 2007.

Zahavi, Dan, *Subjectivity and Selfhood: Investigating the First-Person Perspective*, The MIT Press, 2005.

A Philosophical Analysis of Different Research Approaches to the Problem of the Self in the Contemporary Epistemology

Lv XUE

School of Philosophy and Sociology, Shanxi University

Abstract: The problem of the self is an important topic in contemporary philosophy, but it has caused many controversies. Most of the previous studies on the problem of the self only focused on the discussion of specific problems, ignoring the methodological dimension. The paper holds that the key to promoting the research on the problem of the self is to find a direction and path that is easier to understand this problem. Based on this, this paper studies on the problem of the self from the perspective of contemporary epistemology. According to the nature, views and methods of the problems involved, we summarized and refined three different research approaches to the problem of the self in contemporary epistemology: Anti-Cartesianism, Theory of Mind and Scientism. We try to illuminate that all of the research approaches are facing many difficulties and problems and they could not really reveal the fundamental methods and core of understanding the problem of the self. On this basis, we need to find a new picture and method to discuss the problem of the self, so as to provide guidance for the study of it.

Keywords: self; consciousness; self-knowledge; theory of mind; scientism

安斯康姆论人类行动的自愿性

◎ 马健
清华大学哲学系

摘　要： 安斯康姆主张，人类行动＝人的自愿行动＝道德行动。在消除了"自愿"概念的多重歧义后，我们看到，自愿行动被界定为理性掌控下的行动。要划定人的能动性的边界，不仅要区分某人所做的事情和仅仅发生在某人身上的事情，还要判定某人的行动所导致的不计其数的后果中，哪些可被归给行动者。安斯康姆坚持区分行动意图之中的后果和仅被预见的后果——行动的"副作用"。任何人类行动，当其被描述为自愿为之时，均体现了某种人类行动的善好或恶。坚持对双重效果的区分，使安斯康姆得以主张，有一类纯然的好行动，行动者无须为其所导致的非自愿的副作用负道德责任，然而这一点或许值得商榷。

关键词： 安斯康姆；人类行动；自愿行动；道德行动；人的能动性

一、引言

首版出版44年后，《意图》一书在千年之交再版，安斯康姆对有意行动的辨析随即激起了学界空前的热烈反响。然而，安斯康姆为《意图》一书设定的目标却不仅限于有意行动，还包括自愿行动："整个探究的目标实际上是要厘定自愿和有意这些概念。"（Anscombe，2000：§5, p.10）作为《意图》探究目标半壁江山的自愿行动却遭到了普遍的误读和忽视，例如：

> 安斯康姆的《意图》一书说服了哲学家，与有意地行动或出于理由而行动的概念相比，自愿性在我们关于人类行动的思想中扮演了相对次要的角色，而一旦有意行动的本质得到解释，自愿性就其本身提不出任何有意思的问题。……在《意图》的开篇，安斯康姆说，"整个探究的目标实际上是要厘定自愿和有意这些概念"，但是，她对自愿一笔

带过。实际上，她只花了两页来讨论自愿。(Hyman，2015：75)

我们将看到，自愿行动是安斯康姆道德哲学和政治哲学的核心概念，安斯康姆也正是借助人类行动的自愿性来界定人的能动性。而即便是在《意图》这本书中，安斯康姆触及自愿行动的篇幅也远不止§49的两页。结合她散落在其他各节甚至其他作品中的论述，我们将看到，一旦加以有机地综合，即可构成一个强有力的论点。

安斯康姆主张，人类行动＝人的自愿行动＝道德行动。本文聚焦于该等式前两项的等同性，考察安斯康姆如何借助人类行动的自愿性来界定人的能动性（§2）。这将有助于我们理解安斯康姆对区分行动的双重效果的坚持（§3）。在展示这一点时，我们也会触及道德行动的一些问题，并借此论证该等式后两项的等同（§4）。

二、安斯康姆对自愿行动的界定

"voluntary" 一词极具歧义性。考虑到我们最终意在得出一个边界明确的"自愿"概念，在对"voluntary"的使用较为含混时，我们暂且将"voluntary"不加区分地译作"自愿"，或索性保留原词；在消除歧义后，以及在相对明确的语境中，则因地制宜地译作"自愿""自主""自发"或"情愿"。

安斯康姆对自愿行动的讨论最早出现在《意图》一书的§5。在§5，安斯康姆提议，以一类特定意义上的"为什么"问题对之适用来界定有意行动。"为什么"问题的这一特定意义是，对这一问题的回答如果是肯定性的，那么这一回答给出的即行动的某种理由。不过，安斯康姆旋即指出，通过行动的理由来界定"为什么"问题的这一特定意义有陷入循环的风险。首先要与行动的理由区分开来的，是行动的原因。非自愿行动似乎刚好可资用来区分这两者：对于非自愿的行动，对"为什么"问题的回答至多给出行动的原因，而给不出理由。但安斯康姆随即指出，通过行动是否自愿来区分行动的原因和理由是行不通的，因为由一类特殊的原因——心理原因——所导致的行动，例如在军乐的激发下激昂徘徊（Anscombe，2000：§5, pp.10–1），不仅未必是非自愿的，甚至还常常是有意的。安斯康姆在§7进一步论证了这一点。

在§7，安斯康姆列举了四类"involuntary"（非自愿）行动的情况：

（a）肠蠕动。
（b）一个人入睡时，全身有时出现的奇怪的抽搐或跳动。

（c）"他在一个不自主的畏缩动作中抽回了手。"

（d）"我本打算伤害他的举措无意中令他受益。"（Anscombe, 2000:§7, p. 13）

（a）（b）（c）是<u>不自主</u>的身体动作。此处涉及的自主性指主体对自身的自主控制。尽管这种控制存在个体上的差异，但整体上也受到共同极限的约束。例如，控制能力再强的人也难以自主地控制肠蠕动，而至多通过间接的方式，例如服药或食用特定的食物来促进或减缓。瞬目反射一般而言是不自主的，但我们也可以带有控制地眨眼，例如抛媚眼或使眼色，但在面临例如异物在眼睑跟前挥舞这样的情况时，这种控制却又往往被身体不自主的反应所压制。值得注意的是，我们更常用"不自主"去修饰不自主的行动，而几乎不怎么用"自主"去修饰自主的行动。

其中（a）（b）并非有意行动，而（c）尽管是不自主的，但却是有意的。由此可见，不自主的行动既可能是非有意的，又可能是有意的——但仅当其由心理原因导致时才可能是有意的。换句话说，如果一个不自主的行动是有意的，那么这一行动必定由心理原因导致，但反之却不然：一个行动由心理原因导致，并不保证其成为有意的，因而心理因果性是一个不自主行动之为有意的必要不充分条件（Anscombe, 2000: §16, p.24）。（d）中的 involuntary 所修饰的严格来讲并非那个"本打算伤害他的举措"——无论这一举措具体是什么，这都同样是一个有意行动——而是这一有意行动所导致的某项后果，而且是一项未被该行动者预见的后果，亦非该行动者所乐见的后果，因而这里的 involuntary 更恰当的说法是"事与愿违的"。[①] 至此，我们首先区分了"自愿"与"自主"。

在 §49，安斯康姆通过对照有意行动和自愿行动在内涵和外延上的不同，逐一盘点了这几重意义上的 voluntariness。

（1）是非有意的自愿动作，这类活动又分为两个子类。（a）类即纯粹的身体动作，安斯康姆列举的例子既包括上述由心理原因导致的行动，也包括被称作心不在焉的（idle）行动的活动，例如信笔涂鸦。

此处的归类呼应了 §17 中遗留的疑难。在 §17 中，安斯康姆指出，心不在焉的行动是一类"奇怪的居间情况：'为什么'问题既有又没有可施用性；在其被许可为一个合适问题的意义上，它具有可施用性；在其回答就是没有回答的意义上，它又缺乏可施用性"。（Anscombe, 2000: §17, p.26）这似乎暗示，"为什么"问题的可施用性有一个程度上的区分，因而"为什

---

① 感谢匿名审稿人纠正此处的误读。

么"问题的可施用性并非划分有意行动与非有意行动的刚性标准。一方面，是那些最为典型的案例——给出行动的理由作为对"为什么"问题的正面回答的那些——在这一特定意义上的"为什么"问题和有意行动之间标定了稳固的关联（Anscombe, 2000: §§21–22），从而使"为什么"问题的可施用性得以充当判别有意行动的标准；另一方面，那些"为什么"问题对之仅勉强适用的行动，并不体现有意行动的典型特征，仅处于有意行动疆域的边缘地带，因而"有意行动"这一范畴无助于我们处理这类特例。①

安斯康姆又在其他文本中主张，心不在焉的行动并非人类行动（human action），而是人类做出的动作（act of a human being）②，因而不是自愿行动。人类行动与人类做出的动作的区别在于，前者体现了人的能动性，而后者仅仅意味着相应的动作经由人类的身体而做出，其能动性并不来自具有该具身体的人，例如消化食物、呼吸、出汗，又或捋胡须、挠头。这一区分的根基在于，人类生活有其进程，而不仅仅是活着［the human course of life, not just a human's being alive（Anscombe, 2005e:71）］。人类不仅有独属于自己的实践，对于那些与其他物种相通的活动，人类也有其独特的施展方式，例如进食、哀悼亡者。但对于消化食物、呼吸、出汗这些活动，人类与其他物种的不同仅仅是出于生理构造的不同，而不在于生活形式上的不同，因而这些人类做出的动作并不负载人之为人的特性。

那么，心不在焉的行动究竟在何种意义上是自愿的，又在何种意义上不是呢？一方面，安斯康姆指出："我们不是在单纯的生理意义上讲自愿行动；不是在闲着没事捋胡须是自愿行动的意义上。"（Anscombe, 2005a: 208–9）另一方面，安斯康姆又指出：自愿行动是理性掌控下（under the command of reason）的行动，但理性的掌控并非指理性能够干预或制止，因为后者对心不在焉的行动同样适用（Anscombe, 2005a: 208）。由此，我们可以说，心不在焉的行动在纯粹生理意义上是自发的，其自发性"从其意志中来"③（Anscombe, 2008b: 129），但不是在理性掌控的意义上自愿的。当然，将自发从自愿中剥离出去还仅仅是第一步，自愿的内涵——在理性的掌控下——还需要进一步廓清。

（b）类则是施展技能做出的行动，或出于习惯而做出的行动，这类行动是不假思索

---

① 感谢吴童立老师和刘畅老师指出这一点。
② 感谢匿名审稿人提议这一译法。
③ 安斯康姆区分了两种意义上的"从中而来"："以一种方式，'从中而来'是直接的，因为某些东西是从其他主动的东西中产生的，就像升温是从热的东西中产生的。以另一种方式，它是间接的，源自没有行动的那个事实，就像人们说，一艘船的沉没导源于领航员，因为他没有参与领航。"（Anscombe, 2008b: 130–1）这里的自发性对应前者，下文中的自愿受动和自愿不作为（omission）则对应后者。

的自发行动："它们未曾被能动者考虑过，尽管要是他考虑了，他就能说出它们是什么。"（Anscombe, 2000: §49, p.89）此外，对这一行动的描述，与行动者的动作细节之间"有一定距离"（Anscombe, 2000: §30, p.45）。例如，在系鞋带时，我对我行动的描述"正以系鞋带所需要的方式活动我的身体"（Davidson, 2001: 51）并不体现我手指的动作，尽管我可以不经观察（因为我对我身体的动作有一种独特的自我知识（Anscombe, 2000: §8）或借助想象来更为精细地描述这些动作，诸如此类的动作在这样的描述下是自发的，但却不是有意的。

（2）参照行动的伴随性的后果描述之下的行动仅仅是自愿的，而非有意的。我们将在下一节讨论这一点。此外，安斯康姆还提到了另一重意义上的 involuntary："然而，从另一个角度来看，如果一个人觉得很遗憾，但感觉'不得不'坚持有意的行动，那么这种事情可以被称为 involuntary。"（Anscombe, 2000: §49, p.89）这类案例是说，从情感上来判断，某个行为是不情愿的（reluctant），例如忍痛割爱（Hyman, 2015: 84–85）。

（3）是并非有意的自愿受动，例如孩子自愿地被亲吻并被抬到床上哄睡，有时也自愿地坐在电视机前；成人自愿地接受手术等等（Hyman, 2015: 10）。安斯康姆在此处对"自愿"的界定仍然部分地援引了情感："压根不是一个人的所作所为，而是其发生使其愉悦，所以这个人同意，并没有抵抗或采取反对措施，这样的事情可能是自愿的。"（Anscombe, 2000: §49, pp.89–90）但这仍与上述的情愿有所不同，因为此时仅仅情愿还不够，还需要同意。安斯康姆只提到了因愉悦而同意的情况，但也有虽不怎么情愿，却仍然勉强同意的情况，这些情况也是此种意义上自愿的。

值得注意的是，自愿受动可能会引发不自主的身体动作。例如，在拥挤颠簸的公交车上（置身这一处境，我虽不情愿但仍然自愿），我已极力调动我的能动性但仍没能站稳，故而踩了你一脚。按照常情常理，我显然需要为此道歉。假如我若无其事，心安理得，反而显得我有些缺德。并且，假如这引发了更为严重的后果，例如你被我踩伤，甚至踩死，我也无疑需要承担进一步的责任，尽管严格来说，我所做出的仅仅是人类做出的动作，而非人类行动。在§3，我们将看到，安斯康姆主张这仅仅是一种因果上的责任："仅在'责任'意味着'因果性'的意义上，他是负有责任的。"（Anscombe, 2005a: 215）但我将指出，这在安斯康姆所界定的"道德"的意义上，是一种道德责任。再进一步，我们有时还可以借助这种因自愿受动而引发的、生理上不自主的身体运动来达成有意行动，例如要求战友拿自己的身体作为武器来掷杀敌军。这样的自愿受动由于是受动者事先的安排或计划的产物，因而处在理性的掌控之下。

（4）在将一个行动描述为有意的那种描述之下，这一行动同时也是自愿的。不过，安斯康姆也注意到，这并不排除，同时还有可能将其描述为<u>不情愿</u>的。

至此，我们将"自主""自发"和"情愿"与"自愿"分离开来，也揭示出了这几重含义之间的部分关联，并最终得到了用以界定人之能动性的那重"自愿"：内涵上，这种自愿行动是"理性掌控下"的行动，外延上则要广于有意行动；参照行动的某些<u>伴随性</u>的后果描述之下的行动，在这种意义上是自愿的。接下来，我们就来说明这一点。

三、安斯康姆对双重效果的区分

要划定人的能动性的边界，首先要区分的自然是某人所做的事情和仅仅发生在某人身上的事情，但仅此还远远不够。我们通过行动实现某些目的、达成某些善好。但除了行动者意图之中的结果，行动还会导致不计其数的其他事情连带发生，其中有些是事先即可被预见的后果，也正因其被预见而进入实践理性的考量：行动者需要决定是否要规避这些后果。如果不加规避，而是任由其发生，行动者是否需要为之负责？由此可见，下一步的工作也同样重要：在某人做出的行动所导致的一系列后果中，哪些是行动者能动性的体现？

安斯康姆将混同上述两重后果的学说笼统地归为"后果主义"。粗略地说，后果主义把行动看成引发各种各样后果的机制，因而行动的价值正在于其所引发的后果，从而我们也就需要根据我们所预见的不同的行动方式所可能引发的不同后果，采取能够带来最大效用的方式去行动：

> 因为事实上，西季威克的论题导致，若非依照预计的后果，评估一个行动的坏处将变得相当不可能。但如果是这样，那么你必须依照你所预计的后果来评估其坏处；而由此，你便能从最可耻的行动的实际后果中开脱自己，只要你能证明自己没能预见这些后果。而我会主张，一个人对其恶行的恶果负有责任，而不为其好的结果受到褒扬；反之，也不为好行动的恶果负责。（Anscombe, 2005c: 184）

按照后果主义，许多在希伯来－基督教伦理中被视为绝对禁止的行为，例如谋杀或偷盗，一旦预计可以带来更好的结果，便可被允许。而任何因导致了恶果而被认作是恶行的行动，只要行动者能够表明自己并没有预见这些恶，便无须为之负责。安斯康姆视西季威克为后果主义的始作俑者。但如果我们仔细考察西季威克本人的论点，我们会发现，西季威克实际想要强调的是，对于我们预见到的不良后果，并不能仅仅因为我们并不欲求它们，就无须为之负责。不过，如果遵照西季威克的做法，将这些仅被预见的不良后果直接囊括进意图之中，反而不再有"预见而不欲求"的后果了：

> 但为了严谨的道德或法律讨论起见，最好把一个行动的被预见为确定或可能的全部后果，都算进"意图"这个术语中：大家都同意，我们不能假借我们并不想要它们本身，或作为达成某个进一步目的的手段为托词，来逃避对这些我们行动的被预见的不良后果的责任。这些我们的意愿所欲求之结果的不被欲求的伴随物，显然是我们所选择或乐见的。（Sidgwick, 1874: 94）

意图实现的结果和仅仅被预见的后果的确不宜混为一谈。从欲求的方面来看，如果一个结果是"达成某个进一步目的的手段"，那么说我们并不欲求这一结果就是自相矛盾的，因为我们不可能欲求某个目的而不同时欲求达到这个目的的手段（Anscombe, 2000: §25, p.44），因而这些结果自然在意图之中；而如果它们并不"作为达成某个进一步目的的手段"，仅仅就"它们本身"而言，则不过是意图实现的结果的"副作用"而已。意图蕴含欲求，反之，如果我并不欲求这些后果，那么这些后果也就不在意图之中。从预见的方面来看，有意蕴含有知，因为一个意图实现的结果若非首先被预见，就看不出它如何能够充当达成目的的手段（如果这些结果即是有意行动的终极目的本身，那么则更看不出它们如何可能不被预见）；但反之却不然，一个后果不会单单因其被预见而进入意图之中。有些"副作用"被预见，会迫使行动者调整，甚至另谋手段；有时行动者也可能对其不以为意；行动者还可能再三权衡，最终选择咽下苦果，承受这些势必付出的代价。

我们要为这些仅被预见，但却不在意图之中的"副作用"负责吗？没能预见之所以能够作为辩解的辩词，本就说明至少在一些情况下，我们确实无须为没能预见的后果负责。不过，这同时也表明，在一些情况下，我们本应预见这些后果，甚至应当设法规避。作为理性的行动者，我们往往需要尽可能全面地考察每种手段可能带来的各种后果，从而权衡得失、利弊，择取最优的手段。因而在一些情况下，如果没能预见、规避一些可预见的不良后果，尽管它们只是有意行动的"副作用"，行动者恐怕也构成过失，需要被问责。不过，规避这些后果的方式未必只有转而采取不会导致这些后果的其他手段，除非规避这些后果所要做的与依意图行事相抵触。而即便没有有意规避这些后果，也并不意味着就有意导致了这些后果。

在上述引文中，安斯康姆似乎暗示，我们不应拿没能预见这些"副作用"来开脱自己对这些后果的责任，而需要辩解、有开脱的余地，本身即以有需要对之负责的嫌疑为先决条件，因而安斯康姆似乎默认，我们至少有可能需要对这些仅被预见但却不在意图之中的"副作用"负责；但在最后亮出自己的正面观点时，安斯康姆却又明确主张，我们不应为好行动的恶果负责。安斯康姆的立场是否存在张力？如果有，那么又该如何疏解这一张力？考虑安斯康姆的经典例子：

> 一个人在往供给一座房子饮水的蓄水箱里泵水。有人发现了一种用一种致命的蓄积性毒物系统地给水源下毒的方法，其效果不易发觉，直到他们不可救药。房子里常住的是一个掌管大国的党魁小群体以及他们的直系亲属；他们参与了对犹太人的赶尽杀绝，或许还计划着一场世界大战。——那个向水源投毒的人想到，如果这些人被消灭，一些好人就会掌权，他们会把国家治理得很好，甚至筑就起人间天国，并保障所有人的良好生活；他向泵水的人吐露了这一思虑连同有关毒物的事实。当然，房中居民的死还有各种其他结果。例如，一些这些人不认识的人会得到遗产，而他们对之一无所知。（Anscombe, 2000: §23, p.37）

出于对毒害房中住户这一目的的认同，园丁最终决定操纵水泵，给房子的供水系统灌注有毒的水。假如采用上一节中提到的那个特定意义上的"为什么"问题来问这位园丁在做什么，便可以设想会发生这样的对话："你为什么在上下移动手臂？""为了操纵水泵。""你为什么在泵水？""为了灌注供水系统。""你为什么在灌注供水系统？""为了毒害那些住户。"由此，行动的目的和手段环环相扣，形成了一个由对该行动的不同描述所构成的目的论的链条。安斯康姆对这一案例的讨论更多地着眼于链条内的环节，不过，我们眼下更关心的反而是那些链条外的环节。链条外的环节分两类，一类是一些更进一步的目的，即拯救犹太人、让好人上台、筑就人间天国。目的论的链条在这里断裂，是因为毒害住户作为手段，对于拯救犹太人、让好人上台、筑就人间天国而言远非充分："把目标的达成当作理所当然之事越是不正常，目标就越是只能通过'为了'来表达。"（Anscombe, 2000: §23, p.40）另一类即是行动的"副作用"：一些不知情者会因住户的死而继承遗产。尽管二者都不是目的论链条之中的环节，但二者之于其所脱离的目的论链条有着截然不同的关系。

实践上的权衡始终围绕着我们所关切的东西，而一旦接受后果主义，实践慎思的终极目的就会变成如何尽可能地带来收益更大的效果，这就会给实践慎思造成一定程度的失焦。我们所欲求的东西不是我们碰巧具有的（Anscombe, 2000: §§37–39），而是与我们的其他欲求，最终与我们对自己生活的规划，以及对良好生活的理解勾连在一起，从而手段之于目的体现出了一种实践上的必然性，而这又与我们所从属的物种，继而与我们所具有的生活形式相关（Anscombe, 2008c: 224）。"副作用"，在此意义上，并不会被行动者表征为具有实践上的必然性，因而也不是实践知识的对象。

为了更好地看出安斯康姆对"副作用"的态度，我们接下来考虑如下的情况。假如这位园丁对住户的死活漠不关心，一心只想挣得自己的酬劳，情况会有什么变化？

> 这个人的意图可能并非毒害他们，而不过是挣得他的酬劳。这就是说，如果不指望他保密，当被问及"你为什么要往供水系统里灌注有毒的水"时，他的回应不是"为了除掉他"，而是"我不在乎这个，我想要我的酬劳，并只是做了我平时的工"。在这种情况下，尽管他知道关乎一个他的有意行动，对于它，即给房子的供水系统灌水，就我们的标准而言是有意的——它也是一个给房子的供水系统灌注有毒的水的行动，而就我们的标准而言，说他给房子的供水系统灌注有毒的水的行动是有意的，则是不对的。（Anscombe, 2000: §25, pp.41–2）

这时，由于毒害房中住户并非园丁的意图所在，因而即便我们可以继续把园丁泵水的行动描述为毒害住户，但在这一描述之下，毒害住户却不再是园丁的有意行动。但由于园丁明知泵水会有导致房中住户中毒的"副作用"，却仍然选择继续泵水（假设他本可以拒绝，或至少有机会偷工减料、阳奉阴违），这时其毒害房中住户虽不是有意的，但却是自愿的。在这种情况下，园丁当然要为房中住户的中毒乃至死亡负责："如果他所说的为真，那也不会赦免他的谋杀罪！"[1]（Anscombe, 2000: §25, p.45）

由此可见，安斯康姆显然同意，"副作用"需要进入对行动者责任的考量。泵水本身谈不上好坏，而房中住户的中毒身亡会使得园丁泵水的行为成为谋杀。但既然无论房中住户的中毒身亡是意图之中的后果还是仅仅被预见的后果，都不影响对园丁谋杀的裁定，对前述两重后果的区分究竟作用何在？为何不直接把行动者的行动所导致的后果直接纳入，或等同于行动者所做的事情？

> 行动与其后果之间的区别，做一件事和导致一件事之间的区别，仅仅是语词上的；

---

① 安斯康姆在别处进一步论证，谋杀并不要求杀人的意图（Anscombe, 2005a: 219），甚至不要求伤人的意图（Anscombe, 2005d: 264），"罪本质上要求的不是意图，而是自愿"（Anscombe, 2008b: 105）；我们往往也并非通过辨识谋杀的犯意（mens rea）来确定谋杀的罪行（Anscombe, 2005a: 216–7）。

这是个说话方便的问题，而不是对所涉及的概念进行任何科学分析的产物。杀人的行动
与做出某件导致了他的死亡（无论多么遥远）的行动之间没有逻辑上的区别。（Salmond,
1913: §128, p.327）

尽管是"副作用"，但其之所以产生，终究还是要追溯到行动者的行动或者不作为上来，
在此意义上，这些"副作用"终究是行动者所导致的["一个能动者导致其行动所导致之事"
（Davidson, 2001: 53）]。无论做出任何行动，行动者都会导致不计其数的其他事情连带发生，
而溯因的方向则是有选择性的，且溯因往往和归责互为表里，因而溯因的终点，几乎总是一
个可以承担责任的主体。尽管有时我们需要为"副作用"担负与意图之中的结果分量相当的
责任，但并不必然如此。我们将看到，"副作用"并非一概是自愿的。安斯康姆主张，对于非
自愿的"副作用"，我们无须为之承担道德责任，而至多需要承担因果上的责任，但这一点值
得商榷。① "副作用"是否自愿，并不取决于是否被预见，而取决于是否本该且本可被规避。
曾被预见是一个"副作用"之为自愿的充分条件，但并非必要条件。如果没能预见某一"副
作用"这一过失本身是自愿的，依然会使得这一没能被预见的"副作用"成为自愿的。

四、安斯康姆论道德行动

安斯康姆主张，一切人类行动都是道德行动，道德上的优劣并不是人类行动的一个额外
特征。说一个行动是道德上好的，并不是将其置于一个外在于其之为人类行动的维度下重新
衡量它；说一个行动是道德上好的，无非是在说它作为人类行动是好的（Anscombe, 2005b:
203）。如前所述，人类行动指的是人类的自愿行动。这首先意味着，并不存在非自愿的人类
行动。但这只不过是在说，一个人类行动不可能在任何描述之下都是非自愿的，换句话说，
不可能找不到哪怕一个能够将其描述为自愿的方式——一个行动是否自愿，总是相对于对它
的描述而言（Anscombe, 1981: 8）。此外，安斯康姆主张，只有自愿行动才受到褒扬或责备。
如果一个行动并非自愿为之，也就不是道德评价的对象。当然，对于任何人类行动，都存在
许多道德上中立的描述，但对于一个行动而言，存在一个或多个这样的描述，并不意味着这

---

① 考虑如下因果责任的典型案例：设想我被装进麻袋滚下山坡，把一个人撞上公路被车撞死
（Anscombe, 2005a: 210）。在这一情境中，我处在一个非自愿的受动状态下，身体只作为一副受物理定律支
配的血肉皮囊产生作用。这表明，仅当某人能动性阙如之时，我们才考虑其归属因果上的责任。此处的论
述受匿名审稿人评论的启发和引导。

一行动是无关乎道德的——我们要在那些使其体现出道德意蕴的描述下评判其好坏：

> 什么排除了自愿，什么也就排除了罪过。然而，请注意，当我们这样说的时候，"自愿"是在一个特别宽泛的意义上用的。如果一个人在另一个人的威胁之下——比如痛苦或死亡或驱逐——做了某事，我们会说这是被他强迫的。"我完全自愿地做了"则意味着我没有受到这样的强迫而行动。但是，当我们用"自愿"来说人类行为必是自愿的——这是我们用"人类行为"或"人类行动"部分所意指的——我们并没有说，在威胁之下做出的行为不是自愿的。一个行为在我们这里说的意义上是自愿的，当做或不做在能动者的能力之中——他可以抵抗威胁，也就是说：如果可能的话，他可以拒绝去做他被"逼迫"去做的事情。这个"可以"首要地是一个物理可能性的问题。（Anscombe, 2008b: 127）

一个行动道德上的善好即是其作为人类行动的善好——"那种它因其而成为一个好的行动的善好"（Anscombe, 2005a: 214）。但行动的好和坏具有某种不对称性：只有在各个方面都好，一个行动才是纯然的（tout court）好行动；但只要在某个方面是坏的，这个行动就必定是坏的。触犯了绝对禁止的行动是纯然的坏行动，但这并不意味着只要避开绝对禁止行事，就万无一失地避免了作恶。这是因为，一方面我们无法一劳永逸地给出一套放诸四海而皆准的规则，以确保在任何情境下据此规则就能正确行事；另一方面，"绝对禁止性的规则，连同其在明确的个别情况下的应用，并没有穷尽道德：人们可能以一种重要的方式在处理情况时做错，而良好的直觉和实践智慧是必要的"（Anscombe, 2008c: 232）。由此，我们便能推定，当安斯康姆主张人们无须为好行动的坏后果负责时，她意指的是那种方方面面都好的纯然的好行动，其导致某些坏后果纯属意外，从而即便参照这些后果，我们也无法将其描述为自愿的："那个人类行为并不因其作为人类行为而是某种恶的非自愿的原因而有什么不妥。这个方面的坏并不从属于作为人类行为的它。因为作为某事物的非自愿的原因并不从属于作为人类行为的它。"（Anscombe, 2005a: 212）

由此，"副作用"要依照其是否自愿进一步分为两类：如果其发生纯属偶然，那么这样的"副作用"并非行动者自愿造成的，因而行动者可直接免责（exoneration）；而由于过失而导致的"副作用"则是自愿的，会给行动带上坏的一面，在这种情况下，行动者则需要为之辩解（excuse）：

以那种方式，它是坏的——如果他更小心，他本会避免这个结果；然而这个结果并不是我们说的，一个"在事情的自然中可以预期的"结果。而以这种方式，它是混合的；它具有作为一个人类行动，以及或许作为他有意做出的无论哪类行动的善好；它缺少作为一个具体的邪恶行为的缺陷，因为它并没有从坏的偶然后果中得到这个；然而它又有一些坏处，这使得它看起来需要宽恕。……如果它值得完全的免责，那么它就没有来自坏后果的坏处——例如，不幸的结果是"完全偶然的，他无法避免，这纯属背运"。（Anscombe, 2005a: 213）

然而，我们的确无须为出于纯粹背运的意外后果承担任何责任吗？事实上，在日常生活的实践中，我们常常需要为经由自己传递的不幸负责。运气深深地扎根于人类的生存境况，并非任何意外都能事先着手防控，有些意外甚至难以提前预知。降临在我们身上的纯粹意外，如果不幸殃及更多无辜，我们往往要视其后果轻重作出一定程度的补偿，以代自然受过，这是人之能动性的一个特殊面相。我们也不会说这仅仅是一种因果上的责任，而是会说这是一种道义上的责任——为共同生活在这个无常世界中的、脆弱而易感于运气的彼此所肩负的道义——这亦是安斯康姆所理解的"道德"的题中应有之义。不过，即便我们同样需要为非自愿的"副作用"承担道德责任，也不意味着我们可以就此放弃对行动的双重效果的区分。对这一双重效果的区分澄清了人类能动性和道德责任之间的双向关系：自愿的"副作用"出于人的能动性而发生，并因体现了能动者的能动性而要求能动者为之负责；非自愿的"副作用"的发生并不体现人的能动性，甚至体现了人类能动性的有限性，并因这种有限性而发生，但却也恰恰因我们具有能动性而需要为之负责。

我们已经看到，由于行动者的过失所导致的意外是行动之恶的一个来源，但作为人类行动的善好——"那种它因其而成为一个好的行动的善好"究竟是怎么一回事呢？这里所说的善好指的不再是工具性的善好——作为手段，适宜于达成某个目的，而是取决于什么能够增进人类的福祉；而什么能够增进人类的福祉，则取决于人类的繁盛需要什么；人类的繁盛需要什么，最终取决于人类的生活形式，需要从关于人类的自然历史事实中探求。这些事实规定了什么对于我们是好的，也就规定了我们应当如何行动："'应当'或'应该'或'需要'这些词与好坏相关。例如，机器需要油，或应当、应该上油，因为缺油运转对其有害，或者它少了油就运转不好。"（Anscombe, 2005c: 174）这样的例子在生活中比比皆是：

运动员应当坚持训练，孕妇应当注意体重，电影明星应当注意其媒体曝光，人们应当刷牙，人们（不）应当过分执迷于享乐，人们（不）应当撒"不得已"的谎，主席在讨论中应当圆通地压制无关事务，学习算术的人应当练就一定的齐整，机器需要润滑，吃饭应当准时，我们（不）应当在亚里士多德的哲学中看出"语言分析"的方法。（Anscombe, 2000: §35, p.64）

这里可能又会产生新的疑点。从上述引文中的一系列例子看来，有些人类善好与特定的身份也即特定的实践相绑定，但在某重身份之下体现出的善好仅仅从属于该行动的一个面相，那么，不同面相之间的善恶又是什么关系？安斯康姆自己也坦陈这是个难题（Anscombe，2005a: 212）。我们不妨尝试这样来看：在上文的例子中，身为园丁，泵水是成就其该重身份的本职工作，因而在此意义上，园丁泵水是达成某种善好的行动。但当其在另一种描述之下为害了更普遍的人类善好时，其之于园丁身份的善好则远不足以抵消后一种恶。[1] 总之，人之为人层次上的善恶，压倒性地优先于单重身份面相上的善恶。

最后，根据对"自愿"的经典界定——是否知情、是否强制（Hyman, 2015: 77），安斯康姆将出于强制或无知而违背意愿的行动称为"反自愿"（counter-voluntary）的行动（Anscombe, 2008b: 130），而这种反自愿与安斯康姆所界定的自愿以及非自愿均有部分重叠。对于强制这一条件，按照安斯康姆对"自愿"的界定，只要本可以做出抵抗，那么在胁迫之下做出的行动仍然是自愿的。对于无知这一条件，尽管纯属偶然的意外是非自愿的，但并不意味着其他未能预知继而未能防控的后果也都是非自愿的，"仅当［能动者］做［X］缺少某个必要条件，而这一缺乏本身不是自愿的，其失败才是非自愿的，就像当机械失灵时领航员［使船浮起］的失败"（Anscombe, 2008a: 110）。对于本能且本应做出的行动，不去做就是自愿的不作为（有时也构成有意的不作为），由此而导致的无知是自愿的无知，因而行动者对此负有不可推卸的责任，例如不去查清自己的原配是否仍然健在就贸然与他人结婚，从而犯下重婚罪。在此情况下，尽管犯下重婚罪是不自知的，但却仍然是自愿的——这也侧面反映出自愿行动并不要求行动者具有实践知识："一个人不可能有意地，但可以自愿地做某事，而不知道自己在做这件事。"（Anscombe, 1981: 7n2）

最终，我们看到，自愿行动所体现出的理性的掌控，与行动者的行事能力相关，也与形形色色的实践情境对行动者提出的要求相关。传统上对具体情境的认知这一要素被安斯康姆

---

[1]　在安斯康姆的元伦理学构想中，由生命权保障的善好处在一个更为基本的层次上（Anscombe, 2005d: 266）。

包括进了后者，而外部条件的约束则与前者构成了此消彼长的关系。安斯康姆所界定的"自愿"概念究竟是否更好地把握住了人类的能动性，无疑还需要详加检视，不过这恐怕只能在后续的工作中继续了。

参考文献：

Anscombe, G. E. M. , "The Two Kinds of Error in Action", In *Ethics, Religion and Politics: The Collected Philosophical Papers of G. E. M. Anscombe, Volume 3*, 3–9, Oxford: Basil Blackwell, 1981.

——, *Intention*. Second Edition, Cambridge, MA.: Harvard University Press, 2000.

——, "Action, Intention and 'Double Effect'", In *Human Life, Action and Ethics: Essays by G. E. M. Anscombe*, edited by Mary Geach and Luke Gormally, 207–26, Exeter: Imprint Academic, 2005a.

——, "Good and Bad Human Action", In *Human Life, Action and Ethics: Essays by G. E. M. Anscombe*, edited by Mary Geach and Luke Gormally, 195–206, Exeter: Imprint Academic, 2005b.

——, "Modern Moral Philosophy", In *Human Life, Action and Ethics: Essays by G. E. M. Anscombe*, edited by Mary Geach and Luke Gormally, 169–94, Exeter: Imprint Academic, 2005c.

——, "Murder and the Morality of Euthanasia", In *Human Life, Action and Ethics: Essays by G. E. M. Anscombe*, edited by Mary Geach and Luke Gormally, 261–77, Exeter: Imprint Academic, 2005d.

——, "The Dignity of the Human Being", In *Human Life, Action and Ethics: Essays by G. E. M. Anscombe*, edited by Mary Geach and Luke Gormally, 67–73, Exeter: Imprint Academic, 2005e.

——, "On Being in Good Faith", In *Faith in a Hard Ground: Essays on Religion, Philosophy and Ethics by G. E. M. Anscombe*, edited by Mary Geach and Luke Gormally, 101–12, Exeter: Imprint Academic, 2008a.

——, "Sin: the McGivney Lectures", In *Faith in a Hard Ground: Essays on Religion, Philosophy and Ethics by G. E. M. Anscombe*, edited by Mary Geach and Luke Gormally, 117–56, Exeter: Imprint Academic, 2008b.

——, "The Moral Environment of the Child", In *Faith in a Hard Ground: Essays on Religion, Philosophy and Ethics by G. E. M. Anscombe*, edited by Mary Geach and Luke Gormally, 224–33, Exeter: Imprint Academic, 2008c.

Davidson, Donald, "Agency", In *Essays on Actions and Events*, Second Edition, 43–61, New York: Oxford University Press, 2001.

Hyman, John, *Action, Knowledge, and Will*, Oxford: Oxford University Press, 2015.

Salmond, John W. , *Jurisprudence*. Fourth Edition, London: Stevens; Haynes, 1913.

Sidgwick, Henry, "The Methods of Ethics", Edited by Jonathan Bennett, 1874. http://www.earlymoderntexts.com/assets/pdfs/sidgwick1874.pdf.

Anscombe on Voluntariness of Human Action

Jian MA

Department of Philosophy, Tsinghua University

Abstract：Anscombe argues that human action = voluntary action = moral action. The concept of "voluntary", once disambiguated, is defined as "under the command of reason". To delimit human agency, we must not only distinguish what one does from what merely happens to one, but also decide which of the countless consequences of one's action can be attributed to the agent. Anscombe insists on the distinction between the intended consequences and the mere foreseen ones—the "side effects" of the action. Any human action, when described as voluntary, manifests some goodness or badness qua human action. The doctrine of double effects allows Anscombe to claim that there are actions that are tout court good for which the agent can be exonerated from its involuntary side effects, yet this may be arguable.

Keywords：Anscombe; human action; voluntary action; moral action; human agency

[分析美学]

"裂缝论证" 与艺术作品的物质构成①

◎ 陈常燊

山西大学哲学社会学学院

摘　要: 艺术作品属于何种实体? 这是艺术本体论的根本问题。在分析的形而上学中,它被称为物质构成论题,或形象地说"黏土—雕像谜题"。以现存于雅典国立考古博物馆的《雅典娜神像》为例,根据当代"主流"的艺术本体论,它具有某些比具体物质对象和"社会事实"还要奇特的特征。艾米·托马森的"裂缝论证"表明,难以将艺术作品归入某个单一的本体论范畴之中,我们甚至缺乏合适的"本体论框架"来安置它们的本体论地位。本文认为,这个"裂缝论证"只是有力地指出了问题,而未能解决它。为此,本文提出一种结构主义方案,因其特有的理论优势,它提供了一条值得探索的解决路径。

关键词: 物质构成; 艺术本体论; 裂缝论证; 结构主义

物质构成(material constitution)是当代分析的形而上学中的一个重要论题。②一尊黏土雕像与构成它的黏土块之间,是一种什么样的关系? 我们可以说黏土块构成了雕像,但一般地说"X构成了Y",又是什么意思? 这就是著名的"黏土—雕像谜题"(the puzzle of Lumpl and Goliath),同时也是艺术本体论(ontology of art)中的一个核心问题。在这方面,作为分析的形而上学与分析美学"双肩挑"的当代代表人物之一,艾米·托马森(Amie Thomasson)除了在日常对象(ordinary objects)、虚构对象(fictional objects)、"容易本体论"(easy ontology)等领域著述颇丰③,在艺术本体论以及艺术元本体论(metaontology of art)方面的建树也值得

① 国家社科基金重点项目"分析的西方哲学史研究"(19AZX013)阶段性成果。感谢两位匿名评审专家的意见!

② 参见专题论文集 Rea, Michael(ed.), *Material Constitution: A Reader*, Rowman & Littlefield Publishers, 1997。

③ Thomasson, Amie L., *Ordinary Objects*, Oxford University Press, 2007. Thomasson, Amiel L., *Fiction and Metaphysics*, Cambridge University Press, 1998. Thomasson, Amie L., *Ontology Made Easy*, Oxford University Press, 2014.

关注。①

在艺术（元）本体论上，托马森试图扮演一名奠基理论家（grounding theorist）的角色，为"艺术‐种类"（art-kinds）这个术语的指称寻求某种奠基解释。但她似乎很快就意识到，这种解释面临一个非常复杂的困境，亦即迄今找不到一个现成的本体论范畴框架来安置艺术作品或者"艺术—种类"的指称。为了分析这个困境并进一步尝试解决它，我们需要引入其他学术资源，而此类资源在很大程度上是反思性的，特别是对艺术作品本体论范畴的反思，即它究竟能被归入哪一类（或几类）范畴。这种反思很大程度上又是一种"元反思"，即我们在反思艺术作品的范畴论的同时，会进一步反思一个更大的背景，即一般的形而上学本体论，从而使得它成为一项元形而上学（metametaphysics）的工作。

本文结构如下：第一节提出问题，亦即当我们在谈论艺术作品的物质构成论题时，我们面对的是一个什么样的问题，它的形而上学性质又是什么；第二节分析问题，亦即以托马森为例，她为了处理这个问题提出了一种笔者称之为"裂缝论证"（gap argument）的策略；第三节解决问题，亦即笔者勾勒了"裂缝论证"的可能图景，指出其不足之处，并且借助当代结构主义（structuralism）的理论资源，探索新的解决方案。

一、反思物质构成

在当代形而上学领域，物质构成与物质组合（material composition）这两个论题密切相关，但两者在侧重点上仍有所差异，不可将之混淆。一本纸质书能否构成《红楼梦》的问题，不同于钉在一起的几百张印有铅字的 32 开铜版纸能否组合成一本书的问题，也不同于一个房间加上一张讲台、一块黑板、若干课桌椅能否组合成一个教室的问题。前者是构成问题，后两者则是组合问题。当我们问，钞票是由什么构成的，我们并不是要问作为钞票的那张纸是如何组合而成的。② 这一区别在艺术作品的物质构成论题上表现最为明显。反实在论者（特别是其中的强紧缩论者）宣称，关于艺术作品（如《雅典娜神像》）的物质组合论题，乃是琐碎

---

① Thomasson, Amie L., "The Ontology of Art", in Peter Kivy (ed.), *The Blackwell Guide to Aesthetics*, Blackwell Publishing, 2004.

② 比如，据美国铸印局介绍，美钞的材料是 75% 的棉和 25% 的麻混合而成的。往下细分最终只存在一些"简单物"（simples）。

的语词之争。① 对此，实在论者的回应是，他们在某些方面的确抓住了问题的要害，因此我们不得不考虑某种"退让策略"。② 然而，当他们宣称物质构成论题同样是琐碎的语词之争时，有些实在论者的回应策略是捍卫性的，它比退让策略更加稳健。基于下文即将分析的艺术作品的本体论地位问题，笔者主张，强紧缩论者的挑战是无的放矢的，因为艺术作品没有本体论，至少没有现成的本体论。如果这个论证是成立的，那么就连紧缩论者自己都不知道他们要攻击的"本体论"是什么了。

诚然，当代形而上学仍然保留了某些素朴实在论（simple realism）的痕迹。许多哲学家的本体论承诺清单中不仅包括竹子、熊猫和人，还包括桌子、钞票和雕塑作品。不同的哲学家赋予它们的本体论地位截然不同，但他们大致都会认为，围绕它们的本体论地位问题展开讨论和商榷，是有意义的、非琐碎的。比如，有人认为，钞票或国家属于关系实体。然而，某些唯名论者会反驳道，关系并不是真正的实体，这样钞票或国家并不属于真正的实体。约翰·塞尔（John Searle）更愿意称之为"社会实在的建构"或"制度性事实"（institutional facts）。③ 他认为钞票这种"制度性事实"的物质构成要素包括行动者的功能、集体意向性，以及构成性规则。与钞票相比，艺术作品，以现存于雅典国立考古博物馆的《雅典娜神像》（大理石摹制品，高 105 厘米）为例，艺术作品属于哪一种实体？根据当代"主流"艺术本体论，它具有某些更加奇特的特征。对此，笔者建议考虑下述备选方案：

---

① Hirsch, Eli, "Quantifier Variance and Realism", *Philosophical Issues* 12, 2002; reprinted in Eli Hirsch, *Quantifier Variance and Realism: Essays in Metaontology*, New York: Oxford Uiversity Press, 2011. Bennett, Karent, "Composition, Colocation, and Metaontology", in Chalmers, et al., (eds.), *Metataphysics*, Oxford: Clarendon Press, 2009.

② Schaffer, Jonathan, "On What Grounds What", in Chalmers, et al., (eds.), *Metametaphysics*, Oxford: Clarendon Press, 2009.

③ 约翰·塞尔:《社会实在的建构》，李步楼译，上海：上海人民出版社，2008 年，第 29—39 页。

（1）全局物理对象（global physical object）方案：主张《雅典娜神像》不过是一块有特定时空占位的大理石，其唯一性质是物理性质；

（2）局部物理对象（local physical object）方案：主张《雅典娜神像》除了有大理石的物理性质，还有雅典娜的女神性质，类似于亚里士多德的"形式因"；

（3）主观心理对象（subjective mental object）方案：主张《雅典娜神像》（原作）是雕刻家菲狄亚斯（Pheidias，前 500—前 432 年）头脑中的"想象性实体"，罗宾·柯林伍德（Robin Collingwood）和让 - 保罗·萨特（Jean-Paul Sartre）持类似观点；

（4）客观观念对象（objective ideal object）方案：主张《雅典娜神像》乃是对超验之"相"（eidos / form）的模仿或分有，来自人们熟知的柏拉图；

（5）局部抽象对象（local abstract object）方案：主张《雅典娜神像》是某种抽象的范型种类（norm-kinds）的一个殊型，如理查德·沃尔海姆（Richard Wollheim）的类型—殊型理论；

（6）全局抽象对象（global abstract object）方案：主张《雅典娜神像》是完全的抽象对象，它成为大理石雕像只不过是时空偶合（spatio-temporally coincide）关系，如格雷戈里·柯里（Gregory Currie）的"行动类型"理论。

我们暂时还没有能够容纳艺术作品的本体论（范畴）框架，不管是讨论蒯因式的本体论，即"艺术品存在吗"，还是谢弗尔式的奠基关系，即"艺术品在我们的实在等级中处于何种位置"。但是无论如何，在笔者看来，后面这种新本体论更加具有解释力，因为我们认可它的一个直觉，亦即艺术作品的存在，是一个琐碎的真理。由于我们无法在蒯因式本体论框架中安置艺术作品，而紧缩论典范地是针对这个框架的。因此，紧缩论无法对艺术作品的本体论特别是物质构成问题形成实质性威胁。实在论者想做的不是在原有框架中安置艺术作品，而是试图对本体论框架本身进行重构。他们的工作显然是严肃的、实质性的，决不满足于承认艺术作品的存在这个琐碎的真理。

物质组合论题，亦即两个（或更多的）简单物能否组合成一个复合物，不管是普遍主义意义上的"无限制组合"（unrestricted composition）[①]，还是有机体主义意义上的"有限制组合"（restricted composition）[②]，都奠基于整分论（mereology）关系。但是，在笔者看来，物质构成

---

① Lewis, David, *On the plurality of worlds*, Oxford: Basil Blackwell, 1986.

② Inwagen Van, Peter, *Material Beings*, Ithaca: Cornell, 1990.

中的整分论关系以及同一性关系都是无法被还原也无法被奠基的原始事实（brute facts）。因此，我们不同于谢弗尔（Jonathan Schaffer）之处在于，至少在一个没有"裂缝"的元本体论框架被清晰地给出之前，关于艺术作品的奠基问题，暂且无从说起。①

二、托马森与"裂缝论证"

据上一节分析，可见在艺术作品的本体论地位问题上，情况比具体物质对象（如大理石）和社会事实（如钞票）都要复杂得多：我们要做的，不是将艺术作品安置到某种现成的本体论框架之中，而是正如艾米·托马森所指出的，根本就不存在（至少暂时没找到）这样的本体论框架。② 这当然不符合当代"主流"艺术本体论，但她认为这是好事，因为这种"无根基"（rootless）现状正好反过来倒逼本体论对其自身展开反思，借此"我们不仅可以得到更好的艺术本体论，而且可以得到更好的形而上学"③。据此我们有理由认为，托马森所做的工作就是一项"元本体论"工作，而且是一种可以避免紧缩论威胁的元本体论。

接下来，笔者将对托马森的论证进行重构，并将之命名为"裂缝论证"（gap argument）。④ 典范的艺术作品的本体论地位是很特殊的，其特殊之处不仅在于考虑到其中体裁或形态上的多样性（如雕塑、绘画作品，显然不同于音乐、文学作品），很难将其整齐划一地归入某一种本体论范畴之中，更在于，正如托马森所指出的，艺术作品的本体论中有一个明显的"裂缝"（gap），她促使我们认识到，甚至缺乏一套合适的"本体论框架"来安置艺术作品的本体论地位。后面这点才是问题的要害所在。因此她主张，对艺术本体论的研究，是反思我们当代主流的本体论框架的一个极好的契机。而我们在具体物质对象乃至社会事实中都难以觅得这种"裂缝"的踪影。于是她提供了值得考虑的第七种备选方案：

① Schaffer, Jonathan, "On What Grounds What", in Chalmers, et al., (eds.), *Metametaphysics*, Oxford: Clarendon Press, 2009.

② Thomasson, Amie L., "The Ontology of Art", in Peter Kivy(ed.), *The Blackwell Guide to Aesthetics*, Blackwell Publishing, 2004, pp. 78-92.

③ Thomasson, Amie L. "The Ontology of Art", in Peter Kivy(ed.), *The Blackwell Guide to Aesthetics*, Blackwell Publishing, 2004, p.90.

④ 需要指出，这个论证与心灵哲学中约瑟夫·列温（Joseph Levine）的"解释空缺论证"（explanatory gap argument）或时间哲学中奥尔丁（A. Olding）的"时间裂缝论证"（time-gap argument）无关，虽然都使用了"裂缝"（gap）一词。

（7）"裂缝"方案：主张《雅典娜神像》是人类意向性活动所创造的抽象人造物，如托马森的"裂缝论证"。

正如"黏土—雕像谜题"所表明的，关于艺术作品的本体论地位（特别是物质构成）问题，仍有太多未解的"存在之谜"。问题不仅在于它应该被归入心理对象、物理对象、局部抽象对象还是全局抽象对象，更在于我们甚至不知道该如何在传统的本体论范畴体系中安置绘画或雕塑作品、文学或音乐作品，而要容纳它们的存在，需要我们在范畴体系中为那些暂时确定的、依赖时间的抽象物插入范畴：她称之为"人类意向性活动所创造的抽象人造物"①。笔者试图将她的论证过程重构如下：

（1）艺术作品典范地是具体物质对象，但不同于大理石块这样的普通具体物质对象。就此而言，观念艺术作品并不是典范艺术作品。当然，此类作品是否真的没有任何物质属性，这是可以商榷的。

（2）艺术作品典范地是人造对象，但不同于钞票这种"制度性事实"。就此而言，"现成品艺术"（如浮木艺术）并非典范地是人造物。当然，此类作品是否真的没有任何人造属性，也是可以商榷的。

（3）艺术作品典范地是虚构作品，但不同于神话故事这样的虚构对象。就此而言，纪实作品（如报告文学或纪实摄影）并非典范地是虚构作品。当然，此类作品是否真的没有任何虚构属性，也是可以商榷的。

（4）艺术作品典范地是抽象对象，但不同于数、集合这样的典范抽象对象。就此而言，常识意义上的艺术作品多数并非典范的抽象作品，也许除了抽象艺术。但艺术作品的抽象性恰恰是柏拉图以来的艺术哲学家们极力捍卫的本体论特征之一。

（5）艺术作品典范地是心理对象（意向性活动），但不同于头脑中的"想象性实体"；典范的艺术作品，其存在方式，或其创作、流传和鉴赏过程，很大程度上是心理过程，对此疑义较少。

（6）蒯因式本体论框架要求，一物不可能既是物理的又是心理的，既是具体的又是抽象的，既是虚构的又是现实的，既是人造的又不是制度性的。

---

① Thomasson, Amie L., "The Ontology of Art", in Peter Kivy(ed.), *The Blackwell Guide to Aesthetics*, Blackwell Publishing, 2004, p.90.

（7）因此，无法在蒯因式"主流"本体论框架中安置艺术作品。

托马森的上述"裂缝论证"表明，鉴于艺术领域的实践是冲突性的、不断变化的，并且受到不和谐的理论化（contradictory, changing, and influenced by cacophonous theorizing）的影响，仅靠实践无法告诉我们实践的哪些方面是不是关于艺术本体论问题的指示性的或可靠的答案。

典范地看，艺术作品是虚构作品。《雅典娜神像》这件作品和古希腊时期的大多雕塑一样，取材于神话故事。但艺术作品本身不是虚构的。好比说，孙悟空是虚构对象（人物），但《西游记》不是虚构对象。艺术作品是现实对象，它不是可能对象；可设想的，或我们在思想实验中"创作"的艺术作品，并不是真实的艺术作品。艺术作品必须在某种意义上是物理对象，或者与物理对象发生关联。但它不是物理对象，也无法像心理对象那样还原或随附到物理对象之上。有很多形态的艺术本体论，反对将艺术作品当作物理对象的观点。

理查德·沃尔海姆等人所赞成的"局部抽象主义"方案，主张典范的绘画和雕像作品的本体论地位并不是抽象主义的，但是典范的音乐或文学作品不是具体物质对象，而是抽象对象；它们不是殊型（tokens）、种类（kinds）或内在共相（immanent universals），它们是类型（types）。[1] 他们或者像尼古拉斯·沃尔特斯托夫（Nicholas Wolterstorff）那样，将音乐、文学、戏剧甚至某些视觉艺术作品都当作"范型种类"，即由其中的规范性属性决定的种类，而其中的规范性属性是被某些人精确地挑选出来的。[2] 格雷戈里·柯里则持有"全局抽象主义"观点，所有的艺术作品都是抽象类型，"原则上能够拥有众多例示"。[3] 有人认为，艺术作品是纯粹抽象对象：艺术作品根本不能被观赏者知觉到，最多只能被重构。[4]

然而，根据托马森，我们甚至不知道该如何在传统的本体论范畴体系中安置绘画或雕塑作品、文学或音乐作品，而要容纳它们的存在，需要我们在范畴体系中为那些暂时确定的、依赖时间的抽象物插入范畴：她称之为"人类意向性活动所创造的抽象人造物"。我们暂时还没有能够容纳艺术作品的本体论（范畴）框架，不管是讨论蒯因式的本体论，即"艺术品存

---

[1] Wollheim, Richard, *Art and its Objects: An Introduction to Aesthetics*, New York: Harper and Row, 2nd edn., 1980.

[2] Wolterstorff, Nicholas, *Works and Worlds of Art*, Oxford: Clarendon Press, 1980.

[3] Currie, Gregory, *An Ontology of Art*, London: Macmillan, 1989, p. 8.

[4] 参见 Levinson, Gerold, "Critical Notice of Gregory Currie's *An Ontology of Art*", *Philosophy and Phenomenological Research*, 52 (1): 1992, pp. 216-217. 这些观点具有反直觉的缺点，但它可以具有清晰性、经济性等理论美德。

在吗"，还是谢弗尔式的奠基关系，即"艺术品在我们的实在等级中处于何种位置"。由于迄今尚未找到这样的本体论框架，这使得它免于受到来自强紧缩论（对现有本体论框架）的威胁。但是无论如何，这都并不意味着我们应该放弃探索艺术作品的本体论地位的形而上学努力。甚至我们也可以认可强紧缩论者的一个直觉，亦即艺术作品的存在，是一个琐碎的真理。但这充其量只意味着我们可能像谢弗尔所做的那样，采取某种"改良主义"（reformism）策略重建本体论，而不是完全放弃它。[①]

一些人开始怀疑本体论与我们实践的关系比这幅图景更加亲密。对此，一个相当自然的想法是，任何本体论的建议都不能公正地对待我们的艺术实践表征他们的对象的方式。如果重复性现象需要一个可实例化的抽象对象，而艺术实践的其他方面则需要一个具体的历史对象，那么似乎没有任何对象能够符合这一要求。

不难想见，托马森的论证受到了一些学者的批评，他们反驳了她的说法，即我们的做法必须嵌入优先同一性和存在条件，才能确保它指称艺术品。即使如此，它背后的更广阔的图景——我们的实践在某种程度上产生了他们所关心的对象，而不仅仅是跟踪（或未能跟踪）一些前因对象——提供了一种替代本体论学家通常的自我理解的方法。这个论题在彼得·拉马克（Peter Lamarque）的《作品与对象》中得到再次的重视。[②] 在他看来，一件作品的存在超出了某个纯粹的对象，这是一个持续的适当文化条件的问题。这些图景之间的冲突可能是哲学兴趣的持续来源。

三、取消"裂缝"：结构主义

本文所理解的结构主义，思想资源来自西奥多·塞德尔的结构实在论（structural realism）[③]，以及沙米克·达斯古普塔（Shamik Dasgupta）的一般主义（generalism）。[④] 尽管在观点细节上两者之间仍有分歧，但都可以归入后模态（post-modal）和结构主义的阵营。当我们试图将结构主义运用到艺术本体论中时，问题就变成了，当我们说艺术作品是一个"结构"

---

① Schaffer, Jonathan, "On What Grounds What", in Chalmers, et al., (eds.), *Metametaphysics*, Oxford: Clarendon Press, 2009.

② Lamarque, Peter, *Work and Object*, Oxford: Oxford University Press, 2010, pp.34-35.

③ Sider, Theodore, *The Tools of Metaphysics and the Metaphysics of Science*, Oxford: Oxford University Press, 2020.

④ Dasgupta, Shamik, "Individuals: An Essay in Revisionary Metaphysics", *Philosophical Studies: An International Journal for Philosophy in the Analytic Tradition*, Vol. 145, No. 1 (Jul., 2009), pp. 35-67.

时，是什么意思？笔者对此的回答思路大致如下。

首先，结构主义主张世界有一个层次或优先级。实在的结构优先于概念的结构，概念结构优先于正确的概念，正确的概念优先于使用它的表征为真。在结构主义者看来，世界上没有个体，只有结构；就连世界自身也不是刘易斯所说的"大对象"（large object），而只是一个"大结构"（large structure）。他们在某些方面类似于关于殊相的束理论（bundle theory）者，他们都主张用属性来解释殊相或个体，属性是共相。他们比束理论的支持者更加激进，主张所有的个体都是共相的结构。若果如此，艺术本体论中的关于具体与抽象、虚构与真实、心理与物理、自然物与人造物之间的二分法就被"解构"了，它们不再被视为不可回避的备选项。

其次，让我们直面下述问题：艺术作品是个体吗？柏拉图主义者虽然认为艺术作品不是个体，但是仍然不得不承认它的殊型是个体。由于个体是一些琐碎的东西（根据塞德尔），或者压根就没有个体（根据达斯古普塔），作为个体或个体之集合的人，也随之一起被紧缩或取消掉了其基础性的本体论地位。结构主义者取消了个体，也取消了作为个体的艺术作品。以下述具有代表性的当代艺术理论为例，我们无法将艺术的所有实然或应然特征整合在任何一个现实的甚至是可能的个体之中：

（1）乔治·迪基：艺术即建制（instituion）。艺术世界由一大批系统组成：戏剧、绘画、雕塑、文学、音乐等，其中每一体系都为在本系统内将艺术地位授予作品提供了一种建制背景。

（2）纳尔逊·古德曼：艺术即范例（exemplification）。一件物品，当其拥有下述几种特征时，便构成了艺术作品：句法和语义简练紧凑性（物品结构上的所有差异都可能含有相互关联的符合意义）；相对饱满性（一个符号的许多特征都十分重要）；范例性（一个符号可作为样品展现其拥有的特性）；多样和复杂的指称性（一个符号可具备各式各样的指称功能）。

（3）阿瑟·丹托：艺术即理论（theory）。艺术理论在判定某物是否为艺术作品时，所扮演的角色如下：A 物品虽然与 B 物品感觉上几乎不可分辨，但 A 物品成其为艺术品是因为一种理论和解释的存在；在此理论和解释之下，A 物品被判定为艺术作品。

（4）肯代尔·沃顿：艺术即假扮（make-believe）。所有的再现艺术都离不开假扮，道具则是所有假扮游戏中的基本元素。艺术具有与许多儿童游戏一样的认知过程，即假装某个东西是另一个东西。比如，通过画布上的彩图或纸张上的铅字，艺术作品使得我们卷入了一场被称为"艺术"的复杂的假扮游戏之中。

上述理论各有千秋。假定存在一件"完美"的艺术作品，我们称之为"X"，它符合上述理论赋予艺术作品的所有要求，比如建制特征、范例特征、理论特征和假扮特征，以及前文"裂缝论证"中所提到的物质特征、人造特征、虚构特征、抽象特征、心理特征，以及模态特征①，那么在现实世界的艺术史上能够找到这个完美的"X"吗？我们对此是存疑的。基于"裂缝论证"，我们一方面很难说，其中的哪一个特征对于艺术作品的物质构成来说是绝对不可或缺的；另一方面我们也很难说，其中的哪一个特征完全是多余的。这个时候，我们能做的不是对某个物品进行某种"定性"分析，断言它"是"或者"不是"艺术作品，而是进行"定量"分析，断言它满足了哪一些特征，或者反过来，并不满足哪些特征。由于不管满足了哪些特征，抑或没有满足哪些特征，我们都没有充分理由说它就"是"或者就"不是"一件艺术作品，因此艺术作品的本体论问题，严格来说并非"是不是"的问题，而是"满足了哪些特征，未满足哪些特征"的性质分析。

最后，"结构主义"相当模糊，但其思想是模式（model）或结构是主要的，模式中的实体或节点（nodes）是次要的。结构主义者的口号是，节点不是"独立于"模式的，这自然可以被视为一种等价性的主张：在等价理论中，节点的变异同时仍能使模式所处的等价理论完好无损。如果在世界的基础层次上，不存在作为个体的艺术作品，存在的只是一些奠基于基础物理、数学和逻辑实体的派生物，一些依赖于约定或习俗而存在的东西，而这些东西的存在可以被"商数论"（quotienting theory）表征。塞德尔也反对商数论，他认为商数论所强调的存在量化的等价性并不原始，而是可以奠基于一些基础性概念。因此从某种意义上看，这种等价性并不是实质性的，或者从紧缩论角度看，那些等价的描述、表征或模型是一些琐碎的存在，其多元性并不影响将它们进行基础性的解释，将它们解释为一种结构主义，它在存在量化方面包括三个方面内容：关于个体的结构主义、关于属性的律则本质主义（nomic

---

① 20世纪60年代以来，分析哲学中发生了一场"模态革命"，其影响的广度与深度几乎可以与"语言转向"相媲美。我们熟悉的刘易斯（David Lewis）、克里普克（Saul Kripke）都是这场革命的旗手。可能世界语义学、反事实、跨世界同一性等分析工具，在以格雷戈里·柯里《艺术本体论》为代表的分析美学著作中，几乎随处可见，艺术作品的模态特征逐渐受到较多关注。作为一种内涵主义方法，（对艺术作品的）模态分析的确克服了以蒯因（W. V. O. Quine）、戴维森（Donald Davidson）为代表的外延主义者的一些局限性。例如，柯里借助"二重身"（doppelganger）的思想实验表明，地球上的贝多芬与"孪生地球"上的"孪生贝多芬"各自独立地创作了同样的作品。参见 Gregory Currie, *An Ontology of Art*, London: Macmillan, 1989, p. 62.

essentialism），以及关于量的存在量化的比较主义（comparativism）。①

那么，作为结构主义的一个理论优势，取消了个体，只承认结构之后，艺术本体论会是什么样子的呢？这是一个非常有趣的问题，我们没有现成的答案，但它提供了一种值得探索的解决思路。无论如何，我们可以不再纠结于如何在具体物质对象、具体心理对象、柏拉图式的抽象对象、抽象创造物或其他实体范畴之间安置艺术作品了。原因很简单，因为严格来说，艺术作品并不是上述任何一种"对象"，而只是属性的结构。这种结构主义方案，不是一种拒绝承认艺术作品真实存在的反实在论立场，也不是一种主张艺术本体论问题只是语词之争的紧缩论观点，而是关于艺术的另一种一阶本体论，因此我们要做的并非如何弥合"裂缝"，而是否认这里存在真实的"裂缝"。

四、结语

当代分析美学的一个重要特征，就是借助分析哲学的方法论和概念工具来研究传统的艺术哲学问题。而艺术本体论，其任务是追问艺术作品的本体论地位何在，与分析的形而上学有天然的密切联系。在艺术作品方面，本文借用的是经典雕像艺术作品《雅典娜神像》，偶有提及《红楼梦》等文学作品，至于其他艺术门类，如绘画、建筑、音乐、电影等艺术作品，是否同样适用于本文的分析框架，笔者做了预设，但没有展开论述。此外，本文较多地聚焦于托马森的艺术本体论，特别是她的"裂缝论证"，对于其他的分析美学家，仅仅简要地提及了理查德·沃尔海姆、尼古拉斯·沃尔特斯托夫、彼得·拉马克，以及格雷戈里·柯里，这样做的好处是专注于一个问题，坏处是不够全面系统。但笔者并不认为这是一个实质性缺陷，理由是：前文讨论的"裂缝论证"，不仅揭示了关于艺术作品应当归于何种本体论范畴的一个深层困惑，可以被视为形而上学中的"黏土—雕像谜题"即物质构成论题在分析美学中的运用，还能够从上述讨论中得到下述启发：借助"裂缝论证"，对艺术本体论的研究，在从一般形而上学研究中大量吸收和借鉴的同时，回过头来"反哺"了当代形而上学研究，促使人们进一步反思，本体论的范畴体系和形而上学的概念工具存在哪些问题。因此，在提出关于艺术本体论的一种结构主义方案的同时，本文还做了一项"元形而上学"工作。

---

① Sider, Theodore, *The Tools of Metaphysics and the Metaphysics of Science*, Oxford: Oxford University Press, 2020, p. 3.

本文图片说明:

菲狄亚斯:《雅典娜神像》(大理石摹制品,高 105 厘米,现存于雅典国立考古博物馆)

参考文献:

Thomasson, Amie L. , *Ordinary Objects*, Oxford University Press, 2007.

——, *Fiction and Metaphysics*, Cambridge University Press, 1998.

——, *Ontology Made Easy*, Oxford University Press, 2014.

——, "The Ontology of Art", in Peter Kivy(ed.), *The Blackwell Guide to Aesthetics*, Blackwell Publishing, 2004.

Lewis, David, *On the Plurality of Worlds*, Oxford: Basil Blackwell, 1986.

Hirsch, Eli, "Quantifier Variance and Realism", *Philosophical Issues* 12, 2002; reprinted in Eli Hirsch, *Quantifier Variance and Realism:Essays in Metaontology*, New York: Oxford Uiversity Press,2011.

Levinson, Gerold, "Critical Notice of Gregory Currie's *An Ontology of Art*", *Philosophy and Phenomenological Research*, 52 (1): 1992, pp. 216-217.

Currie, Gregory, *An Ontology of Art*, London: Macmillan, 1989.

Levinson, Jerrold, *Music, Art, and Metaphysics*, 2nd ed., New York: Oxford University Press, 2011.

Schaffer, Jonathan, "On What Grounds What", in Chalmers, et al., (eds.), *Metametaphysics*, Oxford: Clarendon Press, 2009.

Bennett, Karent, "Composition, Colocation, and Metaontology", in Chalmers, et al., (eds.), *Metataphysics*, Oxford: Clarendon Press, 2009.

Rea, Mihael(ed.), *Material Constitution: A Reader*, Rowman & Littlefield Publishers, 1997.

Wolterstorff, Nicholas, *Works and Worlds of Art*, Oxford: Clarendon Press, 1980.

Lamarque, Peter, *Work and Object*, Oxford: Oxford University Press, 2010.

Inwagen van, Peter, *Material Beings*, Ithaca: Cornell, 1990.

Wollheim, Richard, *Art and its Objects: An Introduction to Aesthetics*, New York: Harper and Row, 2nd edn., 1980.

Dasgupta, Shamik, "Individuals: An Essay in Revisionary Metaphysics", *Philosophical*

Studies: An International Journal for Philosophy in the Analytic Tradition, Vol. 145, No. 1 (Jul., 2009), pp. 35-67.

Sider, Theodore, *The Tools of Metaphysics and the Metaphysics of Science*, Oxford: Oxford University Press, 2020.

约翰·塞尔:《社会实在的建构》,李步楼译,上海:上海人民出版社,2008 年。

"Gap Argument" and the Material Constitution of Works of Art

Changshen CHEN

School of Philosophy and Sociology, Shanxi University

Abstract: What entity does a work of art belong to? This is the fundamental thesis in the ontology of art. In analytic metaphysics, it is called the material constitution thesis, e.g. "the puzzle of Lumpl and Goliath". According to the contemporary "mainstream" ontology of art, the Statue of Athena, for example, which exists in the National Museum of Athens, has some features more peculiar than concrete material objects and "social facts". Amy Thomasson's "Gap Argument" shows that it is difficult to classify works of art into a single ontological category, and we even lack a suitable "ontological framework" to place them in ontological status. I argue that the "gap argument" only points out the problem forcefully, but fails to solve it. Therefore, I propose a structuralism scheme, which provides a solution worth exploring because of its unique theoretical advantages.

Keywords: material composition; ontology of art; gap argument; structuralism

On the Two Interpretative Models of "Middle" Wittgenstein's Verificationism[①]

◎ Qiang XU

School of Philosophy, Southwest Minzu University

Abstract: When researching into middle Wittgenstein's verificationism, elucidators frequently quote the saying from Friedrich Waismann, i.e., "The meaning of a proposition is its method of verification." This statement is concise. However, there is a radical interpretation, i.e., Wittgenstein applies the "identity thesis" into the connection between "the meaning of a proposition" and "the method of the verification of a proposition." In other words, the meaning of a proposition is identical to its way of verification. I call the interpreters who hold such exegesis on identity the "radical interpretation model" (RIM). I do not believe RIM is persuasive and I propose the "moderate interpretation model" (MIM) instead. I argue that RIM is a narrow interpretation of middle Wittgenstein, because its explanatory power is limited. On the contrary, MIM is plausible in interpreting middle Wittgenstein from the "developmental point of view."

Keywords: middle Wittgenstein; verificationism; radical interpretation model; moderate interpretation model; hypothesis

Introduction

Wittgenstein experienced the transformation of his philosophy from the end of the 1920s to the middle of the 1930s. This period is generally known as the "middle" Wittgenstein. Investigating middle Wittgenstein is fruitful, because "Wittgenstein's writings and lectures during the first half of the 1930s play a crucial rule in any interpretation of the relationship between the *Tractatus* and the

① 基金项目：本文系四川省社科规划重点项目"魏斯曼与维特根斯坦'中期'哲学比较研究"（编号：SC21A036）的阶段性成果。

Philosophical Investigations." (Stern, 2018:126) Meanwhile, Wittgenstein communicated with the members of the Vienna Circle in that period. An important theme shared by Wittgenstein and the Vienna Circle was "verificationism". It is important, for it is not only an important part of middle Wittgenstein's philosophy, but also a tenet of logical positivism.

Verificationism can be defined via two dimensions: "the principle of verification", namely, the meaning of a proposition is its method of verification; "the verificationist criterion of meaningfulness", namely, a proposition is meaningless if it cannot be verified or falsified. Middle Wittgenstein's verificationism can be explained like this: "A proposition is meaningful only if it can be verified or falsified completely; its meaning or sense is the method of verification; a difference of verification is a difference in meaning; and to understand a proposition is to know how to decide its truth or falsity, verification constitutes the whole sense of the proposition." (Glock, 1996:383) Hence, for Wittgenstein, both early and middle, there are only thoughts on the criterion of meaningfulness; Wittgenstein did not propose any principle of verification. (Richter, 2014:230)[①]

If one looks closer to Wittgenstein's *Nachlass*, he has at least two findings: hypothesis and verification are discussed simultaneously; Wittgenstein's discussions on hypothesis and verification are chronologically scattered in *The Big Typescript:Ts 213* (BT 1929—1936), *Philosophical Remarks* (PR 1929—1930), *Wittgenstein and the Vienna Circle* (WVC 1929—1931), *The Voices of Wittgenstein* (VOW 1929—1932), *Philosophical Grammar* (PG 1931—1933), and *Philosophical Investigations* (PI 1929—1945).

When researching into middle Wittgenstein's verificationism, elucidators usually quote from one of Friedrich Waismann's note, i.e., "The meaning of a proposition is its method of verification". (WVC, 79) This statement is concise. However, there is a radical explanation, i.e., Wittgenstein applies the "identity thesis" into the connection between "the meaning of a proposition" and "the method of the verification of a proposition". That is to say, the meaning of a proposition is identical to its way of verification. I regard the interpreter who proposes such an identity thesis as the "radical interpretation model" (RIM). I do not believe RIM is cogent and I propose the "moderate interpretation model" (MIM) instead. I argue that RIM is a narrow interpretation of Wittgenstein, because it lacks explanatory power. On the contrary, MIM can

---

① As it is the dimension of the principle of verification, Richter claims that this dimension belongs to the Vienna Circle's logical positivism, and the Vienna Circle's verification principle was originated from Wittgenstein. "The principle was inspired by remarks made by Wittgenstein in the course of his conversations with the Vienna Circle." (Richter, 2014:229) overcome the limitations of RIM and it is appropriate to demonstrate middle Wittgenstein's philosophy from the "developmental point of view".

1. Middle Wittgenstein's Verificationism

Wittgenstein's considerations of verificationism can be demarcated into two dimensions: the essence and characteristics of "hypothesis" and "verification"; the correlation among "hypothesis", "verification" and other concepts, such as "proposition" and "reality." In addition, four notions frequently appear in these considerations: "hypothesis", "verification", "proposition", and "reality."

Wittgenstein's verificationism is crystallized in his discussions of hypothesis and verification, in which hypothesis plays a significant part. There are chapters named "On the Nature of Hypothesis" in BT and PG, and they are almost identical. Precisely, Wittgenstein's thoughts on hypothesis and verification in BT are centralized in "The Nature of Hypothesis." (BT 94e-97e) His discussions about PG are in chapter 6 under the same title "The Nature of Hypothesis." (PG 219-223) These texts overlap. On the contrary, Wittgenstein's discussions on verification and hypothesis are unsystematic in PR and PI. His discussions about PR are loose too: "It was not 'merely rough notes'. But it was not easy to read, and Wittgenstein would not have published it without polishing. No spacing showed where a group of remarks hang closely together and where a new topic begins.... And it was hard to see the arrangement and unity of the work until one had read it a number of times." ("Editor's Note" by Rush Rhees. PR 347) Many elements of middle Wittgenstein's philosophy are preserved in PI, and his thoughts on verificationism are scattered in sections 82, 109, 156, 325, 353, and sections 249 and 306. (PPF)

1.1 Four Questions Regarding Wittgenstein's Verificationism

Wittgenstein's discussions on verificationism can be clarified through the following four questions:

(1) What is hypothesis?

First, a hypothesis is a special proposition. "An (a)[①] hypothesis is a logical structure. That is,

---

[①] There is a grammatical mistake in most of Wittgenstein's *Nachlass,* in which he repeatedly used "an" in front of "hypothesis." It should be "a hypothesis." I correct those mistakes in my quotation.

a symbol for which certain rules of representation hold." (PR 226) That is to say, a hypothesis can be taken as a special symbol or logical structure, and it contains some particular representational relations (rules). Hypothesis is a logic relation. Hence, the core of a hypothesis is that it could trigger people's expectation of its content. (PR 228)

Second, rule-likeness is the most characteristic feature of hypothesis. "A hypothesis is a law for forming propositions." (BT 94e) Wittgenstein's similar remarks can be found on PR (285) and PG (219). We can give a picture to explain a hypothesis: "I [Wittgenstein] mean, you could, e.g., explain the hypothesis 'There is a book lying here' with pictures showing the book in plan, elevation and various cross-sections." (PG 219) Elsewhere in BT, Wittgenstein holds the similar view. (BT 94e) Now that hypothesis is a logic structure, it has rules. We can use "equation of a curve" in mathematics to explain a hypothesis: "just as the equation of a curve gives a law, by means of which you may discover the ordinates, if you cut at different abscissae. in which case the verifications of particular cases correspond to cuts that have actually been made." (PG 219) Elsewhere in PR, Wittgenstein shares the similar idea: "a proposition is, so to speak, a particular cross-section of an hypothesis." (PR 286) Additionally, we can use the relation between a point on a straight line and that straight line to explain a hypothesis: "if our experiences yield points lying on a straight line, the proposition that these experiences are various views of a straight line is a hypothesis." (PG 219)

Third, the logical structure of a hypothesis cannot be questioned, instead the content of a hypothesis. The certainty in hypothesis is its logical structure. Many nonsensical conclusions might be drawn as the result of the endless inquiry concerning the logical structure of the hypothesis. "Seeing...as..." could be treated as a hypothesis. I can doubt whether what I see is in accordance with reality, but I cannot doubt the process in which I see something as something. If we are skeptical about this process, then the whole thinking process will be open to suspicion. "The mechanism of hypothesis would not function if appearance too were doubtful so that one couldn't verify beyond doubt even a facet of the hypothesis. If there were a doubt there, what could take the doubt away? If this connection too were loose, there would be no such thing as confirming an (a) hypothesis and it would hang entirely in the air, quite pointless (and therefore senseless)." (PG 222)

Moreover, Wittgenstein offers two clarifications on hypothesis: we would better consider hypothesis from the point of hypothesis itself. "The best comparison for every hypothesis—something that is itself an example of a hypothesis—is a body in relation to a systematic series of views of it from different angles." (PG 221) A hypothesis can be compared to a "differential gear." It is similar to a "postulate." (PR 288—289)

(2) What is the relation between hypothesis and proposition?

The extension of hypothesis is wider than that of proposition. "A proposition is, so to speak, a section of a hypothesis at certain points." (BT 94e; PR 286; PG 219) In my understanding, if there is a law-like continuum of propositions, then hypothesis is just like this continuum. And in this continuum, each individual proposition can be treated as a particular cross-section.

Though a hypothesis can be understood as a proposition, it needs transformation. "When this facet of a hypothesis is laid alongside reality, the hypothesis turns into a proposition." (BT 96e) Similar remarks can be found in PG. (PG 222) As a logic construction, a hypothesis is abstract, but its linguistic expression is tangible, and this is the external form of a hypothesis. We are speaking of propositions when we discuss the linguistic expression of a hypothesis.

(3) What is the relation between hypothesis and reality?

First, a hypothesis can be transferred into a proposition by comparing it with reality. If the relation between hypothesis and reality is skeptical, or their relation is loose and ambiguous, then the hypothesis is meaningless. The meaning of a hypothesis lies in its association with reality.

Second, the formal relation between hypothesis and reality is different from that between verification and reality. A hypothesis should be positively verified, and it will have no truth-value without verification. "...a hypothesis simply has a different relation to reality from that of verification." (PR 285) Hypothesis is a mode of representing reality, and it can be renewed or altered by new experience.

Third, the possibility of the verification of a proposition might be explained by the commensurability between proposition and reality. The commensurability between proposition and the external world is similar to the relation between a ruler and an object which is measured by the ruler. The ruler is an object and it can be extended. Using a ruler to measure the length of an object is to put the ruler on the surface of it. The length of the object derives from that of the ruler, "...this must be related to the commensurability as the corporeality of a ruler is to its being extended—which is what enables it to measure." (PR 81)

(4)What is the relation between hypothesis and verification?

First, Wittgenstein did not frankly admit that the meaning of a hypothesis is its method of verification, but he did remark that a hypothesis could have different ways of verification. "It is always single faces of hypotheses that are verified...what a hypothesis explains is itself only expressible by a hypothesis." (PG 221)

Second, only if there is a specific way of verification can a hypothesis obtain a sense. In section 36 of PR, Wittgenstein says "It only makes sense to give the length of an object if I have a method for finding the object — since otherwise I cannot apply a yardstick to it." (PR 72) Though Wittgenstein did not directly mention verification here, he showed that for a proposition which describes an object, if it is meaningful, it will have a verification method. Later, Wittgenstein restated that "to understand the sense of a proposition means to know how the issue of truth or falsity is to be decided." (PG 77) The method of verification is connected with the truth-condition of a proposition.

Third, uncertainty exists in the actual verification process of a hypothesis. I take the descriptions about the great general of the Roman Empire Julius Caesar as an example. The propositions about Caesar can be regarded as a frame for Caesar, and there are many different verifications for this frame: some are connected with Caesar, some are connected with other figures. Wittgenstein then suggests that there is no medium which reconciles the verification of a proposition with the proposition itself. From my point of view, Wittgenstein might mean that the meaning of a proposition is its way of verification, and the verification process is direct. A proposition is made up of words derived from ordinary language, and its verification is its comparison with reality. Besides, ordinary language creates many uncertain occasions which are embedded in our daily linguistic practice. Moreover, Wittgenstein points out that there is uncertainty in daily language and reality is always in flux. Taking those factors into consideration, the claim that there is uncertainty in the verification of a proposition is understandable.

Fourth, the verification of a hypothesis is dynamic and momentary. In remark 48 of PR, Wittgenstein asks "If the world of data is timeless, how can we speak of it at all?" (PR 81) He provides an answer: "the stream of life, or the stream of the world, flows on and our propositions are so to speak verified only at instants." (PR 81) Wittgenstein might think that our life is changeable due to the changeable world, so our verification of the specific propositions is dynamic. "Our propositions are only verified by the present." (PR 81)

Fifth, the multiplicity of the verification of a hypothesis would show the multiple meanings of that hypothesis. There are many relevant remarks in PI. Wittgenstein treats the statement about private language as a hypothesis. Following his argument against "private language", Wittgenstein argues that "asking whether and how a proposition can be verified is only a special form of the question 'how do you mean?' The answer is a contribution to the grammar of the proposition." (PI section 353) If we treat "private language" as a special proposition, i.e., hypothesis, then, if this sort of proposition is meaningful, it must be possible for this proposition to be verified. The multiplicity of the verification about the proposition triggers that of the meaning of the proposition, and this sort of multiplicity of meaning is connected with the notion of grammar.

1.2 Doubts Underneath Middle Wittgenstein's Notion of "Cross-Section"

The nature of hypothesis is difficult to comprehend. Wittgenstein sets an analogy: the verification of a hypothesis can be compared to the relation of one point on the straight line. Experience is to a straight line as verification is to a point on that line. In that analogy, the continuous experience forms a straight line, and the point on that straight line represents a piece of experience. On the other hand, a hypothesis is a law-like structure, and it can be compared to a straight line. Then, what can be verified in the hypothesis is a point on that law-like structure (straight line). And the point on the law-like structure is like a cross-section. Wittgenstein makes two analogies toward the nature of hypothesis: experience and hypothesis can be explained as a straight line; the point on that line of experience can be explained as a piece of experience, and the point on that line of hypothesis can be explained as a cross-section.

Wittgenstein's comparison between a straight line and a law-like body (for instance, a cylinder) is a disanalogy. On the one hand, it makes sense to draw an analogy between a point and a straight line which includes that point, because a straight line is composed of infinite points. Suppose that a straight line is made up by a rule (mathematical, such as a function). Since that straight line is made up by countless points, it is reasonable to say that the points on that straight line and that straight line both share the same rule.

On the other hand, Wittgenstein's "law-like body" scenario (suppose it is a cylinder) is intricate. If we perceive that body "vertically", we can say that the surface of that body is made up of infinite straight lines. Suppose each straight line has its own constitutive rule. For example, rule "a" for line 1, rule "b" for line 2. Here is one doubt: are the rules of each straight line identical? Viewing the body "horizontally", one can cut the body into infinite "cross-sections." Suppose each "crosssection" has its own constitutive rule, such as, rule "x" for "cross-section" 1, rule "y" for "cross-section" 2. Here is another doubt: are the rules of each "cross-section" identical? Further, a "cross-section" is also made up of countless points, because it can be treated as a plane. Applying the same train of thought, we will also come up with the doubt that whether the rules of each point on that plane are identical or not? Taking the straight line scenario and the "law-like body" scenario together, can we still draw an analogy between them? When I question that the nature of hypothesis is difficult to understand, what I mean is that there are two different analogies; namely, one is underneath the straight line scenario, and the other underneath the "law-like body" scenario. And I believe they are totally different, no matter logically or mathematically. There is no similarity between the two analogies. Therefore, it is a disanalogy.

2. The Radical Interpretation Model of Middle Wittgenstein's Verificationism

RIM applies the "identity thesis" to explaining Wittgenstein and it asserts that the meaning of a proposition is identical to its method of verification. This reading can be found in Max Black (1986), Michael Wrigley (1989), Alberto Coffa (1991), Norman Malcolm (1995), and Jose Medina (2001). For instance, Wrigley (1989:265)claims that "yet even the most cursory examination of the texts which he [Wittgenstein] wrote in the early thirties leaves little room for doubt that this was indeed the case, and that at that time Wittgenstein was whole-heartedly committed to a verificationism of the most extreme kind." Recently, Medina(2001:310) offered a weaker claim: "but since Wittgenstein held that verification procedures determine the sense of propositions at least in some Satzssystems, perhaps he held a restricted version of radical verificationism."

RIM readers tried to justify their understanding from the following four perspectives:

First, RIM quotes texts from middle Wittgenstein's *Nachlass* as the evidence of the "identity thesis", namely, "every proposition is a signpost for a verification." (PR 174) "The verification is not one token of the truth, and it is the sense of the proposition." (PR 200) "In order to determine the sense of a proposition, I should have to know a very specific procedure for when to count the proposition as verified." (WVC 47) "Where there are different verifications there are also different meanings." (WVC 53) "The sense of a proposition is the method of its verification." (WVC 79)

The last quotation is recorded by Waismann, and it is treated as a "slogan" of middle Wittgenstein's verificationism. (Schulte, 2011)

Second, the "identity thesis" is inferred from late Wittgenstein's notion of "meaning as use." This is assured by Norman Malcolm: "As Malcolm read him, Wittgenstein closely identified meaning with use in a language-game, and thought of language-games as closed bodies of practice...a new way of verifying a sentence is invented, the sentence changes in meaning. So Wittgenstein is read as an extreme verificationist." (Diamond, 1999:101) Malcolm only applies the "identity thesis" to reading late Wittgenstein's notion of "meaning as use."

Interpretators usually squeeze the notion "meaning as use" out of section 43 in PI: "For a large class of cases of the employment of the word 'meaning' —though not for all—this word can be explained in this way: the meaning of a word is its use in the language. (43a) And the meaning of a name is something explained by pointing to its bearer." (43b) According to 43a, the meaning of a word is its use in language. So, radical readers might infer from the text that the meaning of a word is identical to its use. RIM believes that meaning as verification and meaning as use are appropriate analogies, and they both exemplify the "identity thesis."

Third, RIM seeks evidence from the recordings of Wittgenstein's dialogues with the Vienna Circle. For RIM readers, the reason that the "identity thesis" holds, is that the "identity thesis" of meaning and verification is the essence of logical positivism. And the Circle's verificationism is directly influenced by Wittgenstein. Coffa stresses that "there is a strong convergence in intent and content between Wittgenstein's verificationist semantics and the verificationist theses of the Vienna Circle." (Coffa 1991:249-250, quoted from Medina, 2001:310) Anyway, "...Wittgenstein owed his conversion to verification to the Vienna circle." (Wrigley, 1989:269) So, it is reasonable to conjecture that the "identity thesis" fits Wittgenstein's train of thought.[1]

---

[1]   The connection between Wittgenstein and Vienna Circle is complicated. These literatures can be classified into the following subjects: (1) a clarification of some historical misunderstandings toward logical positivism, such as Rudolf Haller (1982); (2) The verificationism of the members of the Circle, such as Schlick (Holdcroft, 1983); (3) The origins of the Circle's verificationism, such as Wrigley (1989) and Hymers (2005). "Notoriously, the verificationism of the Vienna Circle turned out to be a highly unstable philosophical position. After a short initial stage of enthusiasm, influential members of the Vienna Circle, such as Otto Neurath and Rudolf Carnap, soon gave up a verificationist theory of meaning. Moritz Schlick was the only leading member of the Vienna Circle who tried to develop a more sophisticated version of verificationism even after Neurath and Carnap had abandoned the theory." (Blank, 2011: 616)

Finally, RIM readers are inclined in exploring the origin of Wittgenstein's verificationism. They provide two possible answers: Wittgenstein's verificationism was inspired by Brouwer's intuitionism mathematics, or it was originated from his interactions with the Circle. However, the two proposals are rejected for some reason. Hence, middle Wittgenstein's verificationism is most probably derived from *Tractatus*. "Even if the source of Wittgenstein's verificationism is in the *Tractatus,* there is still one very obvious difference between the verificationism of the *Tractatus* and the verificationism of the early thirties. It is simply that in the *Tractatus* it was only implicit, whereas after 1929 it became very explicit." (Wrigley, 1989:285)

It seems that RIM is faithful to Wittgenstein, because (1) they use Wittgenstein's original texts as their evidence of their perspective on Wittgenstein's verificationism; (2) they connect the "identity thesis" of middle Wittgenstein's "meaning as method of verification" to that of late Wittgenstein's "meaning as use." However, I do not believe that the RIM reading is plausible. It is a narrow interpretation of Wittgenstein's *Nachlass*. And my arguments are: (1) RIM lacks explanatory power in dealing with the doubt of middle Wittgenstein's verificationism; (2) RIM's argumentation—the "identity thesis" both in middle Wittgenstein's verificationism and late Wittgenstein's thoughts on meaning—is a misreading of Wittgenstein.

I have already argued that there is a disanalogy between Wittgenstein's straight line scenario and the "cross-section" scenario. The rule of the points and the rule forming the straight line which is made up by those points could be homogeneous. By homogeneous, I mean the points on that straight line and that straight line might share the same (mathematical) rule. However, the rule of the "law-like body" (hypothesis) and the rule of the "cross-section" which make up of that body might be heterogeneous. By heterogeneous, I mean that the rule of the "law-like body" and that of the "cross-section" are complex and they might be different. Thereby, the issue concerning the nature of the "cross-section" and the "law-like body" can be regarded as a tension underneath middle Wittgenstein's verificationism. However, RIM readers do not recognize this tension, because they do not take hypothesis and verification together into consideration. RIM fails to offer any satisfactory explanation because of their neglect of Wittgenstein's discussion on hypothesis in his *Nachlass*. This limitation is due to their narrow scope of seeing middle Wittgenstein's verificationism.

RIM's argumentation of the "identity thesis" for both middle and late Wittgenstein's thoughts on meaning is mistaken. Let's take middle Wittgenstein's verificationism into consideration. When

Wittgenstein assumes that the meaning of a proposition is its method of verification, he does not treat them identically. There is uncertainty in the meaning of the ordinary language, and the actual verification process is changeable. This means that the two could never be identical. Moreover, the relation between the expression "the meaning of a proposition" and "the method of the verification of that proposition" is asymmetric. "The meaning of a proposition" and "the method of the verification of that proposition" do not belong to the same logic dimension. They are not like the two sides of the mathematic equation. The meaning of a proposition is not fixed, and it cannot be enumerated exhaustively. Further, the proposition can also be treated as a hypothesis. Hence it is law-like. The meaning of a law-like body of proposition cannot be verified through only one method of verification. The corresponding verification method of a law-like body of propositions should be a law-like method of verification. This is a symmetry. However, this is not Wittgenstein's view. For Wittgenstein, verification is momentary. One method of verification can only verify one meaning of a proposition. The right-hand side of that expression is not a law-like structure. So, the expression of the verification is asymmetric. Therefore, there is not any "identity thesis" in Wittgenstein's verificationism. If RIM reading of middle Wittgenstein's verificationism is unfaithful, are there any better readings?

3. The Moderate Interpretation Model of Middle Wittgenstein's Verificationism

One may raise a question concerning the criterion of distinguishing between RIM and MIM. For me, there is a criterion indeed. The two readings can be distinguished by their attitudes toward the "identity thesis" underneath middle Wittgenstein's verificationism. RIM readers persistently believe that there is an "identity thesis" beneath middle Wittgenstein's verificationism; namely, the meaning of a proposition is identical to its way of verification. By contrast, MIM readers do not accept this thesis. MIM does not believe there is any "identity thesis" behind middle Wittgenstein's verificationism. I think this is the most significant difference between RIM and MIM. For me, any reader who believes that there is an "identity thesis" behind middle Wittgenstein's verificationism can be categorized as a member of RIM. There might be an issue of degree for this kind of belief. Medina's reading is a typical example: sometimes she can be treated as a RIM, and sometimes she can also be treated as an MIM. In addition, holding the "developmental point of view" toward

Wittgenstein's philosophy is a weaker criterion for my demarcation of RIM and MIM.

The most significant point is that MIM readers do not agree with RIM readers to apply the "identity thesis" to explain middle Wittgenstein's verificationism. RIM's pursuance of the origin of middle Wittgenstein's verificationism is helpful but insufficient. RIM is short-sighted if we see the matter from MIM's perspective. From the developmental point of view, studying middle Wittgenstein's verificationism concludes tracing the origin, the development, and evolution of that notion. MIM is represented by John Padinjarekutt (1975), C. J. Misak (1995), P. M. S. Hacker (1996), Cora Diamond (1999) and Andreas Blank (2011).

3.1 Methodological Description of MIM

MIM's clarification of middle Wittgenstein's verificationism can be generalized into four points: (1) MIM performs a more detailed textual analysis of Wittgenstein's *Nachlass* during the 1930s than RIM. (2) MIM reads middle Wittgenstein's text from the continuity perspective. MIM stresses the continuity of Wittgenstein's philosophy, particularly the connections between Wittgenstein's key notions and their evolution during the 1930s.[1] (3) MIM denies the righteousness of middle Wittgenstein's verificationism, and they use middle Wittgenstein's other thoughts on the meaning of language to replace verificationism.[2] (4) Middle Wittgenstein's verificationism is not a semantic theory but a methodological idea.[3] Therefore, there is an indirect relation between the meaning of a proposition and its method of verification.[4]

For MIM, the study of middle Wittgenstein's verificationism is in the evolution of Wittgenstein's thoughts on semantics. Middle Wittgenstein's verificationism is treated as a transitory stage of Wittgenstein's semantic theory between his earlier and later philosophy. Wittgenstein's meaning theory in his earlier philosophy is a sense theory which is based on the truth-condition of the

---

[1] "Wittgenstein himself vigorously denied that his position has any affinity to Russell's or to the logical positivists. But, as we shall see, there are verificationist tendencies in both his early and late work, if not the exact tendencies of others." (Misak, 1995:46)

[2] For instance, Wittgenstein's inferentialism can take the place of verificationism. (Medina, 2001: 313)

[3] Medina (2001:304)

[4] Hacker reads middle Wittgenstein's verificationism from the developmental point of view and he assumes that it is not a meaning theory. "The claim that in giving the verification of a proposition, one is giving its meaning, was far too sweeping, for in fact it is... 'just a rule of thumb.' " (Hacker, 1996: 58—59)

proposition. The truth-condition requirement is the consequence of the "picture theory" in *Tractatus*. Middle Wittgenstein's verificationism can also be treated as a meaning theory. Wittgenstein applied "sense" and "meaning" interchangeably during the 1930s. Therefore, some elements of the truth-condition semantics were still working in middle Wittgenstein's verificationism. These elements can be found in his *Nachlass*. In those texts, Wittgenstein repeatedly stated that the sense of a proposition is determined by its way of verification. A proposition has sense when its truth-condition is Satisfactory. And the method of verification is similar to the way of satisfying the truth-condition of the proposition; on the other hand, there are many precursors of late Wittgenstein's thoughts on semantics. Wittgenstein was inclined to think about the meaning of a proposition, and the proposition is made up of ordinary language. For the ideas in his *Nachlass*, we can find connections among "verification", "language-game" and "grammar." "Language-game" and "grammar" began to show up in middle Wittgenstein. By and by, Wittgenstein transformed from verificationism semantics to the "use theory" semantics in his late philosophy. "Wittgenstein's uniqueness may also be seen from his views on meaning and verification, a study of which should throw more light on the continuity of thought in his later investigations." (Padinjarekutt, 1975:250) MIM suggests there are many notions that are correlated with middle Wittgenstein's verificationism, and they are helpful in understanding middle Wittgenstein, such as "grammar".

3.2 Elements in MIM

(1) Middle Wittgenstein's verificationism is a combination of his sense theory and meaning theory

Wittgenstein is always concerned with the meaning of language, and he might hold many semantic ideas (or theories) in different periods. For middle Wittgenstein's verificationism, his focus was on a proposition of the meaning and the verification.

"Sense" and "meaning" belong to different dimensions. "Sense" is a *Tractateian* notion, which is about the meaning of a sign. By contrast, "meaning" is about the sense of language or propositions. If this variation holds, then we can only say that the "picture theory" is a sense theory. Accordingly, the verification thesis is a meaning theory. "Wittgenstein's outlook in the *Tractatus* is defined by purely logical considerations without any suggestions of ways and means to determine the truth or falsity of propositions. Consequently, not the meaning but the sense of propositions must be seen to run through the *Tractatus*. Only in the context of the sense of a proposition does *Tractatus* even open a possible way for the meaning and the verification of propositions." (Padinjarekutt, 1975:254) For the meaning theory, the verification thesis can be explained as "the proposition represents what may be true or what may be false, deciding the actual truth of the proposition by what turns out to be the case." (Padinjarekutt, 1975:251)

If we see middle Wittgenstein from the developmental view, then there is a circumstance of Wittgenstein's discussion on verification. It is circumscribed by "proposition", "hypothesis", "reality" and "grammar." In particular, verification is connected with "grammar." (Padinjarekutt, 1975:252) We know that the meaning theory is pursued by late Wittgenstein. Middle Wittgenstein's notion of verification represents both the sense theory and meaning theory. "An understanding of Wittgenstein's conception of the interrelationship between the sense of propositions and their verification should help us to grasp his later conceptions of meaning and the form of verification of propositions." (Padinjarekutt, 1975:256)

(2) "Grammar" as a kink for middle Wittgenstein

There is a connection between the sense of mathematical propositions and that of empirical propositions. This convergence is Wittgenstein's concept of "grammar." The possibility of the ways of a proposition to be verified is determined by the formation laws of that proposition. Mathematical propositions can be treated as a law-like body. " 'Grammar' is Wittgenstein's term for the characterizing features of people's ways of using an expression, including their methods of investigation." (Diamond, 1999:112) In other words, grammar is the assembly of possible ways of verification. This idea is crystallized in PI section 353: the specification of how we verify a proposition is a contribution to the grammar of the proposition. The proof of a mathematical proposition is a contribution to the grammar of that proposition. "A 'verificationist' element within his thought is tied to his ideas about grammar: grammar as showing what we are talking about; and the view that grammar shows what we are talking about is not given up after the 1930s." (Diamond, 1999:115-116)

Diamond draws an analogy between "mathematical proposition" and "empirical proposition" so as to introduce Wittgenstein's notion of grammar. In my view, we can apply middle Wittgenstein's notion of hypothesis to fit the analogy. In other words, hypothesis can be compared with grammar, because both stress the rule-like features. The law-like nature is the convergence of hypothesis and grammar. Hence, it is middle Wittgenstein's consideration on the nature of hypothesis that brings out his notion of grammar. I mean, if we notice Wittgenstein's considerations on the nature of hypothesis, this aspect is a faithful road to MIM's interpretation of middle Wittgenstein's grammar as the supreme concept in middle Wittgenstein's philosophy. I believe seeing grammar from the aspect of hypothesis (or seeing hypothesis as grammar) is a Wittgensteinian reading of Wittgenstein.

Wittgenstein's discussion on verification and the proof of mathematical propositions during the 1930s both reject the restricted "picture theory" in *Tractatus*, and more importantly, those discussions opened the way for Wittgenstein's grammatical investigation. Padinjarekutt gathers "verification", "mathematical proposition", "picture theory", and "grammar", and he stresses the connections among them. The usage of verification upon propositions and hypothesis illuminates Wittgenstein's thoughts about grammar. Moore records that "he [Wittgenstein] went to say, 'Verification determines the meaning of a proposition only where it gives the grammar of the proposition in question." (Moore's Lecture:266— 267, quoted from Padinjarekutt, 1975:261) And, "the way you verify a proposition is part of its grammar." (Padinjarekutt, 1975:261) Taking Moore's notes into consideration, it can be shown that the notion of grammar enjoys a supreme place in middle Wittgenstein's consideration of meaning and verification. Grammar is the core of Wittgenstein's philosophy after the 1930s. If we see middle Wittgenstein's verificationism from the developmental view, we can be aware that many late Wittgenstein's ideas emerged, such as "grammar", "language games", "forms of life" and "meaning as use."

4. Discussions

4.1 The Importance of Hypothesis in Middle Wittgenstein's Verificationism

Both RIM and MIM neglect an important element in middle Wittgenstein's verificationism— hypothesis. Wittgenstein was considering the verification of proposition and hypothesis in his *Nachlass* during the 1930s. The texts centered on hypothesis provide the context for middle Wittgenstein's discussions on verificationism.

Hymers begins by saying that if there is a verificationist reading of *Tractatus*, then each elementary proposition has only one way of verification. But, how about the molecular propositions in *Tractatus*? Hymers deduces from the premise that for the molecular proposition, there has more than one way of verification. "General statements ...seem to entail indefinitely many observational consequences. Consequently, they are, by their very nature, not conclusively verifiable. And if verification-conditions are also truth-conditions, then general statements cannot be either true or false." (Hymers, 2005:221) Hymers quoted from PR: "...an (a) hypothesis has a different formal relation to reality from that of verification." (PR 228) Hymers thinks that the term "hypothesis" in this quotation refers to "any would-be statement that seems to admit of more than one method of verification...But if the meaning of a statement is its method of verification, then general statements would seem to be, not merely truth-valueless, but meaningless." (Hymers, 2005:221) I do not agree with Hymers. From the premise that "if the meaning of a proposition is its method of verification", we cannot conclude that general statements are meaningless. In that quotation, Wittgenstein means that hypothesis and reality have a formal relation. And there is also a formal relation between verification and reality. These two "relations" are different. The general statements might have more than one way of verification. And if there is not any verification for the general statements, then the general statements can be regarded as meaningless. That is the real argumentation. By the way, according to Wittgenstein, if hypothesis can be understood as a kind of general statement, then what we can conclude from the quotation above is only the point that there is a special formal relation between general statements and reality. Wittgenstein did not mean that a general statement is verified or falsified by reality. A hypothesis is a law-like structure.

Wittgenstein rejected Carnap's proposal for observation statements. Wittgenstein expressed two points in WVC: "(1) It is impossible to achieve a complete verification of a proposition, because the 'openness' of the proposition; (Wittgenstein indicated that he does not accept this point.) (2) If I cannot completely verify a proposition, then that proposition does not mean anything and it signifies nothing." (WVC 47) Hymers claims that Wittgenstein held the second view, but he does not put forward any explanation. On the contrary, he claims that Wittgenstein's view here can be treated as a foreshadow of Wittgenstein's idea of secondary nature of doubt in *On Certainty* (OC). In OC, Wittgenstein claims that "the game of doubting itself presupposes certainty." (OC section 115) and "doubt comes after belief." (OC section 160) However, I do not agree with Hymers. From that quotation in WVC, we can only conclude that if a person cannot verify the proposition that he produces (partially or completely), then he/she know the meaning of that proposition, or other people cannot understand the meaning of that proposition. Is there any certainty or uncertainty underneath? I think this is an open question. If a person wants to convey meaning through a proposition, he/she must be certain that that proposition must have a meaning. For that proposition, to have a meaning means that there must exist a method to verify that proposition. Therefore, the speaker must be certain about the verification method of the proposition that he/she produces. That might make sense.

Hymers also notices Wittgenstein's transitions of his philosophy during his discussion on hypothesis: "Wittgenstein regards all empirical propositions that were not merely about one's immediate sense data as hypotheses." (Hymers, 2005:222) Hymers quoted Wittgenstein's lecture in 1931 in which Wittgenstein treats a proposition as a judgment about sense data. "A hypothesis is an expression of the form 'This man is ill' 'The sun will rise tomorrow' or 'This is a chair'. It is confirmed or rejected, when its meaning is clear, by empirical science." (Wittgenstein, 2016:66) Hymers puts forward a question here: "how can a hypothesis have any meaning to make clear if it lacks a method of verification?" (Hymers, 2005:222) Hymers said that Wittgenstein applied an expressivist treatment of hypothesis which is derived from Frank Ramsey. (Ramsey, 1990:145—163) In order to support Wittgenstein's expressivist treatment of hypothesis, Hymers quoted the following passages from Wittgenstein's *Nachlass*: "a hypothesis is not a statement but a law for constructing a statement." (WVC 99) "A hypothesis is a law for forming propositions. You could also say: A hypothesis is a law for forming expectations." (PR section 228; PG section 219) How can we draw Wittgenstein's expressivist treatment of hypothesis from the quotations above? I think the quotations hereby indicates that hypothesis can be understood as grammar of propositions. The grammatical interpretation of hypothesis is more appropriate than the expressivist treatment of hypothesis.

4.2 MIM Is More Faithful than RIM in Clarifying Middle Wittgenstein's Verificationism

First, MIM is more faithful in reading Wittgenstein than RIM. For RIM, the "identity thesis" is its essential argument. RIM treats Waismann, Moore and Carnap's testimony of middle Wittgenstein's thoughts on verificationism as the evidence for their "identity thesis." Both Moore and Waismann recorded Wittgenstein as saying that "the sense of a proposition is the way in which it is verified." (PO 59) Carnap also recalled "Wittgenstein's principle of verifiability." (Schlipp, 1963:45) It seems that RIM's evidence is persuasive. However, this evidence is "superficial" compared to some other texts in Wittgenstein's *Nachlass*. That is to say, RIM readers only use Waismann or Moore's "slogan" that "the meaning of a proposition is its method of verification" as their proof in arguing for the "identity thesis". This is a weak argument. MIM's rejection of the existence of "identity thesis" in middle Wittgenstein's verificationism is not because they cannot find out such a "slogan" coined by Moore and Waismann, but because there is no such thesis in middle Wittgenstein's *Nachlass*. The "identity thesis" is a fiction.

Second, MIM provides a larger and more comprehensive blueprint of middle Wittgenstein's philosophy than RIM. RIM's understanding of middle Wittgenstein's verificationism is determined by their motivation. By contrast, MIM sets up it to survey middle Wittgenstein's verificationism from the developmental point of view, and it stresses the continuity of Wittgenstein's philosophy. Hence, MIM has a broader vision in understanding Wittgenstein than RIM. Seeing middle Wittgenstein's verificationism from the continuity, the investigation turns into tracing the origin, the development, and transformation of that idea.

Third, RIM readers mainly take middle Wittgenstein's verificationism as a "meaning theory." RIM's reading is motivated by verificationism from logical positivism, and their false analogy of meaning as verification with meaning as use. This reading is misleading, because it is not faithful to Wittgenstein's *Nachlass*. Middle Wittgenstein often uses "sense" and "meaning" interchangeably, and he did not stress the difference between them. However, it does not show that middle Wittgenstein's verificationism is a "meaning theory." For MIM, sense theory and meaning theory are essentially different: sense theory is connected with the earlier Wittgenstein philosophy, and meaning theory is connected with later Wittgenstein. Verificationism is a combination of sense theory and meaning theory.

Finally, can MIM dissolve the tension underneath middle Wittgenstein's verificationism, i.e., the unclarity of the nature of the "cross-section"? Wittgenstein does not offer a plausible explanation. As it is to the essence of "cross-section", for Wittgenstein, the verification of a hypothesis is only one "cross-section" of the hypothesis. I think this is metaphorical. RIM fails to offer any explanation because of their neglect of middle Wittgenstein's discussions on hypothesis. In fact, MIM shares the same destiny with RIM. On the issue of the connection between the multiplicity of the meaning of a word and the grammar of that word, MIM has stronger explanatory power than RIM. RIM readers only offer Wittgenstein's notion of "symptom" to explain that connection. By contrast, the elements in MIM offer better explications: there is a connection between the sense of mathematical propositions and that of empirical propositions. This convergence is Wittgenstein's notion of grammar. And this connection is realized by the convergence of the nature of mathematical propositions with grammar. The readers might feel that MIM's explanation is unconvincing, but I do show that Wittgenstein's tensions can be dissolved to some extent through the MIM reading. RIM hardly offers any explanation. In this respect, MIM is superior to RIM.

5. Conclusion

MIM is faithful to Wittgenstein's *Nachlass*, because it not only takes Wittgenstein's thoughts seriously, but also transforms Wittgenstein's verificationism into hotly-debated questions in current analytic philosophy. MIM not only traces the origin, development and transformation of middle Wittgenstein's verificationism, but also takes the doubts underneath Wittgenstein's thoughts on verificationism seriously. MIM aims to offer a unifying and comprehensive understanding of middle Wittgenstein's verificationism and it takes the face value of middle Wittgenstein's problems on verificationism. For RIM, there is a dead-end in their interpretation. While for the MIM readers, the road for understanding middle Wittgenstein's verificationism is open.

References

Baker, G. P.(ed.), *The Voices of Wittgenstein: The Vienna Circle: Ludwig Wittgenstein and Friedrich Waismann*, London and New York: Routledge, 2003. (VOW)

Black, Max, "Verificationism and Wittgenstein's Reflections on Mathematics", in S. Shanker (ed.), *Critical Assessments Vol. 3*, London: Croom Helm, 1986, pp. 68—76.

Blank, Andreas, "Wittgenstein on Verification and Seeing-As, 1930–1932", *Inquiry*,2011, 54(6): pp. 614—632.

Coffa, J. Alberto , *The Semantic Tradition from Kant to Carnap*, Cambridge: Cambridge University Press, 1991.

Diamond, Cora, "How Old Are These Bones? Putnam, Wittgenstein and Verification", *Proceedings of the Aristotelian Society, Supplementary Volumes*, 1999, 73: pp. 99—150.

Glock, H. J. , *The Wittgenstein Dictionary*, Oxford: Blackwell, 1996, p.382.

Hacker, P. M. S. , *Wittgenstein's Place in the Twentieth-Century Analytic Philosophy*, Oxford: Blackwell Publishers, 1996.

Haller, Rudolf, "New Light on the Vienna Circle", *The Monist*,1982, 65(1): pp. 25—37.

Holdcroft, David, "Schlick and the Verification Theory of Meaning", *Revue Internationale de Philosophie*,1983, 37: (144/145), pp. 47—68.

Hymers, Michael, "Going around the Vienna Circle: Wittgenstein and Verification", *Philosophical Investigations*, 2005, 28(3):205—234.

Klagge, C. James & Nordmann, Alfred (eds.), *Ludwig Wittgenstein: Public and Private Occasions*, Lanham: Rowman & Littlefield Publishers INC, 2003. (PO)

Medina, Jose, "Verificationism and Inferentialism in Wittgenstein's Philosophy", *Philosophical Investigations*, 2001, 24(4): pp. 304—313.

Misak, C. J., *Verificationism: Its History and Prospects*, London: Routledge, 1995, pp. 46-54.

Padinjarekutt, John, "Meaning and Verification in Wittgenstein", *Bijdragen*, 1975, 36(3): pp.250—269.

Richter, Duncan, *Historical Dictionary of Wittgenstein's Philosophy* (2nd edition), Lanham: Rowman & Littlefield, 2014, p. 229.

Schlipp, Paul Arthur, *The Philosophy of Rudolf Carnap*, La Salle, II: Open Court,1963,p.45.

Schulte, Joachim, "Waismann as Spokesman for Wittgenstein", in McGuinness B. F.(ed.) *Friedrich Waismann—Causality and Logical Positivism*, Dordrecht/Heidelberg/London/New York: Springer, 2011, pp. 225—242.

Stern, David, "Wittgenstein in the 1930s", in Sluga Hans and Stern David G.(eds.) *The Cambridge Companion to Wittgenstein*. 2nd edition, Cambridge: Cambridge University Press, 2018, p.126.

Stern, David. G., Rogers, Brian, and Citron, Gabriel (eds.), *Wittgenstein: Lectures, Cambridge:1930—1933 From the Notes of G. E. Moore*, Cambridge: Cambridge University Press, 2016.

Wittgenstein, Ludwig, *Tractatus Logico-Philosophicus*, translated by D.F. Pears and B.F. McGuiness, Routledge and Kegan Paul, London, 1961. (TLP)

Wittgenstein, Ludwig, *Philosophical Grammar*, edited by R. Rhees and translated by Anthony Kenny, Basil Blackwell, Oxford, 1974. (PG)

Wittgenstein, Ludwig, *Philosophical Remarks*, edited by R. Rhees and translated by R. Hargreaves and R. White, Blackwell, Oxford, 1975. (PR)

Wittgenstein, Ludwig, *Wittgenstein and the Vienna Circle*, shorthand notes recorded by F. Waismann and edited by B.F. McGuiness, Blackwell, Oxford, 1979. (WVC)

Wittgenstein, Ludwig, *The Big Typescripts: TS 213*, Grant Luckhardt and Maximilian Aue. (eds.), Oxford: Blackwell Publishing, 2005. (BT)

Wittgenstein, Ludwig, *Philosophical Investigations*, translated by G. E. M. Anscombe, P. M. S. Hacker and Joachim Schulte. Revised 4th edition, West Sussex: Blackwell Publishing Ltd, 2009. (PI)

Wright von, G. H.(ed.), *Norman Malcolm: Wittgensteinian Themes: Essays 1978-1989, 1995,* pp.88-89.

Wrigley, Michael, "The Origins of Wittgenstein's Verificationism", *Synthese*, 1989, 78: pp.265—290.

论"中期"维特根斯坦证实主义的两种阐释模式

徐强

西南民族大学哲学学院

摘　要: 在考察"中期"维特根斯坦证实主义思想的时候,阐释者们通常引用弗里德里希·魏斯曼所作的记录来作为维特根斯坦证实主义的核心论点,即"一个命题的意义在于其被证实的方法"。这是一个简要的说法。然而有关此说法存在着一种激进解读:维特根斯坦在思考"命题的意义"跟"命题被证实的方法"的关联的时候使用了"同一性原理"。换句话说,一个命题的意义等同于这个命题被证实的方法。在本文中,我将那些持有这种同一性解读的阐释者称为"激进式阐释模式"(RIM)。我不认为 RIM 具有说服力,我提出"温和式阐释模式"(MIM),并试图用 MIM 来代替 RIM。我将论证,RIM 是对"中期"维特根斯坦哲学的一种视野较窄的阐释方法,因为它的解释力有限;相反,MIM 从"发展的眼光"来看待"中期"维特根斯坦哲学,它在阐释"中期"维特根斯坦的证实主义思想这方面比 RIM 更令人信服。

关键词:"中期"维特根斯坦;证实主义;激进式阐释模式;温和式阐释模式;假设

基于维特根斯坦思想的体育哲学探究 ①

◎ 代海强
　　北京师范大学哲学学院
◎ 胡惕
　　北京师范大学体育与运动学院

　　摘　要：体育运动的形而上学是体育哲学的重要部分，涉及体育运动的定义、实质、主体、规则等内容。它们无不与传统哲学问题的研究范式相关。本文在梳理体育哲学基本问题的基础上，沿着后期维特根斯坦哲学思想脉络，尝试对这些问题给出分析哲学研究路径下的解答策略。（一）提出体育运动内涵的多元主义，体育运动的实质显示在其"家族相似"特征的谱系之中。（二）给出体育运动主体的身心超越论，强调主体具有两个维度：首先是"人之为人"的维度；其次是"人之为心"和"人之为身"的维度。（三）构建体育运动规则的"实践主义"，认为运动规则具有确定性和变动性双重特征。在这一基础上，本文认为，体育运动是人在实践中遵守规则且具有家族相似多元特征的活动。

　　关键词：体育哲学；运动；游戏；主体；规则

引言

　　综观任何一本体育哲学的著作，都会涉及体育的定义、运动者的主体身份、运动的规则和规范等形而上学问题，它们是体育哲学的核心问题。对这些问题的回答无不与经典哲学研究方式紧密相关。因而，对上述问题的回答存在不同的路径，思辨路径、现象学路径、美学路径、科学路径等等。此外，还有一种兴起于20世纪初的分析哲学，强调通过逻辑分析与概念阐释解答传统哲学问题。这一哲学潮流形成了诸多特点，不但对解决传统哲学问题产生了重要影响，而且也对其他领域具有重要的参考价值。本文选取分析哲学中的代表人物维特根

---

　　① 本文系国家社科青年项目（编号17CZX046）的阶段性成果。

斯坦的哲学，以此为视角尝试探讨体育哲学领域中的核心问题，将从体育运动的实质和内涵、运动中的身心问题、游戏运动与规则三个方面为体育哲学的研究提供新的解答。[①] 在分析哲学路径下考察体育哲学的核心问题，能够为该领域的探索提供新的视角，扩大体育哲学的思考范围。

一、体育本质的思考：从本质主义到多元主义的范式迁移

体育运动有多种多样的种类和形式，包括篮球、足球、武术、攀岩等等，它们都具有各自的特点，共同构成了体育运动的谱系。当人们对其进行哲学思考的时候，一个重要的问题是:体育是什么? 这一发问方式早在古希腊时期就被苏格拉底提出，并且影响了后世的哲学家。关于是什么的问题不仅仅针对体育运动，而是广泛存在于不同领域。在哲学中会问世界是什么，在美学中会问美是什么，在物理学中会问物理的本质什么。此类问题都具有相同的特点，即都是关于事物的本质的发问。实际上我们可以将其统一纳入关于事物的"形而上学"追问的领域。于是，关于体育的形而上学就是探寻体育的本质是什么。人们想要找到所有体育所共有的特性，以便将体育的界限划定清楚。

1.1 体育的本质主义理解：游戏理论及其批评

在体育哲学领域，通常将体育与玩游戏（play）联系在一起，雷德认为"体育是一种玩游戏的形式"[②]。他考察了这种观念在古今不同时期的代表。在古希腊时期，往往将玩游戏高贵化，认为这种玩带有内在的神圣品质，比日常生活中的行为更具有崇高价值。例如，古代的柏拉图指出:"什么是正确的生活方式? 生活必须像玩游戏一样活着，玩某些特定的游戏，作出大量牺牲，歌唱并且跳舞，然后一个人将能够与众神和解，并且能够自己抵御他的敌人，而且在竞争中获胜。"[③] 现代的赫伊津哈对运动也持有游戏观，他认为，游戏是一种在日程生活之外的自由运动，"是一种没有物质旨趣的活动，而且没有任何收益可言"[④]。雷德从赫伊津哈

---

① 本文借用维特根斯坦哲学思想资源对体育哲学中的问题进行讨论，但这并不代表维特根斯坦哲学中专门有体育哲学的部分。从这意义上而言，本文的讨论和结论都是开放性的。

② Reid, Heather Lynne, *Introduction to the Philosophy of Sport*, Lanham: Rowman & Littlefield Publishers, 2012, p.38.

③ Plato, *Laws*, tr. Trevor Saunders, London: Penguin,1970, 803a-d.

④ Huizinga, John, *Homo Ludens: A Study of the Play Element in Culture*, Boston: Beacon Press, 1944, p.13.

的书中总结出了玩游戏的几大特征：自愿（voluntary）、非同凡响（extraordinary）、自带目的(autotelic)、乐趣(fun)、引人入胜(absorbing)，以此来为"体育是一种游戏"的本质定义刻画做进一步阐释。

但是，雷德也发现，这种定义的方式并不被所有人接受，有的评论者认为将体育定义为玩游戏是不适当的，这部分归结为他们对玩游戏的理解，因为在他们看来，玩游戏并不具有高贵的特质，而只不过是一种微不足道的消遣行为。在他们看来，体育是一种严肃的事业，无论从心理角度、经济角度还是教育角度都展现出与玩游戏截然不同的性质。当代体育告诉人们，它像法律或者医疗一样，有着自己的职业特点，应当从艰苦训练、职业素养、赢得胜利等维度考察体育的本质。将体育与玩游戏联系起来，无疑是贬损了运动员的个人努力，忽视了他们的重要性。[①]

这两种对待体育本质的观点针锋相对、互不相让。哪个观点正确呢？体育的本质究竟是什么？实际上，上述不同观点的支持者都有一个相同的倾向，将"体育是什么的问题"等同于"体育的本质问题"，为了回答前者，只需要给出后面的答案即可。这其实是一种本质主义倾向，即认为任何事物都具有本质，对事物的探究归根结底是找出其表象背后所隐藏的本质。[②]这种倾向在古希腊时期就已经形成:例如，柏拉图认为事物的本质在于理念或形式（form or idea），由此形成了他的本质主义的理念论；亚里士多德认为事物的本质就是实体或者形式（substance or form），由此构成了他的本质主义的实体论。但是，这种本质主义是否没有问题呢？在这一点上，维特根斯坦给出了否定的回答。

---

① 参见 Reid, Heather Lynne, *Introduction to the Philosophy of Sport*, Lanham: Rowman & Littlefield Publishers, 2012, p.39。

② 本质主义与另一种观点具有紧密关系，即普遍主义。这种普遍主义对于定义的要求在于给出一种普遍有效的方式解决所有问题。实际上，本质主义与普遍主义是一个问题的两个方面，本质主义表现为对于定义的内在属性的刻画，而普遍主义表现为对于定义的外部适用性的规定。本质主义的困境在于，不同解释者囿于自身理解无法达成妥协一致；普遍主义的困境在于，很难找到一劳永逸的解释涵盖所有情况。麦克菲表达了对普遍主义的忧虑:"当人们假设任何一个满意的答案都必须适用于每一个情况，并且可以通过使用反例提出替代观点时，很多主题都会产生哲学上的困难。" Mcfee, Graham, *On Sport and the Philosophy of Sport: A Wittgensteinian approach*, New York: Routledge, 2015, p.2. 解决这种困境的方式则是消除对"无一例外"的要求:"当人们意识到许多哲学问题令人满意的答案不一定是无一例外（exceptionless）的时候，很多困扰思考体育运动的哲学困惑（不仅仅在此）可以被搁置一边。" Mcfee, Graham, *On Sport and the Philosophy of Sport: A Wittgensteinian approach*, New York: Routledge, 2015, p.2. 麦克菲对普遍主义的批评和反思借鉴了维特根斯坦的思想，但是与本文不同的是，他并没有从反本质主义和"家族相似"角度处理体育哲学中的形而上学问题。

1.2 体育本质主义的批判：体育运动的家族相似范式构建

维特根斯坦认为，对本质的追问实际上是由于错误理解了语言的语法。试以语言本身为例，人们或许尝试要给语言下个定义，并且认为在各种语言背后存在着共同的可被称为本质的东西。例如，早期维特根斯坦正是这种本质主义倾向的代言人。在《逻辑哲学论》中，维特根斯坦的一个主要目的是对语言的本质即逻辑的本质进行分析，找出被所有命题共同具有的一般的命题形式。"一般的命题形式的存在，为以下事实所证明：即没有任何一个命题，其形式是不能须知（构造）的。命题的一般形式是：事情是如此这般的。"[1] 将这种本质主义应用到其他领域自然会得出不同的本质定义，例如，人们也许会说赌博游戏的本质是输赢，科学的本质是发现真理等等。但是，后期维特根斯坦不再坚持这样的态度，相反，他对本质主义提出了釜底抽薪式的批评。

实际上，本质主义不过是一种语法幻象而已，为了说明这一点，维特根斯坦给出了以下评论："例如，试考虑下面这些我们称之为'游戏'的事情吧。我们指的是棋类游戏、纸牌游戏、球类游戏、奥林匹克游戏，等等。对于所有这些，什么是共同的呢？——请不要说：'一定有某种共同的东西，否则它们就不会被叫作"游戏"'——请你自信看看是不是有什么全体所共同的东西。——因为，如果你观察它们，你将看不到什么全体所共同的东西，而知识看到相似之处，看到亲缘关系，甚至一整套相似之处和亲缘关系。再说一遍，不要去想，而是要去看！"[2] 维特根斯坦在这里将语言活动比作了游戏活动，这是他后期哲学的一大特点。这种比较具有双重作用：一方面强调了语言就是一种实践活动，语言的特征都在行动中体现，它不是抽象冥思活动抽象出来的玄幻之物；另一方面突出了语言活动的多种多样，体现了语言活动本身所具有的多元相似属性，以此消融了一元本质属性。实际上，正是这两点构成了对本质主义的反驳。

上述两方面是从消极层面批评了本质主义，在积极层面，维特根斯坦提出了一个独特词语表达事物之间的相似关系，他指出："我想不出比'家族相似性'更好的表达式来刻画这种相似关系，因为一个家庭的成员之间的各种各样的相似之处，如体形、相貌、眼睛的颜色、

---

① Wittgenstein, Ludwig, *Tractatus Logico-Philosophicus*, tr. David Pears and Brian McGuinness, London: Routledge, 1961, 4.5. 维特根斯坦的《逻辑哲学论》以阿拉伯数字的分层排序组成不同段落，分别标上不同码段，比如第一层级的命题用 1 表示，在 1 下面的命题用 1.1，1.2 等形式表示，以此类推。这里遵循学术惯例，用码段号码标示文本出处。

② Wittgenstein, Ludwig, *Philosophical Investigations*, tr. G.E.M. Anscombe, P.M.S. Hacker and Joachim, Revised 4th edition, Oxford: Blackwell, 2009, §66. 维特根斯坦的《哲学研究》以连续的阿拉伯数字表示不同的意义段落。这里遵循学术惯例，用 § 加阿拉伯数字的方式标示文本出处。

步姿、性情等，也以同样方式相互重叠和交叉——所以我要说：'游戏'形成一个家族。"①在这里，"家族相似"为破解本质主义留下的解释空缺提供了新的方向。游戏就如同一个家族，家族成员共同形成了一个整体，但是当观察每个家族成员的相貌时，却无法断定究竟是哪一点构成了这个家族的共同本质属性。

1.3 多元视域下的体育内涵

将这一洞见运用到对体育的理解之中将会获得清晰的图景。体育运动就是一个家族，这一家族并没有共同的本质，因此没有任何本质属性可以用来定义体育运动。所有体育运动都是游戏吗？思考一下每天在公园里散步锻炼的人们。所有运动都是自愿的吗？试想一下在户外临时被朋友强制参加狼人杀游戏的情景。所有游戏都是非同凡响的吗？钓鱼活动似乎就不具有这种特征。所有运动都是自带目的吗？想一想美国男子篮球职业联赛。此外，我们也发现，有的特征在某些运动中特别突出，比如英国足球超级联赛中的输赢特征，但是在另外的运动中则并不存在，比如早晨陶然亭公园中的八卦掌武术活动。此外，有的特征在特定时期占据统治地位，而在另外的时期则退居次要位置，比如，武术运动在古代的主要特征是战场厮杀，在当代的主要特征则是强身健体。值得注意，本质的取消并非意味着无规定性和任意性，家族相似性所具有的特征是相似之中看到联系，联系之中看到差异。在维特根斯坦看来，形而上学思维方式错误地理解了语言的用法，本质主义是在抽象的哲学思维中产生的哲学幻象。以非本质主义的方式考察体育运动，有助于更准确地理解它的性质和内涵。

二、运动中的身心问题：从身心分离到身心超越

体育运动的主体是人，可以是专业运动员，也可以是业余体育爱好者。运动主体问题属于体育哲学中的形而上学，聚焦于人是什么，可以衍生为询问人由什么构成。一般而言，人是由身体和心灵所组成，那么，这两者的关系究竟是什么样的？这就是哲学发展史上著名的身心关系问题。对这个问题的回答，实际上会直接影响到体育运动的诸多方面。例如，运动应更加注重身体训练还是应当注重心智的修炼？运动的价值是物质的还是心灵的？意识在运动中占据怎样的地位？身心问题对体育哲学具有重要意义。

---

① Wittgenstein, Ludwig, *Philosophical Investigations*, tr. G.E.M. Anscombe, P.M.S. Hacker and Joachim, Revised 4th edition, Oxford: Blackwell, 2009, §67.

2.1 运动主体的形而上学：身心分离视域下的三种探究路径

在西方哲学史中，对身心问题的讨论从未间断。第一种解决路径是身心二元论。最早的二元论代表是古希腊时期的毕达哥拉斯学派的灵魂转世学说，这一思想被柏拉图的理念论和亚里士多德的"形式质料说"（hylomorphism）继承和保存。近代二元论的开创者笛卡尔提出了"我思故我在"的论断，强调思维是人存在的本质，并由此区分了心灵实体与身体实体。二元论有一个共同特征，就是抬高灵魂或者心灵的地位，贬低肉体或者身体的作用。

身心问题的第二种解决路径是一元论思想，最早的代表是古希腊时期的德谟克利特的物质主义（materialism）[①]的原子论，认为灵魂不过是由最精致的原子所构成。在近代，尼采借查拉图斯特拉之口提出了身体哲学，他说："我除了是我的身体之外，啥都不是；灵魂只不过是关于身体的词语罢了。"[②] 随着科学技术的发展，古老的物质主义在当代哲学发展中焕发了新的活力。当代心灵哲学研究中占据优势的观点是还原物理主义（physicalism），认为所有事物都是物理的，心灵属性归根结底等同于物理属性。

第三种路径尝试将身体与心灵统一起来，主张一种整体主义（Holism），这种方案在当代产生了深远影响。比较早提出整体主义的是现象学运动，他们认为，人既非仅仅是肉体，也并非仅仅是心灵，而是二者的统一，是一个"活着的身体"（the lived body），这一思路在梅洛 - 庞蒂（Merleau-Ponty）的名言"我就是我的身体"中表现得更为突出，这个"境域中的'我'不是在理性地、保持距离地认识世界，而是我与世界是一体，原本就粘连、融合在一起"[③]。这一思路在马克辛·希茨 - 约翰斯通（Maxine Sheets-Johnstone）提出的"触觉—动觉身体"（tactile-kinaesthetics bodies）理论中得到了进一步发挥，她认为人类在婴幼儿时期就开始用"触觉—动觉身体"与世界打交道，这是在理性发挥作用之前获得知识和进行交流的通道，而作为心灵特有属性的理性则是起源于这种原初能力，即被她称为"身体逻各斯"（bodily logos）的统一能力。[④] 另一种相似

---

① 一元论除了物质主义之外，还有一个代表是观念主义（idealism），其主要代表是贝克莱，认为"存在就是被感知"，所有事物都是思维的产物。持有这种观点的人在哲学上并不多见，由于篇幅所限，本文对此不做展开说明。

② Nietzsche, Fredrich, "Thus Spoke Zarathustra", in *The Portable Nietzsche*, ed. Walter Kaufmann, New York: Penguin Books, 1982, p.146.

③ 赵歌：《作为"身体化"审美活动的体育健身的文化哲学研究——基于莫里斯·梅洛 - 庞蒂和理查德·舒斯特曼身体思想》，载《体育科学》，2019 年第 1 期，第 87 页。

④ 参见 Sheets-Johnstone, Maxine, "Rationality and Caring: An Ontogenetic and Phylogenetic Perspective", *Journal of the Philosophy of Sport*, 2002, 29 (2), p.138.

的路线是舒斯特曼的身体美学思想，他重新阐发了"身体"(soma) 的内涵，认为身体美学中所讲的身体是统一的整体，"表达的是身心（body-mind）还未分化的身体（soma），而不是缺乏生命和感觉的、单纯的物质性肉体"①。因而舒斯特曼所讲的身体美学不是 body aesthetics，而是 somaesthetics，用以强调他这里所谈到的注重体验的那种身体。

这种整体主义的观点在体育哲学中产生了重要影响，保罗·维斯（Paul Weiss）认为，体育运动是统一身体和心灵的典范，"这些活动为将人统一为整体提供了绝佳的中介作用，使得身体和心灵能够清晰而紧密地调和在一起"②。体育哲学家、美国大学篮球联赛运动员德鲁·海兰说道："当我向篮下移动的时候，看到我的队友切球，给他一个传球，或者当我注意到棒球上的旋转时，认识到这是一个曲线，并且相应地调整我的挥杆，我是在"思考"还是在做"身体动作"？唯一合理的答案似乎是两者兼而有之，合而为一。"③

中国传统运动也体现出了明显的整体主义，例如，在中国武术发展史中，始终贯彻身心统一的哲学思想。孙禄堂在形意太极学中讲到了心身合一的道理："形者，形象也；意者，心意也……故心意诚于中，而万物形于外，内外是一气之流行也。"④ 这种身心统一的思想在其他内家拳学的心法中也都有表达，比如通常所说的"内三合"：心与意合，意与气合，气与力合。

2.2 身心问题的范式批判与重建

我们发现，上述各种哲学探索都预设了一种特定思维视角，即"身心二元分离"的视角。以此为出发点，产生了身心究竟是合还是分的问题。上面的不同观点从不同路径出发，给出不同答案：要么分，于是存在了二元论；要么合，于是出现了整体主义；要么取消心灵，于是出现了物理主义。他们都是在身体与心灵业已存在的基础上，才进一步尝试给出相应答案。因此，可以说，虽然其结果不一定是二元论，但是其理论出发的前提是二元分离的视角。正如雷德所说，形而上学的二元论在西方哲学思想史中占据了统治地位，虽然有不同方式对二元论给予了回答，甚至有的走向了一元论，但是其背后的"身心概念的二元分离"是所有体育中相关哲学问题产生的根源。⑤ 在此，是否存在脱离二元论思维模式的方案呢？我们认为，

---

① 杜高山:《从分析到实践：舒斯特曼身体美学与体育研究》，载《体育科学》，2014 年第 11 期，第 75 页。

② Weiss, Paul, *Sport: A Philosophical Inquiry*, Carbondale: Southern Illinois University Press,1969, p.39.

③ Hyland, Drew A., *Philosophy of Sport*, New York: Paragon, 1990, p.96.

④ 孙禄堂:《孙禄堂武学录》，孙剑云编，北京：人民体育出版社，2016，第 17 页。

⑤ 参见 Reid, Heather Lynne, *Introduction to the Philosophy of Sport,* Lanham: Rowman & Littlefield Publishers, 2012, p.91。

维特根斯坦正是在这个意义上超越了二元论思维，提供了与众不同的思想。

维特根斯坦处理身心关系是从诊断哲学中对身心问题的误解着手，在他看来，由于对日常语言的用法没有清晰的了解，所以才会产生很多错误的倾向。他描述了在身心问题上的一些错误的观念，它们产生于看待事物的不正确的方式①，身心分离就是这种错误看待事物方式的典型案例。例如，人们有时会把疼痛归结为身体，但是，这种看法并没有任何意义。正确的做法是将疼痛归结为人，他说道："如果某人在他手上感到疼，那么手并没有说话（除非手将它写下来），并且，人们不会去安慰他的手，而是那个疼痛的人：人们看着他的眼睛。"②

我们对待人的正常态度是将人看作人，而不是将他看作身体，更不是将他看作某种心灵实体。比如在篮球体育运动中，我们会说是乔丹在打篮球，而不说乔丹的手在打篮球，更不会说是乔丹的灵魂在打篮球。如此说来，在首要意义上，人并不是身体，也不是心灵，人就是人，"只有对那些像人一样行为的东西，人们才会说它有疼"③。只有人才具有一系列的活动："只有对于活着的人和类似于（行为上类似）活着的人的东西，我们才能说：它有感觉，它看；它盲；它听；它聋；它有意识或无意识。"④ 将人看作人，或者"人之为人"，有两个重要的内涵，第一，人不是任何分离的部分，人就是人本身，这是将人看作第一位，而不是将身体或者心灵看作第一位;第二，关于身心关系的问题在人之为人这里得到了化解，一开始就是一个东西，只是后来才分出两个部分，身心分离以及由此产生的关系问题只是派生的产物。

但这并非取消了身体或心灵，人之为人是首要层次，而在派生层次，人也可以为身体，亦可以为心灵。这是如何可能的呢？要理解这个问题，需要了解维特根斯坦的视角主义，他认为存在看事物的不同态度、方式和视角。⑤ 在身心问题上，存在不同视角，正常情况用正常

---

① 参见 Wittgenstein, Ludwig, *Philosophical Investigations*, tr. G.E.M. Anscombe, P.M.S. Hacker and Joachim, Revised 4th edition, Oxford: Blackwell, 2009, §308.

② Wittgenstein, Ludwig, *Philosophical Investigations*, tr. G.E.M. Anscombe, P.M.S. Hacker and Joachim, Revised 4th edition, Oxford: Blackwell, 2009, §286.

③ Wittgenstein, Ludwig, *Philosophical Investigations*, tr. G.E.M. Anscombe, P.M.S. Hacker and Joachim, Revised 4th edition, Oxford: Blackwell, 2009, §283.

④ Wittgenstein, Ludwig, *Philosophical Investigations*, tr. G.E.M. Anscombe, P.M.S. Hacker and Joachim, Revised 4th edition, Oxford: Blackwell, 2009, §281.

⑤ 维特根斯坦在其前后思想中都表达了某种意义上的视角主义，这方面的表述参见：Wittgenstein, Ludwig, "A Lecture on Ethics", *The Philosophical Review*, Vol. 74, No.1, 3-12; Wittgenstein, Ludwig, *Culture and Value*, G.H. Von Wright (ed.), tr. P. Winch, Oxford: Blackwell, 1998, pp.19-20; Wittgenstein, Ludwig, *Notebooks 1914-1916*, G.H. Von Wright (ed.), tr. G.E.M. Anscombe, Oxford: Basil Blackwell, 1961, 9.10.16。关于视角主义的具体讨论，参见本文作者的另一篇文章，代海强：《形式与视角——论前后期维特根斯坦的反科学主义》，载《当代中国价值观研究》，2018 年，第 3 页。

的视角，对待人的态度是"看人是人"；特殊情况用特殊的视角，对待人的态度发生变化，要么是"看人是身"，比如短跑运动员摆动的双臂，要么"看人是心"，比如长跑运动员持之以恒的精神。有趣的是，这种不同态度、视角转变的想法，在前期维特根斯坦著作中就已经出现，他在《1914—1916 年笔记》、《逻辑哲学论》、《关于伦理学的讲演》等著作中都提到过两种看待世界的方式：普通的视角看待世界和永恒的视角看待世界。在永恒视角下看到的事物是与世界同一的整体，在普通视角下看到的事物是相互独立的客体，它们可以分别对应于"看人是人"和"看人是身"、"看人是心"。当然，维特根斯坦更推崇的是永恒的视角和正常的视角，不过他也并不否认普通的视角和特殊的视角。我们从这里获得的重要启迪是，身心二元思维模式并不是出发点和前提，它只不过是一种派生的、在分离的视角下得出的产物，而"人之为人"是一种首要的、在整体的视角下得到的内容，在一开始只有一个整体，没有分离的二元部分。

2.3 身心超越论的历史渊源与影响

在中国哲学中，也具有类似的不同视角的哲学思想。庄子在《大宗师》里描述了真人通过坐忘而达到的无形无心的真人境界："堕肢体，黜聪明，离形去知，同于大通，此谓坐忘。"[①]对于正常人来说，能看到自己的身体，能反思自己的心灵，而且还会在身心问题上陷入纠结和矛盾。但是，对于圣人而言，这种坐忘的心态取消了心身分离，将我看作一，并且还会走向更高境界的物我两忘、天人合一的状态，达到"天地与我并生，而万物与我为一"[②]的境界。[③]无论是维特根斯坦还是庄子的思想都能帮助我们走出身心二元分离的思维定式，对解决身心问题具有重要的启示意义。

在体育哲学中，走出传统身心分离的窠臼能够产生非常深远的影响。在此意义上，运动者的主体身份有一个基本出发点，运动者在首要意义上是人之为人，我们对运动者的态度就是对有机生命的态度，我们既没有将他看作无生命的客体对象，也没有将他看作抽象的心灵，而是一个具有各种各样行为表现、情感体验、思维能力等特性的人。与此同时，在派生意义上，运动者有"人之为身"和"人之为心"的另外两面，这为分别研究运动者的身体特性和

---

① 庄子：《庄子今注今译》，陈鼓应注释，北京：中华书局，2011 年，第 226 页。

② 庄子：《庄子今注今译》，陈鼓应注释，北京：中华书局，2011 年，第 80 页。

③ 有趣的是，早期维特根斯坦也持有类似的物我同一论，这一思想表达在他的神秘主义之中。在《1914—1916 年笔记》中，他说道："我就是我的世界。"（Wittgenstein, Ludwig, *Notebooks 1914-1916*, G.H. Von Wright (ed.), tr. G.E.M. Anscombe, Oxford: Basil Blackwell, 1961, 12.10.16; 另见 Wittgenstein, Ludwig, *Tractatus Logico-Philosophicus*, tr. David Pears and Brian McGuinness, London: Routledge, 1961, 5.63）将我与世界看作同一的，能够获得伦理的价值，这既是一神秘体验，也是生命的意义。

心理特性提供了形而上学的支撑。但是我们对运动者主体身份的定位和落脚点都要回归到人，身心分离不是思考体育运动主体的出发点，也不是终点，而只是在不同阶段分析运动者的不同特征时采取的折中手段。

三、游戏运动的规则：实践主义对形式主义的反思和批判

规则是与运动最紧密相关的内容，规则的本性问题和规则与运动游戏的关系问题属于体育哲学中重要的形而上学问题之一。正如雷德所说："对形而上学问题'运动是什么'最有影响力的答案无非是说运动是一套规则。"[①] 他对规则与运动游戏的关系进行了考察，认为规则处于运动游戏最核心的地位，"游戏规则不仅仅是为游戏目标赋予了意义；它们实际上使得游戏活动成为可能"[②]。休茨也同样持有类似观点："如果规则被破坏了，原始的结果将不会成为任何成就，因为除非人们玩了游戏，否则他们不能（真正）在游戏中获胜，并且除非人们遵守了游戏规则，否则人们不能（真正）玩游戏。"[③]

3.1 关于运动规则的形式主义与非形式主义的争论

在规则的问题上，最主要的问题是规则的形式主义（formalism）和非形式主义之间的争论。所谓形式主义，威廉·摩根这样描述："对形式主义者们来说，什么算参加一个游戏、算一个游戏的合法示例、算一个游戏的真正的动作，或者算赢下比赛，都在于按照游戏的适当规则行动。"[④] 在游戏中，任何要素与游戏的关系都取决于它们与规则的关系，规则不但决定了游戏的本质，而且也作为指导游戏运行的内在核心。

形式主义面临自身的"逻辑不兼容困惑"（logical incompatibility puzzle），即"你不能同时既故意打破一个规则又玩一个游戏"[⑤]。这里的深层形而上学忧虑是：当你打破一个规则的时

① Reid, Heather Lynne, *Introduction to the Philosophy of Sport*, Lanham: Rowman & Littlefield Publishers, 2012, p.52.

② Reid, Heather Lynne, *Introduction to the Philosophy of Sport*, Lanham: Rowman & Littlefield Publishers, 2012, p.52.

③ Suits, Bernard, *The Grasshopper: Games, Life and Utopia*, Peterborough, Ontario: Broadview, 2005, p.39.

④ Morgan, William J., "The Logical Incompatibility Thesis and Rules: A Reconsideration of Formalism as an Account of Games", *Journal of the Philosophy of Sport*, 1987, 14 (1), p.1.

⑤ Reid, Heather Lynne, *Introduction to the Philosophy of Sport*, Lanham: Rowman & Littlefield Publishers, 2012, p.56.

候，是否不能说你在玩一个游戏了？如果说你还是在玩那个游戏，那么就表明游戏的本质不是规则；如果说你不再玩那个游戏，那么很难解释很多现实的情况，比如，在篮球运动中的"走步"违例，虽然你违反了规则，但是人们不会说你这时已经不在玩篮球游戏了。这其实可以通过一个悖论的形式表达出来：当你破坏一个规则的时候，你一方面已经不再玩那个游戏了，但是另一方面你又确实在玩那个游戏。

按照雷德的梳理，有几种不同的策略尝试解决形式主义的困境。第一种是用"写出来的规则"和"未写出来的规则"的区分来解决形式主义的矛盾。游戏中不仅仅有写出来的规则，还有很多没有写出来的、非官方的规则，它们在游戏中占据了重要位置。弗雷德·德·阿古斯蒂诺 (Fred D' Agostino) 称之为"游戏的气质"（ethos of games），将它描述为："一套非正式的、隐藏的惯例，决定了游戏的规则是如何在具体环境中被使用。"[①] 但是，这种方案招致了批评，雷德认为，这种方法实际上是把"孩子和脏水一起泼掉了"。[②] 游戏规则所要求的清晰的界限、严格的规范、本质的规定都是"气质理论"所不能满足的。一旦引入"气质理论"，就会自然面对边界的不确定性、规则的不稳定性、性质的随意性。第二种解决形式主义困境的方案是意图区分出规则的两个层面：规则的字面意思和规则的精神（the letter and the spirit of the rule）。它们分别对应于规则的存在本身和规则的遵守两个层面，前者只是在字面上写出来的内容，后者则是运动者在遵守这些规则时达成的一致。沃伦·弗雷利（Warren Fraleigh）指出："运动的规则并不是在运动者没有直接同意的情况下强加给他们的法则，而是这样一种法则，它们的规范效果是运动者自己直接选择并被其合法规定的。"[③] 这些被选择遵守的效果就是所谓的游戏的精神。

3.2 运动规则的实践维度：麦克菲的"建制解释"

无论是"气质理论"提倡的区分还是"精神理论"提倡的区分，都或多或少明显或者暗暗地包含了"规则使用"的维度，他们看到规则形式主义的核心困难产生于规则本身的形式内容（formal content of rule）和游戏的实践内容（practical content of game）之间的矛盾，因

---

① D'Agostino, Dred, "The Ethos of Games", *Philosophic Inquiry in Sport*, ed. W. J. Moran and K. V. Meier, Champaign, IL: Human Kinetics,1995, pp.48-49.

② Reid, Heather Lynne, *Introduction to the Philosophy of Sport*, Lanham: Rowman & Littlefield Publishers, 2012, p.57.

③ Fraleigh, Warren P., *Right Actions in Sport: Ethics for Contestants*, Champaign, IL: Human Kinetics, 1984, p.70.

而都将侧重点放在了实践层面。尽管如此，它们对于规则的实践层面没有给出更多更具有说服力的说明。相比之下，麦克菲的处理要更为深入一些。他借鉴了维特根斯坦的哲学思想，认为在处理规则的问题上，对于规则的使用要比规则更为重要，他指出："实际上，把一串词视为规则—公式（因此在它们之中被说的东西被看作规则）的唯一基础就是它们被当作规则使用：它们是以特殊方式被使用的句子（诸如此类），而不是带有神秘规范属性的句子。"①这些不同方式的使用在他看来可以归为两类，"基础规则和调节规则"（constructive rule and regulative rule），前者刻画了游戏规则的建构特征，用以区分不同游戏；后者刻画的是游戏规则的操控特征，用以具体指导游戏运用。比如，足球中的手球规则就有两种不同用法，它既可以用来将足球和其他运动例如篮球区分开来，起到基础建构作用，也可以用来在比赛中指导裁判对手触碰足球的行为进行裁定，起到操控调节比赛进行的作用。本着维特根斯坦哲学的精神，麦克菲强调游戏与规则的关系并不是运动与纸上的公式之间的关系，而是运动与规则使用的关系。规则的使用超越了规则公式的形式局限性，它将游戏者的行为、环境等多种因素纳入进来，从而使得规则具有了动态、全面等更为丰富多彩的内容，以此反驳关于规则的形式主义。

但是，麦克菲认为维特根斯坦的哲学不能完全用于解释体育运动中的规则，因为维特根斯坦对规则的理解似乎过于自由，麦克菲引用哈克的观点来说明这一点："在一定程度上自由游戏，他们并不试图为它们从未出现的场景制定规则（因此，有时会出现惊奇！），它们并不尝试去指导并不需要指导的东西，并且它们也为不确定性留出了空间。"②麦克菲认为，游戏中的规则是确定的，正如游戏规则的目的无论如何都是内在于游戏之中的，游戏就是在井然有序的方式下进行的，这里没有为不确定性和自由留下空间。他自己的替代方案是给出关于"运动的建制解释"，他认为这就为规则为何在运动中起作用提供了充分解释。③

3.3 对规则的"建制解释"的批评：规则的"实践主义"

在我们看来，麦克菲对规则使用维度的强调符合维特根斯坦的哲学思想，有力反驳了关于规则的形式主义观点。但是，他对维特根斯坦的批评却是错误的。维特根斯坦在规则问题

---

① Mcfee, Graham, *Sport, Rules and Values: Philosophical Investigations into the Nature of Sport*, London: Routledge, 2004, p.69.

② Hacker, Peter, *Wittgenstein: Comparisons and Contrasts*, Oxford: Oxford University Press, 2013, xiv.

③ Mcfee, 参见 Graham, *On Sport and the Philosophy of Sport: A Wittgensteinian Approach*, New York: Routledge, 2015, p.34。

上并非持"任意主义"立场，规则本身落脚于生活形式之中，它并非无源之水，而是有着深厚的底蕴。游戏中的规则需要与它使用的背景结合起来才能起作用，维特根斯坦说道："这里'语言游戏'这个词是用来强调如下事实，即语言的言说是行动的一部分，或者说是生活形式的一部分。"[1] 游戏与规则、游戏与生活形式都是密不可分的："想象一种语言就是想象一种生活形式。"[2] 在这个意义上，规则的任意性并非毫无限制，因为规则的限制取决于生活形式，取决于在具体实践中的每一次活动。此外，麦克菲尝试用与规则相关的因素对规则的限制给出一劳永逸的解释，在两个方面都没有超出维特根斯坦批判的范围。第一，建制主义尝试给出对规则的本质规定性，并且认为这种本质是一成不变的，这反映出麦克菲关于规则的本质主义。但是，维特根斯坦指出，规则本身没有本质，它随着生活形式的改变而改变。第二，建制主义尝试用解释来完成对规则的刻画，但是，在维特根斯坦看来，规则不是解释，也不是那些加入行动、使用因素的变相解释，他这样说道："至此，我们表明存在着一种把握规则的方式，它不是对规则的解释，而是，从一个应用案例到另一个应用案例，显示在我们称为'遵守规则'和'违反规则'的行动之中。"[3] 重要的是："遵守规则是一种实践。"[4] 由此可见，维特根斯坦对规则的理解介于规则的"任意主义"和规则的"建制主义"之间，他把握住了规则的规范与自由、规则的必然与偶然、规则的理解和应用之间的张力关系。我们可以把他的规则思想称为关于规则的"实践主义"。

3.4 运动规则的"实践主义"的效应与影响

在这个意义上，前面提到的关于规则的形式主义困境不难化解。规则在实践之中，本来应该有两层维度：规则的遵守和规则的违反，这是规则的完整内容。游戏正是在遵守规则和违反规则共同处于的生活形式之中的活动。因而，违反规则也属于游戏的一部分，我们可以说这是游戏中的消极部分，但是这样不等于说若是出现违反规则的情况那么原来的游戏就不再是游戏。比如，篮球运动中的"打手"动作就是违反了游戏规则"禁止打手"，如果斯蒂

---

① Wittgenstein, Ludwig, *Philosophical Investigations*, tr. G.E.M. Anscombe, P.M.S. Hacker and Joachim, Revised 4th edition, Oxford: Blackwell, 2009, §23.

② Wittgenstein, Ludwig, *Philosophical Investigations*, tr. G.E.M. Anscombe, P.M.S. Hacker and Joachim, Revised 4th edition, Oxford: Blackwell, 2009, §19.

③ Wittgenstein, Ludwig, *Philosophical Investigations*, tr. G.E.M. Anscombe, P.M.S. Hacker and Joachim, Revised 4th edition, Oxford: Blackwell, 2009, §201.

④ Wittgenstein, Ludwig, *Philosophical Investigations*, tr. G.E.M. Anscombe, P.M.S. Hacker and Joachim, Revised 4th edition, Oxford: Blackwell, 2009, §202.

芬·库里在防守勒布朗·詹姆斯上篮的时候打了后者的手腕，那么他就犯规了。但是，犯规并不意味着库里不再玩篮球游戏，或者并不意味着此时他们玩的篮球运动在逻辑上不再是篮球运动，恰恰相反，犯规是游戏中的一部分，虽然这是对规则的违反，但这恰恰是游戏中的"合理"部分，其所导致的结果是将游戏的方向带入另一个阶段：裁判吹罚库里犯规，詹姆斯站上罚球线。这清楚表明，游戏特征被违反游戏的规则所刻画，这些消极案例并没有超越游戏范围。因此，"人同时既违反规则又在玩那个游戏"并没有任何悖谬之处，所谓"逻辑不兼容困惑"并不存在。

结论

体育哲学的形而上学问题主要包含了体育运动的实质、体育运动的主体、体育运动的规则，这对理解体育的哲学层面具有举足轻重的作用。本文通过分析哲学的阐释路径，为这些问题的解答提供了新的视角和方案。以"家族相似"的观念反思体育的实质，将体育运动中的本质主义转换为多元主义；批判身心关系中的身心分离范式，提出身心超越论，从"以人为人"的视角看待体育运动的主体；对体育运动规则的形式主义进行反思，以"实践规则"理解体育运动。通过这些反思和构建，为体育运动哲学提供新的思考路径：体育运动是人在实践中遵守规则的具有家族相似特点的活动。

Research of the Philosophy of Sport from the Perspective of Analytic Philosophy
——A Philosophical Investigation Based on Wittgenstein's Thought

Haiqiang DAI

School of Philosophy, Beijing Normal University

Ti HU

College of P.E and Sports, Beijing Normal University

Abstract : The metaphysics of sport is an important part for the philosophy of sport, which concerns many contents such as the dentition, the essence, the subject and the rule of sport. They are all correlated with paradigm of investigation dealing with traditional philosophical questions. This essay, based on the illustration of basic questions about philosophy of sport, tries to answer question in an analytical philosophical way by following later Wittgenstein's thought of line. (1) Raising a claim that the meaning of sport is pluralism that the essence of sport is shown in the pedigree about its feature of the "family resemblance". (2) Providing a transcendentalism of mind and body, which emphasizes that the subject of sport has two dimensions: the first dimension is "man as human beings", the second dimension is "man as body" and "man as mind". (3) Constructing a activism about the rule of sport, which argues that the rule in sport is practical rule having both determinacy and variability. Based on those ideas, we define sport as a human being's practice which is following rules and has feature of pluralism characterized as "family resemblance".

Keywords:philosophy of sport; sport; game; subject; rule

维特根斯坦论幽默 [①]

◎ 梅杰吉

山西大学哲学社会学学院

摘　要：通过对维特根斯坦前后期思想转变的分析，我们看到幽默并非如《逻辑哲学论》中所暗示的那样是原则上不可说的；相反，幽默通过其无意义甚至荒诞揭示出对人类而言最为重要的生存本质。幽默不是一种心情而是一种世界观，这揭示出对维特根斯坦而言，幽默不仅仅是一种表现形式，它更具有本体论的含义。"面相闪现"为我们从技术角度理解幽默提供了一个契机，不过这并未预设任何一种关于幽默的理论。维特根斯坦式幽默来源于他对待哲学问题的高度严肃性。尽管模仿在幽默风格的习得中并不占有一个根本位置，但它的确为一种新风格的诞生提供了可靠的预备练习。

关键词：幽默；不可说；世界观；面相；风格

对于幽默话题的讨论，遇到的第一个也是最自然的阻碍是下面这样一种看法，即幽默只可被体会而不可被言说。这种反对观点有其巨大市场，它的持有者往往以这样一种态度拒斥对幽默的分析，即认为对幽默的分析与其说展示了幽默，不如说亵渎了幽默。的确，对幽默的分析不会对幽默有所增加（反而可能使人扫兴）；尽管这并不构成反对我们对幽默进行分析的理由，但它确实提示了幽默与不可言说之间的某种关系，这一点需要在本文的开头加以处理。

一、幽默、不可说与无意义

在《逻辑哲学论》的结尾，维特根斯坦的确提到了他的格言："对不可说的，我们必须报以沉默" [②]——这往往被幽默不可说论者援引为他们的理论支柱。要承认的是，此时维特根斯

① ˙该文部分灵感来自和中国人民大学哲学院刘畅副教授的一次讨论，在此对他表示感谢。
② 维特根斯坦：《逻辑哲学论》，黄敏译，北京：中国华侨出版社，2021 年，第 7 节。

坦所认为的，我们应当对之保持沉默者，除了逻辑形式本身以外，还有伦理学和美学中最核心的部分（维特根斯坦在此认为伦理学和美学是一回事①）；幽默作为一种独特的艺术表现形式，甚至可以说是哲学中最重要的那种表现形式——"哲学完全可以用问句（没有答案）和玩笑（不流于油滑）来写作"——的确属于不可言说的范畴（正如逻辑形式只可被显示而无法被说出一样）。然而，在维特根斯坦的写作中，尤其在其后期写作中，有大量对艺术表现形式的论述，涉及文学、音乐、绘画等诸多领域。如何解决这个冲突是我们必须面对的一个问题，而对这个问题的讨论势必会把我们带到维特根斯坦前后期思想的转变这个话题上来。

一般而言我们认为，无论是在立场上还是方法上，以《哲学研究》为代表的后期维特根斯坦，彻底抛弃了以《逻辑哲学论》为代表的前期思想。同样一般的是，这种明显的割裂势必会引起研究者的朴素反对，让他们想方设法去弥补这条鸿沟。在笔者看来，从维特根斯坦与维也纳学派之间的联系，可以看出弥补该鸿沟的契机。尽管前期维特根斯坦和把实证主义贯彻到底的维也纳学派关系密切，但二者之间最大的差别可以归结为下面这点，即维特根斯坦在强调"对于可说的，必须说清楚"（正是这一点让维也纳学派把维特根斯坦引以为同道）的同时，也强调了对追问不可说之物的尊敬（这是在维也纳学派中找不到的）。② 在具有前后期思想过渡性质的《关于伦理学的讲演》的结尾，维特根斯坦谈道："伦理学是出自想要谈论生命的终极意义、绝对的善、绝对的价值，这种伦理学不可能是科学的。它所说的东西对我们任何意义上的知识都没有增加任何新的内容。但这是记载人类心灵的一种倾向，我个人对此无比崇敬，我的一生绝不会嘲弄它。"③ 我们可以说，正是这种尊敬为维特根斯坦后期思想的转变埋下了伏笔。在《逻辑哲学论》中，维特根斯坦通过对命题形式的分析，从思想内部划定了一条可说与不可说的界限；在此，我们据守可说之阵地，向不可说之地发出展望而不能越雷池一步。随着后期思想的转变，维特根斯坦不再固守不可说之物这枚无法被花掉的金币，而是通过各式各样的"风景速写"来接近在《逻辑哲学论》中只能被显示而不能被言说的核心。④ 前期所固守的界限一旦被打开，一个无限丰富的领域也就为我们敞开，而方法和风格的转变也就紧随其后。

从维特根斯坦思想的研究内容来看，大致经历了从数学基础研究到心理学哲学研究，最

① 维特根斯坦:《逻辑哲学论》，黄敏译，北京：中国华侨出版社，2021 年，第 6.421 节。
② 维特根斯坦最终只与石里克（Schlick）保持联系，原因在于维特根斯坦欣赏石里克性格上的严肃纯正。
③ 维特根斯坦:《维特根斯坦全集》（第 12 卷），江怡译，石家庄：河北教育出版社，2003 年，第 10 页。
④ 可参考维特根斯坦:《哲学研究》前言，陈嘉映译，北京：商务印书馆，2016 年。

后到前两者共同的基础——确定性（certainty）——的转变；这些转变在笔者看来并非出于偶然，而是和风格、方法的转变联系在一起。数学基础中的问题最能激发起哲学研究热情，也是最能引起哲学研究的导线，"在任何一个宗教派别中，都没有像在数学中那样因为误用了比喻性的表达式而犯下如此多的罪行"[①]。我们可以把整个《逻辑哲学论》看成在弗雷格（Frege）和罗素（Russell）的（数理）逻辑主义影响下，对传统哲学进行的一次改造，这种改造所依据的原则精神，从根本上来说，还是来自对数学方法（逻辑方法）的崇拜。[②] 经过所谓的"中期维特根斯坦"阶段（即从完成《逻辑哲学论》到1929年维特根斯坦重返剑桥）的酝酿，一方面，维特根斯坦意识到逻辑主义自身所具有的问题——这导致了他对《逻辑哲学论》的全面反思，并开启了一般意义上的前后期思想转变之旅；另一方面，与前一方面相联系，维特根斯坦重新思考在逻辑主义映照下的心理主义路径的可能性[③]，为1944年以后的心理学哲学的研究奠定了基础——这当然不是意味着去支持站在逻辑主义反面的心理主义，毋宁说，维特根斯坦在数学基础这一萦绕他一生的问题得到令他满意的解决之后，利用其成果和经验，重新思考心理学哲学研究的路径。至于其晚年对确定性的研究则更是在对数学基础和心理学哲学长期思考的基础上，直接面对知识的基础即人类"生活形式"本身：在确定性中为不确定性寻找依靠和解答，在不确定性中为确定性寻找其丰富的多样性（从而不至于陷入单一的形而上学思维模式之中）。

总而言之，如果我们把所谓的前后期思想的转变，放置在维特根斯坦思想不断从幼稚走向成熟这一历程来看（与之同步的是方法和风格的转变），那通常我们所认为的那种清晰的断层（clear cut）就会消失，这时我们将看出其所具有的连续性——这是一种面向事情本身的态度，这种态度让我们看到前后期思想之间的融贯而非割裂。

与"不可说"（ineffable）话题紧密相关的是"意义/无意义"（sense/nonsense）话题。这二者在《逻辑哲学论》中的关系是：不可说未必无意义，但无意义必然不可说，而这里的意义是由基本命题的真值函项决定的；在《哲学研究》中，维特根斯坦则提出了"意义（meaning）即用法"的口号。这种对比给我们提示的是：意义（meaning）不再是一个简单的逻辑赋值问

---

① 维特根斯坦：《论文化与价值》，楼巍译，上海：上海人民出版社，2019年，第1页。

② 当然，维特根斯坦的逻辑主义与弗雷格或罗素的逻辑主义也存在不同之处，施罗德（Severin Schroeder）将其称为"没有类（classes）的逻辑主义"，可参考其最新著作：*Wittgenstein on Mathematics*, Routledge, 2021, p13.

③ 因为据说弗雷格的一个重要观点是从"把命题中属于逻辑的东西和属于心理学的东西区别开来"开始的。

题，它和用法密切相关（用法的多样性则提示着在某种语境下是无意义的东西，在另一种语境下则是有意义的），这就意味着瓦解了前期意义／无意义区分中可能存在的意义（sense）真空，而转向和使用相联系的充实的意义（meaning）概念——转变了的不仅仅是意义的指称，更是意义的标准本身。① 如此来看，那《逻辑哲学论》中的无意义之物（不能被说出只能被显示）恰恰可能是对我们最重要的东西。引用奥古斯丁在《忏悔录》中对时间的提问，即：时间是什么，无人问我时我明白；要想解释给问我的人时，我就不明白了（对于自然科学问题，比方说，氢的比重是多少？我们就不能这样说）。维特根斯坦评论道："有的事情别人不问时我们明白，一旦要我们解释它我们就不明白了；而这正是我们必须留心思索的东西（显然，由于某种原因这也是我们不易留心思索的东西)。"② 在此，括号里的评论尤其应当引起注意，它提示这样一个真理:我们之所以看不清事物的真相，恰恰是因为它一直摆在我们的眼前。如此，《逻辑哲学论》中的那种单一的刚性意义观被打破了，留下的是意义和无意义之间的奇妙转化，而我们可以指望从这种转化中做出一些发人深省的哲学思考。

回到本节开头，我们现在可以看出那种反对看法出自怎样的源泉。幽默固然是不可说的，但我们也不必固执于此；所谓的"不可说"与其说是《逻辑哲学论》式的终点，不如说是新的讨论的起点。实际上，这也是幽默不可说论者所愿意看到的，他们之所以那样声称，与其说是对这个话题本身的不满，不如说是对他们的对手的不满。幽默自然是无意义的甚至荒诞的，但那种无意义恰恰揭示出对我们人类而言最重要的东西，揭示出我们生存状态的本质，在这个意义上，它是极具价值的。

二、作为一种世界观的幽默

与通常意义上的理解，即幽默是一种好心情相对比，维特根斯坦正面提出了他对幽默的看法，即作为一种世界观的幽默。"幽默不是一种心情（mood）而是一种世界观。因此，如果这样说是对的，即在纳粹德国幽默已被铲除干净，那么这并不意味着某种类似于人们没有好心情之类的东西，而是某种更为深刻而重要的东西。"③ 这是维特根斯坦著作中为数不多的几条对幽默的直接评论，值得给予详细的分析。如果说幽默在纳粹德国被消灭了，这是某种

① sense 和 meaning 一般都可被译为"意义"，这在汉语中非常容易引起混淆，不过借助本节前半部分对维特根斯坦前后期思想转变的融贯论解释，相信或多或少可以避免这一点。

② 维特根斯坦:《哲学研究》，陈嘉映译，北京：商务印书馆，2016 年，第 89 节。

③ 维特根斯坦:《论文化与价值》，楼巍译，上海：上海人民出版社，2019 年，第 130 页。

其消失令维特根斯坦感到惋惜的东西，因为它是更深刻的和重要的东西，而不仅仅是指好心情。一种好心情可以通过别的方式（比方说药物）来获得，但幽默的失落则意味着一种建制（文化）的失落。正因为幽默萦绕于那种建制，所以它不可能通过一个外在的力量而瞬间获得（正如药物之于心情的线性联系）。准确来说，幽默精神随着纳粹制度的建立而消失，正是在专制、机械的纳粹制度的笼罩下，一切都变得单调而干涩，生动灵活的幽默精神被扼杀。

维特根斯坦想要的那种建制或者文化是一种怎样的建制或者文化？他在别的地方描述过，尽管是以反对的方式提出。这种文化与当今在欧洲和美国的文明中已成主流的精神格格不入，那种文明以"进步"为其标志，以不断增殖的知识大爆炸为其表现形式。这与将清晰作为其哲学研究目标的维特根斯坦显然是分道扬镳的。"与此相反，对我来说清晰性和透明性就是目标本身。让我感兴趣的不是建起一座楼房，而是让所有可能的楼房的根基在我面前清晰可见。因此，我的目标和科学家的目标是不一样的。我的思维活动和他们不一样。"①《哲学研究》以内斯特罗伊（Nestroy）的名言"进步的问题在于：它看起来总是比实际上更大"为题词，这并非偶然，它表达了维特根斯坦对于"进步"的保守主义或者更准确地说是寂静主义的态度。总而言之，维特根斯坦认为他是在为和他具有同样精神气质的人而写作，这些人未必就是所谓的精英，但这些人确实构成维特根斯坦的文化背景。尽管维特根斯坦并没有正面描述过那种理想的文化建制，我们可以尝试将它描摹为下面这样的：它与流俗的科学主义的建构文化背道而驰，它更注重根基上的明晰；它追求智性的理解与创造（而非感性刺激），并享受在此基础上的平静的愉悦（这一点类似于希腊式的观审）；它以深厚的素养为基础，这种素养包括但不限于科学，更多的具有艺术审美上的含义；尽管其精神是现实主义的，但这并不意味着对社会政治现实的直接参与。这样的一块土地，在维特根斯坦看来，是培养幽默精神的绝佳土壤。

与心情相对照的作为一种世界观的幽默，提示给我们的是幽默具有本体而非工具的含义。实际上，表现在哲学写作方式上，维特根斯坦确实说过："哲学完全可以用问句（没有答案）和玩笑（不流于油滑）来写作。"②用玩笑来写作，正体现了对待世界的总体态度；不过，这里要点在于"不流于油滑"，油滑意味着本质上的轻浮，这和维特根斯坦所欣赏的对待世界的严肃态度是完全背道而驰的。这也从另一个角度揭示了表层语法迥异的幽默和严肃两个概念之间的联系③，幽默往往被认为是不严肃的，这只是表层语法对我们造成的刻板印象，深入地分

---

① 维特根斯坦:《论文化与价值》，楼巍译，上海：上海人民出版社，2019年，第12—13页。
② 诺尔曼·马尔康姆:《回忆维特根斯坦》，李步楼、贺绍甲译，北京：商务印书馆，1984年，第24页。
③ 维特根斯坦的确教导我们要注意到表层语法相似背后深层语法的差异；然而，更高阶的教导是要注意到表层语法差异背后的相似（"端赖看出联系"）——这当然不是在同化两个表达式的意义上说的。

析两个概念，我们会发现两者内在的深刻联系。这个联系并不是新的发现，它被凝结在"喜剧的内核是悲剧"这样一句俗语中；实际上，不难观察到一个越是严肃的人，往往越能迸发出幽默和智慧的灵动火花。正是因为维特根斯坦本人对严肃和纯粹的极高要求，才造就了他在著作中令人心领神会的幽默。维特根斯坦的临终遗言："告诉他们，我度过了美好的一生"，也表达了这样一种喜悦与严肃的奇妙结合。这种结合将两种相左的情绪混合在一起，但并不造成混乱。这和被他赞以"伟大"作曲家的贝多芬的临终遗言有异曲同工之妙，"喜剧结束了"，这位一生坎坷的艺术家如是说，令人震撼而又扼腕。这种在幽默与严肃（悲剧）之间转换，或者更准确地说是自由融通的状况，或许是对"幽默作为一种世界观"的最好注解。作为一种世界观的幽默，它超出作为一种心情的狭隘范围，它来自一种对世界智性理解之后的超然。在这个意义上，幽默需要高强功夫，它不是哗众取宠、博君一笑式的讨好，它高高在上地击中能够理解它的心灵，让那个心灵为之一振然后莞尔。因此，我们也可以说，幽默具有不同的深度层次，能理解较低层次幽默的人，无法理解较高层次的幽默；而低层次的幽默对高层次的幽默是无效的，这正是在"世界观"这个词的本来意义上说的。

三、幽默与"面相闪现"

上节中我们从宏观层面考察了作为一种世界观的幽默，本节将聚集微观层面展开对幽默的研究。在此，首先要引入维特根斯坦心理学哲学中的一个重要话题，即面相（aspect）闪现。在《哲学研究》第二部分第十一小节，维特根斯坦专门讨论了这个问题。在这里维特根斯坦首先引入了"看"的两种用法：其一，"你在那儿看见什么啦？"——"我看见的是这个"（接着是描述、描绘、复制）；其二，"我在这两张脸上看到某种相似之处"——听我说这话的人满可以像我自己一样清清楚楚地看着这两张脸呢。[①] 显然，维特根斯坦更关心的是第二种"看"的含义，即注意到某个面相。看出相似性和没看出相似性的两人，在此看到的没有发生改变，但看出相似性之后，我们就会看得不一样了。在维特根斯坦看来，这种经验的原因对心理学家来说饶有趣味。引用著名的鸭兔头的例子，能让我们更清晰地看出这点：

这个图形既可以被看成是鸭头，也可以被看成是兔头；

---

① 维特根斯坦:《哲学研究》，陈嘉映译，北京：商务印书馆，2016 年，第 209 页。

当然，实际上，我们中的某些人可能只能将其看作鸭头而不能将其看成兔头（比方说，他从未见过兔子），因此，对他来说，就不存在"面相闪现"。维特根斯坦在此将其区分为："持续地看到"某个面相和面相的"闪现"。

上面的介绍是如何关联到我们对幽默的考察上去的？随着考察的深入，我们将会看到，任何一种幽默中都会包含诸如此类的"面相闪现"。从某种意义上，我们可以说，这也是维特根斯坦如此重视面相问题的原因所在。这里需要一个例子来说明这一点。在著名奥斯卡电影《阿甘正传》中，有这样一个幽默桥段：汤姆·汉克斯（Tom Hanks）扮演的阿甘由于无知，在殴打了珍妮（Jenny）［罗宾·怀特（Robin Wright）扮演］的男友之后，珍妮责备他说"看看你自己（look at you）"，而此时有智力障碍的阿甘对这句话的回应是低头看向自己的身体。这是面相转换的一个例子，这里的"看看你自己"这句话可以看成是鸭兔头中的线条或者物质外延，而阿甘和珍妮对它的不同解释可以看成是鸭或兔的两种不同面相。不得不说的是，把幽默和面相闪现联系起来并不是要给出一种关于幽默的理论；实际上，维特根斯坦也否认有对幽默的统一的定义，"我们称之为'风趣'和'幽默'的东西，在另一些时代肯定是不存在的。两者总是动荡地变化着"。[①] 这里想要做的是建立起一种关联，它的价值就在于这种关联本身，如果读者在此感受到这种关联，那作者的目的也就达到了。

面相闪现的比喻势必会把我们带到下面这种情况上去，即我们实际上会注意到某些人缺乏（我们的）幽默感，正如那个只能看见鸭头，而看不见兔头的人一样，这种人我们会合理地把他们称为面相盲人（aspect-blinder）。"如果人们没有相同的幽默感，那究竟会怎样呢？他们对彼此做出错误的反应。这就好像在一些人中间存在这样一个惯例：一个人把球扔给别人，另一个人应该接住这个球并扔回去。但一些人可能不扔回去，而是将其放在口袋里。或者说，如果一个人完全不懂得去揣摩别人的口味，那又怎样？"[②] 扔球接球的比喻生动地表明了下面这点，即理解幽默的标准在于能够以恰当的方式去回应幽默，而非将其当作一种知识性的指令来学习（尽管后者在一个更大的背景中也是一种幽默的表现方式，正如前文所举的阿甘的例子，不过这里需要注意的恰恰是这种背景）。"面相盲人"无法在两个面相之间进行转换，他能做的只是"把球装进自己的口袋"。这里讨论的要点是要表明：幽默是在享有一种共同的"生活形式"这个背景下进行的一场互动，如果缺乏这种共同的背景，交流就会遇到阻碍。这也就解释了上一节中维特根斯坦感到自己与他所处的时代的龃龉的原因所在，解释了他在

---

① 维特根斯坦:《论文化与价值》，楼巍译，上海：上海人民出版社，2019 年，第 132 页。

② 维特根斯坦:《论文化与价值》，楼巍译，上海：上海人民出版社，2019 年，第 139 页。

《哲学研究》前言中对"黑暗而不祥"时代的无奈。当然，我们没必要把维特根斯坦的理解当成一种标准，不过面相盲人的比喻是发人深省的。这同时也意味着，我们在生活中并不真的能够找到完全意义上的面相盲人，我们在这一点或者那一点上或多或少总是面相盲人，这也就瓦解了幽默具有特定的本质这样一种观念，为幽默的"家族相似"性解读指明了方向。各种风格的幽默形式纵横交错，相互勾连，构成了我们称之为喜剧的艺术表现手法。我们要做的不是为这些不同的表现手法寻找其本质或定义；毋宁说，我们要做的是在各种不同的表现手法之间游走而不经常碰壁，这就是作为一种"综观"意义上的语法研究的最大价值所在。

把幽默与面相的闪现相联系，这导致的另外一个问题是面相会逐渐消失，这也就意味着幽默感会随着我们熟悉程度的增加而逐渐消失。从面相的问题来看，一个词具有一个特定的面相，我们面对这个词，正如它和我们打招呼一样，但这种面相在某种特定的条件下会消失，比方说，假设我们眼盯着一个词，这个词会变得越来越陌生，直至我们不认识这个词。这也就意味着幽默感会随着我们对它的载体的重复欣赏而消失，这同时也就意味着，幽默不习惯一成不变，它需要不断地创新创造。"一个好的比喻使理智焕然一新"[1]，维特根斯坦为这种创造提供了一个好的榜样；此外，关于这种创造是否有规律可循？对于这个问题的讨论，我们将留到下一节中。

四、"维式幽默"与幽默的习得

在《论文化与价值》中，维特根斯坦罗列了一系列对他的思想有启发的人物，卡尔·克劳斯的名字赫然在列。和讽刺作家的这种关联，表现在维特根斯坦的写作中就是他把幽默的表现手法贯穿其中。"为什么狗不会伪装疼？是因为它太诚实了吗？能教会一条狗假装疼吗？也许可以教会它在某些特定场合虽然不疼却好像疼得吠叫。但它的行为总还是缺少正当的周边环境以成为真正的伪装行为。"[2] 这条评论集中体现了上文中维特根斯坦所说的"哲学完全可以用问句和玩笑（不流于油滑）来写作"之精神。问句表达了作者在看清了问题的真相之后的超然，他用问句把话题的重量转移到读者一边去，显示出作者思考的深度；对于问句我们显然不能给予直接的回答，恰当的回答是同样用问句来作答。玩笑则揭示出语言冲击到其界限时的荒谬（在这种情况下是问狗是否诚实），正是这种荒谬让我们看清哲学研究，或者用一种更

---

① 维特根斯坦:《论文化与价值》，楼巍译，上海：上海人民出版社，2019 年，第 3 页。
② 维特根斯坦:《哲学研究》，陈嘉映译，北京：商务印书馆，2016 年，第 250 节。

准确的说法，哲学澄清的价值。语法玩笑之所以具有深度，这恰恰是嫁接在人类无可遏制的哲学冲动的严肃背景下，正是这种严肃性赋予了我们冲击到界限时所迸发出的幽默；没有这种严肃，玩笑（流于油滑）是没有力量的，就会沦落为无聊的茶余饭后的谈资。"对于哲学家来说，比起聪明的荒芜的山巅，愚蠢的山谷中有更多的青草在生长。"① 恰恰是"愚蠢的山谷"才包涵更多对智慧来说有价值的东西。表现在哲学写作上，对这段评论正确的理解是：把上升之路和下降之路理解为一条对哲学思考和写作的不断深入和打磨之路，即在创造中把两条路融合为一条路。

在关于维特根斯坦的传记中，也记录了"维式幽默"在他生活中的种种表现。蒙克在《维特根斯坦传：天才之为责任》中记录了维特根斯坦与友人之间的如下一种互动，即在通信中，维特根斯坦将报纸上长相英俊的电影演员的照片剪下并附言：这是我最近的样子。而友人也以如此的方式来回应。马尔康姆在他的《回忆维特根斯坦》中记录了他和维特根斯坦外出散步时对 W 仙后座的评论，马尔康姆认为这是他的名字（Malcolm）首字母 M 的倒写，而维特根斯坦则十分认真地纠正马尔康姆，说这直接就是他的名字（Wittgenstein）的首字母。电影演员照片的例子，可以解释为维特根斯坦对虚荣的玩笑和嘲讽，而我们知道无论是在他人身上还是他自己身上（后者对维特根斯坦而言更重要），虚荣是维特根斯坦竭力反对的东西。W 仙后座的例子，一方面在某种程度上可以解释为维特根斯坦对某些哲学论证的讽刺；另一方面也具象地解释了前文中"下降到愚蠢的山谷"的内涵。总而言之，我们在维特根斯坦那里看到其哲学写作和为人处世的一种完全的统一，这在某些哲学家那里是看不见的。维特根斯坦的幽默来自他对哲学问题——它具有"一个或所有问题"的形式——深入的思考（"只有思考得比哲学家们还要疯狂得多，才能解决他们的问题"②），正是在这个严肃的背景下，才迸发出他那独具哲学性（智性）的幽默。

对"维式幽默"的考察势必会把我们带到如下这样一个问题面前，即幽默是否可以习得？如果可以，怎样习得？不可否认，幽默具有一种魅力，这也是上述问题被提出的根源所在。在《回忆维特根斯坦》中，马尔康姆记录了学生们对维特根斯坦在讲演中的语气、手势、声调的不自觉的模仿，他认为这种模仿和维特根斯坦的原型相比总是容易流于滑稽可笑。这把我们带到和上述问题相关的一个问题中来，即模仿在表现风格的培养中扮演一个怎样的角色？一方面，我们知道作为一种表现风格的习得无疑需要大量的练习和一开始的模仿，许多

---

① 维特根斯坦:《论文化与价值》, 楼巍译, 上海: 上海人民出版社, 2019 年, 第 135 页。
② 维特根斯坦:《论文化与价值》, 楼巍译, 上海: 上海人民出版社, 2019 年, 第 127 页。

伟大的艺术家都从模仿开始培养他本人的艺术风格；另一方面，我们也承认，模仿在这里并不处在核心的位置上，艺术风格的培养更多的是一种创造。换而言之，这里的问题是教学和习得在此是一种怎样的关系？以对感情的表达的行家判断为例，即使在这里我们也能够说起"较好的"与"较差的"判断之别，而正确的预测一般来自对人的认识较好的人做出的判断。问题是：我们能学习认识人吗？答案是：能。某人在这件事上可以做别人的老师，他不时给出正确的提示，这里的"教"和"学"看起来就是这样。"这里习得的不是一种技术；是在学习正确地判断。这里也有规则，但这些规则不构成系统，唯富有经验的人能够正确地运用它们，不像计算规则。"① 情感表达判断的例子为幽默的习得投下了光亮，即练习和模仿在幽默的习得中依然会占有一个重要的位置，只不过这里的根据并不在于课程或者系统的规则，而在于经验。直接来说，艺术家的独特幽默风格有望在长期的训练和模仿尤其是生命本身的经历中得以形成，只是这里不存在一种和既往风格的线性对应关联，更多的是一种创造意义上的延续生成。

作为本文主要内容的结束，对上述问题的考察也势必把我们——作为维特根斯坦哲学的研究者，在某种意义上也可以说是其模仿者——带到下面这个问题上，即在何种意义上我们能说我们真正理解了维特根斯坦及其哲学？对此的回答是：只有当我们能恰如其分地使用那种方法用于我们自己的问题时——这意味着我们能够在某种意义上恰如其分地处置维特根斯坦，只有当我们发展出自己的表现风格之际，我们才能如此声称，此时我们才在真正意义上掌握其哲学方法的精髓。

五、结论

通过上述分析不难看出，幽默对维特根斯坦而言不仅仅是一种表现风格，它更多地具有本体论的含义；实际上，在维特根斯坦那里风格和主题是内在有机地统一的，"'风格即其人'（Le style c'est l'homme），'风格即其人本身'（Le style c'est l'homme même）。第一个表达有着廉价的警句式的简洁。第二个是正确的，它开启了一个崭新的视角。它说的是风格是人的图画"②。幽默固然是不可言说的，但我们也不必拘泥于此，固守这样一块"无法被花掉的金币"；幽默不可说论的支持者与其说是表达了对分析幽默的不满，不如说是对他们的对手的不满。

---

① 维特根斯坦：《哲学研究》，陈嘉映译，北京：商务印书馆，2016 年，第 247 页。
② 维特根斯坦：《论文化与价值》，楼巍译，上海：上海人民出版社，2019 年，第 132 页。

幽默也同样是无意义的，但通过幽默人类生存状态的本质得以被揭示出，在这个意义上，它具有无与伦比的价值。幽默作为一种世界观与作为一种好心情的情绪相对立，作为一种世界观的幽默，它摆脱了作为一种心情的狭隘的心理主义的范畴，它需要甚至在一种政治哲学的意义上、在社会建制的客观范围内被理解。以"面相闪现"为切入点，是从技术上解释幽默内在结构的一个尝试；然而，这里没有理论的立足之地，这个解释的全部价值即在于读者由此获得一种认同。"面相闪现"的引入，同时也意味着对幽默的唯一正确理解方式是以恰当的方式去回应，而非某种知识性的教导和学习。"面相盲人"缺乏幽默感，这意味着他只不过在这点上是盲人，在此并无任何理论暗示；幽默的"家族相似"性或许是对该主题的最好概括。"面相闪现"同时意味着一个面相会消失，这也意味着幽默需要不停地被创造。在这点上，维特根斯坦为我们提供了一个榜样，"维式幽默"正在于：它是在一个严肃背景下对哲学问题和表达的深入思考和细致打磨而迸发出的火花；因此，它也为幽默的习得和新风格的形成投下了一束重要的光亮。

Wittgenstein on Humor

Jieji MEI

School of Philosophy and Sociology, Shanxi University

Abstract : According to an analysis of Wittgenstein's transformation of his philosophical thoughts form early to later term, we can see that humor is not theoretically ineffable, as it was indicated in *Tractatus*; quite the opposite, through its meaninglessness or even absurdity, humor displays most important essence of existence about human being. Humor is not a mood, but a way of looking at the world; this indicates that humor, for Wittgenstein, plays not only a representative style but also an ontological part in his philosophy. An analysis of "aspect's lighting up" offers a key to understand humor from a technical point of view; however, this does not presuppose any kind of theory on humor. Wittgenstein's style of humor originated from his serious attitude towards philosophy. Although imitation does not play a crucial role in humor-learning, it does provide a reliable preparatory for the birth of a new style.

Keywords: humor; ineffability; weltanschauung; aspect; style

语境非敏感语义学的解释力

——论战没有其他出路

◎ 格哈特·普雷耶 (Gerhard Preyer) 著[①]   刘利民 译[②]

……句子"雪是白的"意思是雪是白的,句子"特德做好准备了"表达的是特德做好准备了这一命题,而句子"没有什么吃的"是真的,当且仅当没有什么吃的。[③]

过去一百多年中,哲学家和语言学家一直都以特别令人困惑的种种方式使用"语义学"和"语用学"这两个词语。[④]

语言不是游戏,不是遵守规则的行为。语言自身并无目的。

目录

引言

一、论战之中

(a) 语义最小论

(b) 索引论

(c) 语境论

(d) 语义相对主义

(e) 场合论

(f) 命题论与反命题论

(g) 语义最小论与乔姆斯基的内在论

---

① 作者简介:格哈特·普雷耶 (Gerhard Preyer),哲学博士,*ProtoSociology*(《原型社会学》国际跨学科研究杂志)主编,德国歌德大学 (Goethe-University Frankfurt am Main) 社会学教授。

② 译者简介:刘利民,文学博士,四川大学外国语学院语言学教授、博士生导师,中国英汉比较语言学会理事,中西语言哲学研究会副会长。

③ Borg, E., *Publishing Meaning*, Oxford University Press: Oxford UK, 2012, IX.

④ Cappelen, H., "Semantics and Pragmatics: Some Central Issues", p.20. In G. Preyer, G. Peter eds., *Context Sensitivity and Semantic Minimalism. New Essays on Semantics and Pragmatics*, Oxford UP: Oxford University Press, 2007.

二、论战之后

（a）言语交际与阐释的理解

（b）句子、陈述、命题

（c）真与命题

（d）语义最小论的解释力

（e）最小普通语义学

（f）后果

引言

1. 新的转向

语境非敏感语义学，亦即"最小论语义学的新语言学转向"，拒斥这样一种意义理论：言语表达式的意义是由推论角色、意义整体以及语言使用所决定的。[①] 这是当代语言哲学的主要问题之一，争议的焦点在于是否要不加限制地运用组合性原则来解释思想、知觉、语言文字的内容。这个问题值得一提，因为推论语义学持有相反的论点，即语义不是组合的。这对于心灵哲学也颇有意义，因为对说出来的句子进行理解需要心灵模块来解释。但是需提及的是，对于自 20 世纪 70 年代以来的蒯因—戴维森传统，语境非敏感语义学也拒斥其原初翻译（radical translation）及原初解释（radical interpretation）观点，因为原初翻译和原初解释以刺激意义来设定限制条件；所谓的同情原则和符合原则——意义三角的末端——并不能保证成功地进行所谓"可理解的再描述"。[②]

2. 身处论战之中

与此同时，我们身处语言哲学、语义学以及心灵哲学的观点论战之中。我们应该断言，

[①] Lepore, E. & Cappelen, H., *Insensitive Semantics. A Defense of Semantic Minimalism and Speech Act Pluralism*, Malden, MA: Blackwell, 2005; Fodor, J. A. & Lepore, *The Compositionality Papers*, Oxford: Oxford University, 2002; Borg, E., *Minimal Semantics*, Oxford: Oxford University Press, 2004; *Pursuing Meaning*, G. Preyer, G. Peter (eds.), *Context-Sensitivity and Semantic Minimalism*, Preyer, Peter (eds.); *Contextualism in Philosophy: Knowledge, Meaning, and Truth*, Oxford: Oxford University Press, 2005.

[②] 关于对蒯因和戴维森的基本认识论与语义学理论的拒斥，参见：Preyer, *Von der Radicalen* übersetzung *zur Radialen Interpretation – Quine, Davidson und darüber hinaus*, 免费下载地址：Academia.edu under Preyer, unit Davidson, Quine 2015。

并不存在作为言语行为之理论描述的语用学之类的东西。语义学的界限已由语境非敏感语义学通过言语行为多元主义所划定。语用学本身并没有任何理论基础。① 具体而言，后期维特根斯坦的哲学错了；我们必须放弃 20 世纪语言哲学那种令人困惑的关于言语行为内容的语义与语用之区分。

当今哲学、语言理论和语义学面临一个总体性的问题：言语场合性的语境为说出来的一个句子的意义究竟贡献了什么？② 语言理论中主要问题就是"语词本身能否指称对象，或者说指称这件事只能由说话人来做"以及"句子，即仅仅是说出的语句，能否对世界进行断言，即表达命题"。③ 随之产生的问题是："符号的语义属性是伴随什么产生的？"

被称为"旧约"的理论认为"一个语言表达式的意义是伴随该表达式与世界事物之间关系而产生的"；而与之相反，"新约"则认为"一个语言表达式的意义是伴随表达式在一个语言中的角色而发生的"。④ 前者的推论是：

i. 意义是组合性的，

ii. 但是推论角色不是组合性的，

---

① 需要说明的是，语用学的领域并非如符号学（C. W. 莫里斯）那样是统一的"关于历史形成的自然语言的经验式研究"（R. 卡尔纳普）或索引词之所指的研究（R. 蒙塔古等人），或作为言旨行为的研究。J. 奥斯丁和 J.R. 塞尔并未将他们的言语行为理论作为语用学而提出。比如，奥斯丁强调"使用的谬误"，却并未承认过关于意义的理论与语言的使用之间有什么相似性。J. J. 卡茨曾正确地评价了语义学所处的局面："日常语言学派犯了双重错误：一是生吞活剥地把形式理论的观念视为卡尔纳普等人提出的陈述逻辑的标准范式，二是假定研究自然语言的恰当方法要求我们直接解释语言的使用。"参见: Katz, J.J., *Propositional Structure and Illocutionary Force. A Study of the Contribution of Sentence Meaning to Speech Acts*, Hassocks, Sussex: Harvester Press, 1977, p. 227。

此外还有关于言语行为的地位的大规模辩论，比如关于是只将言语行为作为施行式，还是也作为陈述式的辩论。而没有争议的是，施行式也具有陈述式的角色，因为毕竟说出了某个东西。有关这一辩论的概括总结，请参见: Preyer, "Anhang Sprechaktsemantik: J. L. Austin, J. R. Searle, H. P. Grice, P. F. Strawson", pp. 113-138. In Preyer, M. Ulkan, A. Ulfig Hrsg., *Intention, Bedeutung, Kommunikation. Kognitive und Handlungstheoretische Grundlagen der Sprachtheorie, Kognitive und handlungstheoretische Grundlagen der Sprachtheorie*, Wiesbaden: Westdeutscher Verlag, 1997。

② "语境"一语的使用常常有些让人困惑，因为它混合了语境和情境。卡普兰区分出了"使用场合"与"对于在给定使用场合中之所言进行评价的可能环境"。严格地说，"语境"具有语言学性质，而"情境"则没有。即使情境得到定义，我们以一个描述来谈论情境，这也是正当的。我们不应当把描述与被描述者是怎么样这两者混为一谈，如像 N. 古德曼的观点那样。古德曼的语义相对主义重现了 G. 伯克利失败的本体论唯心主义。

③ Borg, *Pursuing Meaning*, p. 47; Preyer, *Kognitive Semantik*, pp. 74-138. 关于词库的理论假定，75，关于意义关系，82-88. In Preyer, M. Ulkan, A. Ulfig (Hrsg.). *Intention – Bedeutung–Kommunikation. Kognitive und handlungstheoretische Grundlagen der Sprachtheorie.*

④ Fodor & Lepore, *The Compositionality Papers*, pp. 10-11.

iii. 因此意义不可能是推论角色。

后者则是整体论者，他们将一个表达式的意义等同于它在一个特定语言中的推论角色。整体论否定分析—综合的区分，因为推论关系确定了一个表达式的意义。

3. 问题

这一场语言哲学和语义学的论战由卡佩朗（H. Cappellen）和勒坡尔（E. Lepore）两人力撑语境非敏感语义学所引发，我首先将讨论这场论战中E. 博格（E. Borg）提出的观点。首先，论战中，博格向我们发问："语义最小论是否已足够最小？"[①] 这个问题由卡佩朗和勒坡尔各自的"语境转换论证"（context-shifting argument, CSA）所引出。博格为这一问题给出的回答就是语义最小论的反对者做出的反应——随之，她的观点在论战中发生了一个转向。原则上讲这确实是有关联的，因为论战之前的语言哲学中并无通向回答"最小论是否已足够最小"这一问题的路径。

其次，博格认识到语义内容并不受言语行为的影响，她因此对语义最小论的反对者作出了回应。这一回应导致了出人意料的结果，我将回头来讨论这一结果，因为这正是语境非敏感论者与其反对者之间的分野。这导致关于语言哲学和语义学的一个总体性问题的提出：交际与解释之间的关系是什么？之所以提出这个问题，是因为语义学最深层的问题正是解释"言语交际如何可能"。我将回顾语言哲学中一个掩盖更深的问题，即什么是命题以及塔尔斯基在关于真理的理解问题上为何并未给出一个可设想的回答？这一讨论将使我回到讨论语义最小论的解释力，以及我所谓之"最小普通语义学"。这对论战之中语义最小论的反对者们来说将是进一步的理论转向，一个"足够最小"的观点取向。因此所谓的"索引性问题"也将会予以考虑。索引项有限集之间的"桥联原则"将被引入，以解决博格的索引项集合内的有限性问题。这类问题的进一步研究是不无裨益的。[②]

一、论战之中

1. 论战

卡佩朗和勒坡尔在语言哲学和语义学领域引发的这场论战在当今学术圈产生了标志性影

---

① Borg, "Minimalism versus Contextualism in Semantics", In Preyer, Peter eds., *Context- Sensitivity and Semantic Minimalism*, pp.339—359.

② Lepore & Stone, M., *Imagination and Convention. Distinguishing Grammar and Inference in Language,* Oxford: Oxford University Press, 2014. 这本书已经走向了这个方向。

响。① 我们可以概括地说，这是一场关于如何描写语义内容与语言行为内容之间关系的论战。语言理论家们在他们的"普通科学"研究中预设了语言分析可以通过运用组合性原则来进行，即语词的语义值为句子和复杂表达式的语义值做出了贡献。语义学是描写词项的语义值以及词项的语义值如何为词项所在的句子和复杂表达式的语义值做出贡献的一门科学，其主题是"语言学意义"。② 组合性原则本身并无什么争议，但问题是该原则的运用应该是原子式的还是整体的。所以，我们的问题是：组合性的应用到底有多强？③

2. 语境直觉

如果我们想要认识说出的一句话意思是什么，那么一个限制条件就是对说话人言语行为的意义特征进行描述，即是什么使得发音与意义相配对。为了找出一个语句的意义，我们不仅必须考虑关于说话人的特定信息，还须考虑听话人的信息以及使得所做出的行为有意义——无论成功与否——的环境条件。然而，对语言学研究先决条件的这种陈述是无关紧要的，毕竟我们只能先理解说出的句子的意义，然后才能确定或修正关于任何话语语句的字面意义的描述。对此，语义最小论的观点是：如果我们接受关于语义学目的的这一描述，那就没有任何理由接受 CSA 或者任何别的断言语义内容的语境直觉是语义理论以及一般语言行为解释的"先在限制条件"的理论。④

（a）语义最小论

1. 博格的语义最小论。博格从语义最小论出发系统地梳理了这场论战的状况，并评价了语言哲学和语义学渐渐转为心灵哲学一个部分所带来的后果。她的思路是通过调整卡佩朗和勒坡尔最初提出的观点而在论战之中形成的。先请记住，形式语义学预设了这样一个层面的

---

① Cappelen & Lepore, *Insensitive Semantics*.

② 关于"语境独立意义""跨越所有使用语境的意义""无时间性意义""语言内意义""语句的语言类型意义"和与这些相区别的"语境中所传递的内容""施行言语行为的意义""说出的示例的意义"等，参见：Pagin, P. F. & Pelletier, J., "Content, Context, and Composition", pp. 24-25. In Preyer, Peter(eds.), *Context-Sensitivity and Semantic Minimalism*。

③ 这个问题上，关于组合性意义理论作为戴维森真值条件语义学的初始方案，参见：Lepore & Ludwig, *Donald Davidson. Meaning, Truth, Language, and Reality*, Oxford: Clarendon Press 2005, Part I, 特别是关于戴维森的外延主义提纲，pp. 92-146。

④ 这是最初的理论立场，见：Cappelen & Lepore, *Insensitive Semantics*, Ch. 2 Exegesis: The Methodology of Contextualism, pp. 17-38, Ch. 3 The Instability of Context Shifting Arguments, pp. 39-52, Ch. 7 Objections to Radical Contextualism (1): Fails Context Sensitivity Test, pp. 87-122。卡佩朗和勒坡尔争辩说温和语境论会蜕变为激进语境论。

存在，即存在着命题性的，或者说可评价真值或满足条件的，且是凭着自然语言句子的字面意义而把握的内容。①

博格式的语义最小论承认：

i. 陈述句的语义内容是可评价真值或满足条件的内容，并且，

ii. 自然语言中语境敏感的表达式数量是有限的，其外延是

iii. 由其句法结构和词项内容所决定的句子的语义内容，即句子的意义是由其构成成分的意义和这些成分的组合模式所给出的，并且

iv. 语义内容不取决于说话人的任何意图；即使从解释者的角度看，这也为真：没有心灵解读，只有语词解读。②

2. 有限性问题。博格认为有限性是语义最小论的基本假定之一，即相应于言语行为多元论，词项—句法的有限集为语义最小论划出了界限。这是她在论战中所持的理论立场。

这个转向由卡佩朗和勒坡尔首先引发。③他们接受这些原则，所依据的是 D. 卡普兰④列举出的语境敏感表达式、索引表达式、人称代词和指示代词，例如"这""那"，副词"这里""现在""今天""昨天""明天"以及"之前"等。比如"他两天前离开了"中的"前"；又如"从此再也不谈了"中的"从此"，以及形容词"事实上的""当前的"等。除这些之外还包括些普通形容词，如"外国的""本地的""国内的""全国的"等。卡佩朗和勒坡尔把这些表达式称为"语境敏感表达式的基本集"（也叫"语境敏感表达式的真集"⑤）。我们不妨追问："为什么诸如'好的''红的''鸭子'之类的词不是语境敏感的表达式？"卡普兰并没有为他对语境敏感表达式的列举给出理由，但卡佩朗和勒坡尔则为卡普兰方法论的纯真直觉作了辩护（应对不少反对意见），提出了他们关于"自然语言的语义学中语境敏感性的作用"的观点。⑥卡佩朗和勒坡尔以接受语境敏感表达式的数量大小为准，即认为"所有的"或是"较少的"表达式是语境敏感的，来区分出了"激进的"与"温和的"语境论者。博格认为，按

---

① 关于一般的满足方法，参见：Ludwig, "The Truth about Moods", pp. 133-181. In Preyer, G. Peter & Ulkan (eds.), *Concepts of Meaning. Framing an Integrated Theory of Linguistic Behavior*, Kluwer Publishers, *Philosophical Studies Series* Vol. 92 (2003). Springer: Wien, 2012 (second edition); Lepore & Ludwig, *Donald Davidson's Truth-Theoretic Semantic*s, Oxford: Oxford University Press, 2007, pp. 276-282.

② Borg, *Pursuing Meaning*, pp. 4-5.

③ Cappelen & Lepore, *Insensitive Semantics*, pp. 1-2.

④ Kaplan, D., "Demonstratives", pp. 481-504 In J. Almog, J. Perry & H. Wettstein(eds.), *Themes from Kaplan*, Oxford GB: Oxford University Press, 1977.

⑤ Cappelen & Lepore, *Insensitive Semantics*, p. 2.

⑥ Cappelen & Lepore, *Insensitive Semantics*, p. 2.

照这一区分，他们两人所指的对象实际上只是激进的语境敏感论者。她转而做了另一种阵营划分：依据的问题不是"有多少表达式是语境敏感的"，而是"什么机制是语境敏感的"。①

在索引词的有限性问题上，博格赞同卡佩朗和勒坡尔的观点，但她的问题是"语义最小论是否足够最小"。这个问题显然是由卡佩朗和勒坡尔提出最小语义问题而引起的，即解释语义内容并不需要"大量的"语用学，但是解释"说的是什么"则需要"大量的"语用学。因此，在语义内容的分析与对言语行为的理解之间存在一个鸿沟，而这并不为语义最小论者所接受。这个问题无法仅用形式化手段解决。接下来的 2（d）和（e）节中我将回到这个问题。

博格认为，诸如"激进语境论"（特拉维斯、塞尔、雷卡纳蒂，以及关联论者如威尔逊和卡尔斯顿）、"温和语境论"（斯坦利和邵博）、"量化短语的语境敏感性"（理查德和佩里）、"信念陈述"和"知识主张"（例如德罗斯）等之类的语词并不足以区别语义最小论与语境论两大阵营。②博格认为"温和语境论"的特点是其假定"所有语境敏感性的镜像都可以在基本集的元素中找到"，但她否认基本集的假定，认为不能因为这些理论与语义最小论在句法通达语义内容这点上有共同看法，就视之为语义最小论。③激进语境论则宣称拒斥这一语义学观点。

3. 语境转换论证。对于卡佩朗和勒坡尔的 CSA 的回应使得论战得到凸显。想象一下诸如"彼得是高个儿"之类的语句，显然一个解释者在一个特定的言语场合有可能指一个两岁的儿童，而在另一场合则指一个篮球运动员。"说的是什么"的真值依赖言语行为的这类情境而发生转换。而 CSA 宣称已经表明真值在不同的言语情境中并不发生转换。

4. 初始状况。在最初的论战中，博格发现了回应 CSA 导致的后果。

i. 对 CSA 的回应有"索引论"、"语境论"、"语义相对主义"和"场合论"等。④博格指出：

① Borg, "Minimalism versus Contextualism in Semantics", In Preyer, Peter (eds.), *Context-Sensitivity and Semantic Minimalism*, p. 345.

② Borg, "Minimalism versus Contextualism in Semantics", In Preyer, Peter (eds.), *Context- Sensitivity and Semantic Minimalism*, pp. 339-359. ; Borg, *Minimal Semantics*。关于双重语用学，参见 pp. 37-52, 关于关联论，参见 (Sperber, Wilson, pp. 40-44), 关于语境论，参见 (Recanati, pp. 44-48), 两者都同意博格所称的"双重语用学"(Sperber, Wilson, Carston, and Recanati)。双重语用学假定从言语行为语境获得的真值条件或命题内容，即对"说出 that"进行形式化分析的语义确定不充分主要有赖于形式语义学与双重语用学之间的争论，参见 pp. 37-39. 52-62。首要的语用学过程是"饱和"，参见: (Recanati), On "discourse representation theory" (Kamp), pp. 49-52。 双重语用学观点并不早于卡茨的命题结构与语力理论。

③ Borg, "Minimalism versus Contextualism in Semantics", In Preyer, Peter (eds.), *Context-Sensitivity and Semantic Minimalism*, p. 346. .

④ Borg, *Pursuing Meaning,* 第 1 章标题, p. 4, 也见于其图 2, pp. 72。

最佳办法当然是沿着语义最小论和场合论之间的中间立场做些让步，不过她认为这些中间立场并不稳定。在论战之中，值得做的是考虑哪些论据可以用来反对语义最小论。这在语言理论家中引起了对争议局势的关注。

ii. 博格的论证策略是，先利用反对语义最小论的种种论点来重新梳理当前的论战，使之导向不利于反对者们的理论的转向。

iii. 博格的语义最小论产生于与站在意义理论另一方的场合论（特拉维斯的后期维特根斯坦主义）观点的对立，她的最小论版本的观点是：句子"彼得是高个儿"一经说出便具有一个语义内容，且该内容不因言语情境不同而变化，而言语行为的意义则是关乎说话人意图的问题。这一区别是博格式语义最小论的特征。

iv. 因此，语义最小论认为，对于已被说出的句子的语义内容的把握，词项意义具有先在性，无须附加说话人意图及关于情境的知识。正是这一点上语义最小论者与他们的反对者分歧很大。

最小论语义学有别于语言理论中所有的语用学论题（雷卡纳蒂的"真值条件语用学"和他的"有效性原则"[①]），因为语义最小论要求一切语言理论都必须接受这一点：存在着一个由语词意义和句法结构决定的内容层面（说出来的是什么）。

相对于不同情境中言语行为所意图的意义，这个层面内容是不变的。如果不考虑字面意义，我们不可能理解并学会一门自然语言。但是这一要求也包括了一个假定：命题性内容本身是由意识、观察、指称、行为和言语交际等情境所给出的。而这一直都被视为语用学的领域。语义最小论则指出，关键在于我们应当引进（1）一个"纯粹词汇—句法层面"以及（2）一个"必然是命题性的句子层面内容"。

5. 反对语义最小论的观点概括起来就是：

（A）真值条件的最小内容层面并非必需的，即最小命题对于解释是多余的，并且

（B）在某些情况下，词汇—句法决定的内容在我们的言语场合中并无任何影响作用。在他们看来，这就是关于最小命题不存在的论证。[②]

---

① Recanati, F., *Direct Reference. From Language to Thought*, Oxford: Blackwell，1993. 其"有效性原则"是"要判定一个语用确定了的语句意义某方面是否属于所言说内容的一部分，即要对说了什么做出一个判定，那么我们总是应当力图保留我们关于这件事的前理论直觉"，p. 248, 关于真值条件语用学，参见 pp. 233-254。

② Borg, *Pursuing Meaning*, chapt. 1; 关于博格与卡佩朗和勒坡尔两人的不同点，见：Borg, *Pursuing Meaning*, p. 4, footnote 2, p. 3, Chapter 2 § 6, Chapter 3。

（b）索引论

1. 索引论与语义最小论和场合论两者都明显不同，是介于两者之间的一种中间立场。[①]语义最小论与索引论共有一个观点，即语义内容是命题性的、由词汇—句法形式所决定的。但是与最小论相反，索引论认为 CSA 的真值会发生转换，因为 CSA 是语义地基于我们关于语义内容的直觉判断之上的。这将在词汇—句法组合中产生效果，从而构成对语义最小论的拒斥。[②]

2. 与语境论、语义相对主义和场合论之间的区别在于，索引论能与语义最小论相容，因为它接受对语义内容的词汇—句法的先在性解释。隐含的索引表达式在语境敏感词项的意义域中得到再解释，索引论的这一看法也不与语义最小论相矛盾。[③]

3. 语义最小论和场合论都认为，这并非在所有情况下都行得通。[④]

4. 博格则指出，索引论的观点认真对待了 CSA，但还不够认真，因为问题还不止于一个有限的索引词类。她倾向于用句法结构来处理 CSA，其理据就是"隐含的索引词"预设，因为由此可以给出理由来说明关于 CSA 导致的意义转换进行把握的直觉。[⑤]

因此，博格得出结论，只要看重 CSA，一般就会滑向关于语义内容的语境论立场。

（c）语境论

1. 格赖斯的隐义。语境论尤其拒绝承认语义内容是先于词汇—句法成分而确定的。[⑥]卡佩

---

① 博格把常常被称为语境论的对象叫作索引论；参见：DeRose, K., Contextualism and Knowledge Attribution, *Philosophy and Phenomenological Research* 52, 1992: pp. 913-929, 这种认识语境论是认识论的索引论。卡佩朗和勒坡尔所说的语境论就是博格的索引论。参见：Borg, *Pursuing Meaning*, p. 19, footnote 19。

② Borg, *Pursuing Meaning*, with reference to J. Stanley, Nominal Restriction, pp. 365-388. In Preyer, Peter (eds.), *Logical Form and Language*, Oxford: Oxford University York, 2002; Stanley, Semantics and Context, pp. 221-254. In Preyer, Peter eds., *Contextualism in Philosophy*; 关于隐藏的索引式观点，参见：Rothschild, D., Segal, G., Indexical Predicates, *Mind and Language* 24, 2009: 467-493; Hawthorne, J., *Knowledge and Lotteries*, Oxford: Oxford University Press, 2004; Stanley, Semantics and Context, pp. 221-254. In Preyer, Peter (eds.), *Contextualism in Philosophy*。

③ 关于卡佩朗和勒坡尔对索引论方案的拒斥，参见 Insensitive Semantics, Borg, *Pursuing Meaning*, p. 31。

④ Travis, C., *Occasion-Sensitivity*, Oxford: Oxford University Press, 2008, p. 115. "我"这一参数即是说话人对自己的指称，"现在"由说话人用来指称作为表达式意义的一部分的时间点。关于 Stanley, J., Context and Logical Form, *Linguistic and Philosophy* 23, 2000, pp. 391-424; Borg, *Pursuing Meaning*, 32-34; 关于 Collins, J., Syntax, more or less, *Mind* 117, 2007, pp. 805-850; Borg, *Pursuing Meaning*, 33-34; 关于 Neale, S., Heavy hands, Magic, and Scene-Reading Traps, *European Journal of Analytic Philosophy* 3, 2007, pp. 77-132; Borg, *Pursuing Meaning*, pp. 34-35。

⑤ Borg, *Pursuing Meaning*, p. 31.

⑥ 博格关于语境论的定义也与作为语境论一个范例的关联理论相吻合，参见：Carston, R., *Thoughts and Utterances*, Cambridge GB, 2002.

朗和勒坡尔区分了温和的和激进的语境论。前者认为某些表达式是语境敏感的，而后者认为自然语言的所有表达式都是语境敏感的。语义最小论和语境论的区别与语境敏感表达式的数量有关，而与语境敏感性的机制无关。①

语境论者的观点是，处理语境敏感性问题的标准说明在卡普兰—佩里的框架内是有误导性的。每一个以字面意义表达的看似命题的言语行为都必须由格赖斯隐义赋予其语用特征，或者将言语行为内容相对于说话情境来处理。②

2. 语境敏感的词汇—句法成分。CSA 的转换也可以不需要语境敏感的词汇—句法成分而完成。博格用了"自由语用充实"这一表达式来描述通过 CSA 进行语用充实的特点，比如，"彼得是高个儿"具体化为"彼得是高个儿，并且是篮球运动员"；这里表达的命题并无任何词汇—句法成分的需求。

3. 语义确定不充分性。批判形式语义学的人认为，语义确定是不充分的，因而必须排除对句子本身首先进行真值评价解释，因为说出诸如"吉姆将要继续（什么？）""苹果（表皮）是红的""米勒体重 120 公斤（连带衣物）"之类的语句在前、中、后期都要求附加意义信息。因此，未说出的成分不能凭借句法成分来识别。③

如果我们认可"潜句法"层面的成分，那么这是一个弱式的批判。比如，及物动词带有两个论元位。如果一个句子的表层形式只给出了一个论元位，那么另一个论元位就由潜句法形式来保证。例如，动词"踢"带有一个施动论元位和一个目标论元位。它具有"x 踢 y"的形式或关系。如果表层的描述仅有一个论元位，例如"彼得踢"，那么句法层面的描述将凭借一个绑定变量"彼得在踢某物"的存在来给出第二个论元位，即"$\exists x$[彼得踢 x]"中的论元位。④

博格的争辩策略是说明对于形式的、基于句法的语义学的理论承诺是语义最小论的基本假定。据此，"隐含的索引词"对于理解语言并不是根本性的。⑤ 这一策略旨在以例示说明语义最小论语义学拥有回应其反对者的"武器"。

4. 言语行为与语境关系。作为语义最小论的反对者，关联理论认为一个言语行为的字面

① Borg, *Pursuing Meaning*, on Cappelen & Lepore, p. 22, Note 18.

② Carston, *Thoughts and Utterances*, F. Recanati, *Literal Meaning*, Cambridge: Cambridge Universitiy Press, 2004.

③ Borg, *Minimal Semantics*, pp. 34-35, 210, 213-214, 226-227.

④ Borg, *Minimal Semantics*, pp. 225-46, 关于不严格真值条件观点的批判，参见: p. 231-46。

⑤ Cappelen, Semantics and Pragmatics: Some Central Issues, pp. 7-8. In Preyer, Peter, *Context-Sensitivity and Semantic Minimalism*.

内容指称的是一种语境关系，即所有的语义内容都属于语用问题。[①] 这一新的语境论立场对传统语义学和语义最小论都构成了挑战。

5. 基本问题。关于参与这场论战的观点取向可以做出这一断言：论战最初由关于"说了什么"与"隐含着什么"（H.P. 格赖斯）两者的区分作为一个语义学的基本理论是否能带来语义学研究价值而引发。[②] 这场论战中形成了语义最小论与他们的反对者之间观点对立的局面，其中各种各样的索引论和语义相对主义理论都是由《语境非敏感语义学》[③]（Cappelen, Lepore, 2005）率先提出挑战而出现的结果。

（d）语义相对主义

1. 共识。语义最小论与语义相对主义都认为（非索引的）句子表达命题。但区别在于，语义相对主义仅以语境参数来判定命题为真或为假。语义相对主义很接近索引论，但是与卡普兰式的句子之真值须依据做出言语行为的语境来判定的观点相比，语义相对主义持有更加激进的理论，即每一个命题内容都被限制为语境敏感的表达式。博格用例证的方式区别出了"永恒主义"（eternalism）和"时限主义"（temporalism）观点。后者将时间点包括于命题内容之中，如〈彼得，高个儿，t1〉，于是同一个句子在不同的时间表达不同的命题。前者则认为命题内容本身是无时间性的，例如两次说出〈彼得，高个儿〉表达的是同一命题，区别在于从不同时间点做出的评价。博格注意到，两种观点导致的结果其实相同，不过对于后一种理论，时间标示词不是命题内容的一部分。因此，制约命题意义把握的参数是无限多的，一个命题在某个言语情境中为真，而在其他言语情境中则为假。[④]

2. 说话人指称。语义相对主义的另一版本是把说话人指称加在说出的命题之上。这种情况下，说出的命题中不再加入公共因素；例如"彼得是高个儿"，这个说出的句子的命题可能对我为真而对你为假。按此观点，命题内容不仅仅是相对于改变了的语境而言，而且属于言语情境的内在特征。其命题评价的结果与索引论和语境论并无不同。[⑤]

---

① Sperber, D. & Wilson, D., *Relevance: Communication and Cognition*, Oxford: Blackwell, 1986, Carston, *Thoughts and Utterances*, F. Recanati, *Literal Meaning*.

② Borg, *Minimal Semantics*, 108-36; on Implicaturs, pp. 131-36.

③ MacFarlane, J., "Semantic minimalism and Nonindexical Contextualism", In Preyer, Peter (eds.), *Context-Sensitivity and Semantic Minimalism*, pp. 240-250. S. Predelli, Contexts. Oxford: Oxford University Press, 2005; lble, M. K., "Motivations for Relativism", In M. Gracia-Carpineto, M. K.bel (eds.), *Relative Truth*, Oxford: Oxford University Press, 2008, pp. 1-40. and others.

④ Borg, *Pursuing Meaning*, p. 24.

⑤ Borg, *Pursuing Meaning*, pp. 25-26.

（e）场合论

1. 共识。语义最小论与场合论都认为语境论走错了道路。[①] 但是场合论以 CSA 为理由拒斥命题内容的标准观点。语境论提出的一般性问题是，句子凭借词汇—句法成分表达的内容是不完全的。场合论赞同语境论和语义相对主义，但是他们受后期维特根斯坦思想的启发而提出了一个非常不同的意义思考方案：在语境之外不存在确定的句子内容。[②] 特拉维斯的观点是，对于语言与思想，原则上其表征的确定存在着不充分性。[③] 语词只有在言语情境中才具有意义。但是特拉维斯并不否认常规词项的进入对表达式有作用，例如"绿的"意即绿色的，一个语词的意义将对更大语境的意义做出贡献。[④] 但是语义最小论也在此与场合论不同，认为语义内容本身是真值可判定的内容。

2. 语词意义与使用。令人印象深刻的场合论也认为语词的意义作为形成句子的基本单元具有先在性，而诸如"我""那个"之类语词则固定了语境下的言语各自的语境指称。但是场合论倾向于认为，由于语词意义是由说话人使用的语境指称所固定的，那就是说，不存在独立于语境的意义来为说出的句子贡献命题。

3. 意义的决定。与场合论相反，语义最小论认为语词意义决定了句子意义。关于语词意义的这些假定导致我们将它延伸至其余所有的句子、言语行为及说话的理解：

i. 一个句子的意义由其组成词汇的意义所决定，并且

ii. 在词汇—句法层面，语词总是按同样的语义范畴标记的；即是说，即使对于"我""那个"之类的表面上语境敏感的表达式这也是合理的。

语义最小论拒斥所有认为不存在假定语境不变的、可有真值评价的意义内容的理论。这一理论立场对立于所有语义场合论及广义的维特根斯坦主义理论，诸如所有语义内容都由语境和语言的使用来决定的看法，又如我们无法摆脱语言游戏的观点等等。

4. 语义最小论断定：要反驳场合论观点的论证需要对之概括化。[⑤] 比如，他们会像所有语境论者那样争辩说，"高"在一个语境中用来说一个四岁小孩，而在"篮球运动员中也是很高

① Travis, *The Uses of Sense: Wittgenstein's Philosophy of Language*, Oxford: Oxford University Press, 1989, p. 23.

② Travis, *The Uses of Sense: Wittgenstein's Philosophy of Language*, Oxford: Oxford University Press, 1989; Dancy, J., *Ethic without Principles*, Oxford: Oxford University Press, 2004, p. 197.

③ 从卡佩朗和勒坡尔的观点看，特拉维斯是反对激进语境论的。博格则将特拉维斯与强势维特根斯坦主义并列而不是视他为语境论者，因为对他而言，不存在像词汇的语言学内容之类的东西。

④ Borg, *Pursuing Meaning*, pp. 45-46.

⑤ Borg, *Pursuing Meaning*, chapt. 5 - 6.

的"中则有另一个意义，如此等等，因而语义内容总是比语义最小论一般假定的要更加丰富。每个说话人都必须使他们关于说出的句子的直觉与他们的言语交际意图相匹配。博格称此为"自下论证"。概言之，场合论的观点就是：一个语义理论并不编码命题之类的东西，无论它是否最小。

（f）命题论与反命题论

1. 真值可评价的内容。在论战之中，博格采纳了命题论立场，即认为命题作为真值可评价的内容在回应索引论、语境论和反命题论的论争中是不能放弃的。按此观点，在语义解释层面，说话人的意图是"被禁止"的。① 心灵哲学的研究因此将语义内容与福多的心灵模块相联系。② 形式的句法结构传递语义内容并解释自然语言的能产性和系统性。

2. 非命题论。对于语义最小论的另一回应是 K.巴赫的反命题论观点：并非所有形式完整、与特定说话语境直接联系的句子都表达了一个命题，因此命题论显然是错误的。③ 结果，又一争议论点出场：解释理论并不需要命题论观点，其运作包括两个层面：

i. 一个层面接收进非命题性的内容特征；

ii. 另一个语用层面通过所谓语言的使用而确定每一个命题的内容。

3. 挑战。于是，这对语义最小论构成了挑战：

i. 最小命题并非必须，即命题没有解释功能，并且

ii. 最小命题是不可能的，即大多数或者所有的自然语言句子并不表达由词汇—句法成分形成的完整的真值可评价内容。④

关于 3（i）：博格须反对下列主张

i. 最小命题是解释冗余的；

ii. 最小命题并不存在。

iii. 因此，博格需要说明的是，最小命题是有其作用的。⑤

语义最小论认为语义内容是由句法和词汇决定的，且这不是语境敏感的。因此在语义内容中并不存在"强语用效应"。

---

① Borg, *Pursuing Meaning*, p. 13.

② Borg, *Minimal Semantics*, on modular theory, pp. 74-146.

③ Bach, K., "The Excluded Middle: Minimal Semantics without Minimal Proposition", *Philosophy and Phenomenological Research* 73, 2007, pp. 435-442.

④ Borg, *Pursuing Meaning*, p. 48. 关于第一个问题，参见第 2 章，第二个问题参见第 3-6 章。

⑤ Borg, *Pursuing Meaning*, 第 2 – 3 章。

　　博格之所以反对 3（ⅰ）关于最小命题的解释角色的看法，是因为有这样一个观点：在特定言语语境中，说话人说出一个句子，如"牛排是生的"，所意图的意义（言语行为内容）不受任何最小命题的限制。[①] 鉴于此，博格提出了语义学内的"一般框架"的概念，这一框架与心理有关。

　　问题在于，说话人可能会带着一个挖苦的意图说"今天天气真好"，而其意思是今天天气糟透了！那么 3（ⅰ）是否构成了一个论证，足以反对关于先理解"字面意义是什么"而后进行再解释这样的看法呢？[②] 直觉判断是否有助于显示解释的重要地位呢？难题是没有任何直觉能够区分字面意义与说话人意义或曰言语行为表达意图的语力（force）等多元性话语意义。因此，语义最小论须区分句子表达的字面或语言学意义与言语行为多元性，并主张最小命题论点。

　　至于 3（a）2，博格应对其挑战的方式是论证"不完全表达式"并不意味着命题论立场需要放弃。[③] 她采用了与卡佩朗和勒坡尔不同的观点来处理这一问题，她不愿意遵循他们那种"滑坡"论证，因为如果接受"不完全性论证"的温和语境论论证，那么激进语境论也就顺理成章推论出了。[④] 之所以会滑向激进语境论，原因就是把不完全性直觉作为固定句子意义的相关因素。

　　博格提出的问题是：我们如果允许关于句子语义地位标示的不完全性直觉，那就没有理由认为存在着由句法结构确定的情境可影响的内容。[⑤] 鉴于此，博格认为："没有词汇—句法的清

---

① 具体地说，这是雷卡纳蒂关于"可及性原则"的字面意义论证，p. 20 这一论证宣称要确立一个关于对所说内容进行可理解的再描述的直觉通达路径。关于对作为理性重构的格赖斯隐义的批判，参见：Bach, "The Top Ten Misconceptions about Implicature", In B. Birner, G. Ward (eds.), *Drawing the Boundaries of Meaning: Neo-Gricean Studies in Pragmatics and Semantics in Honor of Laurence R. Horn*, Amsterdam: John Benjamins, 2006, p.25; Borg, *Pursuing Meaning*, pp. 64-63, 关于格赖斯的隐义，参见 Cappelen, "Semantics and Pragmatics: Some Central Issues", In Preyer, Peter (eds.), *Context-Sensitivity and Semantic Minimalism*, pp.9-20。对于格赖斯的隐义，有一个简单的反对论点：我们可以无须任何替换就将隐义撤销。参见：Platts, M., *Ways of Meaning. An Introduction to a Philosophy of Language*, London: Routledge, pp. 74-86, 他还认为"……直觉若无辅助条件不能区分隐含意义与会话隐义，因为直觉不能区分意义的不恰当与会话的不恰当"，p. 74。这方面的其他论证还可参见：Kempson, R. M., *Semantic Theory, Cambridge Textbooks in Linguistics*, Cambridge: Cambridge University Press, 1977, pp. 71-72, pp. 68-72。

② Borg, *Pursuing Meaning*, 50-51. 博格论述说，看来对于格赖斯理论和语义最小论有一个可比较的立场，即在语义内容和心灵之间有一个依赖关系。说话人的意图内容不能解释句子的语义性意义。参见：On metaphysical and epistemic dependence between contents and mind, pp. 54-56。

③ Borg, *Pursuing Meaning*, 第 3 章。

④ Cappelen & Lepore, *Insensitive Semantics*, 63, Borg, *Pursuing Meaning*, pp. 82-83.

⑤ Borg, *Pursuing Meaning*, pp. 87-88.

晰证据，就没有语境敏感性。"① 语义最小论（1）不以指称固定、鉴别作为语义的理论限制条件，但（2）同时主张语义内容可以具体化。②

（g）语义最小论与乔姆斯基的内在论

1. 乔姆斯基的观点。在语义学的"内在论"解释方面，语义最小论与乔姆斯基的观点一致，即两者要求的是语言内的联系而不是语词—世界之间的联系。③ 但是乔姆斯基观点是"自下的论证"，即语词一般而言并不对更大的语言单位做出语境独立的、涉及世界的贡献。

i. 不存在语义最小论所假定的那种词汇的指称性公理，如"伦敦"指称伦敦。

ii. 词汇涉及世界的公理与语义理论是不相干的。

与之相反，博格认为在一个从句法通达语义的成功的语义理论中，语词的一部分一定是④指称性意义。

2. 博格的拒斥。博格要求拒斥这一观点，即词库只是个词汇指示意义的列表，其中语词的意义是结构化的复杂实体。⑤ 她给出的回应是"语言内的语义学负担"这一观点，即参照表达式与非语言性的外部世界的关系来系统化描述表达式的属性和表达式之间的关系。⑥ 她针对此提出了"组织化词汇语义学"观点，可以对不完全表达式进行计算处理。⑦ 这一"词汇语义学"的运作基于

i. 区分三类表达式，即单目表达式如"跳舞"，二目表达式如"吞下"，以及与词汇信息相联系的表达式，如"准备好"（ready）之类的可带两论元的表达式被归入了这一类。

ii. 这一类词项，即如"读"等语词所要求的两个论元可以在词库内以不同方式实现。

她的结论就是，语义原子论的观点完全可以合理地用于回应索引论、语境论、语义相对主义和场合论。

---

① Borg, *Pursuing Meaning*, p. 88.

② Borg, "Minimal Semantics", *Pursuing Meaning*, 关于直陈式句的非命题性内容，参见第 3, 5, 6 章。

③ Chomsky, N., *New Horizons in the Study of Language and Mind*, Cambridge: Cambridge University Press, 2000. 与之和谐的观点: Hauser, M.D., Chomsky, N. & Fitch, W. T., "The Faculty of Language: What is it, Who has it, and how did it evolve?", *Science's Compass* Vol. 298, 2002, pp. 1569-1579, 关于人类语言的地位。没有任何动物能学会这种语言，Borg, *Pursuing Meaning*, pp. 146-156, 关于对语词意义论证的拒斥，pp.156-164.

④ Pietroski, P., "Meaning before Truth", In Preyer, Peter eds., *Contextualism in Philosophy*, pp255-302.

⑤ Borg, *Pursuing Meaning*, p. 88. 关于"组织化词汇语义学"，参见 pp. 195-213；关于"词汇语义学"，参见 pp. 176-180；关于"推论角色语义学"，参见 pp. 180-183, 这一点受到福多和勒坡尔的批评。福多和勒坡尔对于词汇复杂性的反对意见参见 pp. 183-191；Borg, *Pursuing Meaning*, pp. 166-167.

⑥ Borg, *Pursuing Meaning*, pp. 166-167.

⑦ Borg, *Pursuing Meaning*, pp. 195-213.

二、论战之后

（a）言语交际和阐释的理解

1. 前历史发展。所发生的这场论战有一个颇长的前历史发展。语义最小论拒斥语言哲学的一个传统，该传统可以追溯至维特根斯坦的《哲学研究》、奥斯丁的言语行为理论、斯波伯和威尔逊的关联论、卡尔斯顿、雷卡纳蒂、某些新维特根斯坦主义者、某些塞拉斯主义者，以及塞尔和特拉维斯的语言理论。尤其是塞拉斯——不是塞尔——明显地站在维特根斯坦传统一边。[①] 原则上讲，这些理论观点都是谬误。

这场论战是由关于言语交际理论中语境敏感性原则上应有的作用而引发的。语言哲学在此面临检验：能否给出关于如何对语义与非语义内容进行区分的证据。言语交际的难题在于，在人们在信念背景、目的、听众等都不同的情况下，跨语境交际是如何实现的，即言语交际的理论该如何解释这一机制？

2. 说出……同样内容。理解说话人说出一句话的言语交际意图当然不仅仅要求识别出一种语言的表达式和句子的意义，还要求了解诸如群体行为、大众心理、社会知识、日常生活的自然知识等。但是如果没有说出行为、意图行为、意义、思考以及"是同义的"感觉，言语交流无从谈起。如果我们假定模块论有解释力，那么基于基本交际意图的意义理论便没有了基础。两者原则上是不同过程的结果。因此这意味着形式语义学的领域是令人沮丧的和有限的，因为形式语义学提供给语言社区的成员在许多情况下获取他们的交际意图的信息集是非常小的。但是语义最小论者强调说，这个有限的领域恰恰是语义最小论的稳固核心，因为组合性原则的理论结构对于自然语言是构成性的。这就是所谓语言的"性质"问题。语义最小论的反对者认为意义与语言使用相似，他们认为语言使用和语言理解的复杂性要求以关于说话人的行为及其行为的理由为假定前提，因而这些都须纳入语义分析之中。如果我们不否认语义这一点，那么语义最小论的观点则认为形式语义学与模块论为我们提供了理解语言的基本理论描述。

3. 重组解释理论。解释理论得到了重组，这是语义最小论理论的后续结果。回顾一下20世纪的哲学史，就会得出结论，原初翻译（蒯因）和原初解释（戴维森）的基本理论必须被

---

① 奥斯丁指出，他的言语行为理论并不是对后期维特根斯坦《哲学研究》的延续，他认为那本书的观点是混乱不清的。据传他把《哲学研究》称为"已故的文献"。

放弃，因为它们并没有给出可设想的解释限制条件。语义最小论认为，形式化的真值或满足条件语义学理论观点与心灵的模块理论是并行不悖的。语言意义的理论给出基于有限公理集合的描述，而组合性原则描述自然语言每一个句子的字面意义。这些描述无须参考说话人意图。模块论断言心灵是由离散的、具有不同运作规则（结构）的相对自主的模块构成。一个合格的说话人具有专事语言行为理解的恰当模块。解释理论的这一新转向中，可理解的再描述不再是种种理论的杂糅。①

（b）句子、陈述、命题

语义最小论与温和的最小语义学都接受命题的存在。要弄清楚"为何需要命题"，不妨对句子、陈述与命题做出区分。②做了这样的区分，我们就能发现为什么双重语用学行不通，因为其观点并没有系统地进行这样的区分。

1. 句子。句子是一个自然语言中任何一个语法正确、完整的序列，按组合性原则由名词短语和动词短语组成。组合性既具有句法的特征（因为句子是凭借形成规则由初级的成分，即词与短语构建而成），又具有语义的特征（因为一个句子的意义是由初级部分的意义与句法结构相结合而确定的）。

我们须区别句子类型与句子例示。例示是一个物理实体，是存在于纸上的一连串符号，或是一系列声波，也就是写出或说出的一个句子。例如，由语气符标示的疑问句、命令句或陈述句。陈述句作为直陈式，其涵盖面更广些，因为它还包括虚拟条件句等。在美国语言中，直陈式与陈述句是同义的。同一句子类型的鉴别标准是句法的。直陈式是真值条件的句例，而祈使式（劝告、指使、命令、疑问）、承诺式、宣言式、抒情式体现的则是其他满足条件的句例。按此区分，陈述句不能与言旨行为（illocutionary act）类型混为一谈，例如不能混淆"宣布"与劝告。③

2. 陈述。陈述是一个说出来的或写出来的句子所说的内容，即"说的是……"在非技术性的意义陈述情况下做出的陈述意义不明确，并未区分语句事件与说出的内容、写句子的行为与写出的句子。问题在于两个或者更多的语句是否做出了同一个陈述，即"关于同一件事

---

① Borg, *Pursuing Meaning*. 关于模拟理论和镜像神经元假设，参见 pp. 123-126；关于理论—理论与体态解读，参见 pp. 126-134。

② 我指的是有外延的区分，参见 Haack, S., *Philosophy of Logics*, Cambridge: Cambridge University Press, 1978, 75-78。

③ 关于对塞尔的言语行为理论及 D. 刘易斯的语态（宣言式、疑问式、祈使式）的真值条件解释的批判，参见: Starr, W. B., "Mood, Force and Truth", Yi Jiang & Ernest Lepore(eds.), *ProtoSociology* 31 2014: *Language and Value*, pp. 160-181。

说出了同样的东西"。例如，"你很伤心"（x 对 y 说）、"我很伤心"（y 说）、"*Ich bin in Trauer*"（y 用德语说）表达了同一个陈述或命题。这是个真值条件承载者或曰命题问题，难点在于句子的同义性。[①]

3. 命题。关于命题有三种说法。请记住，逻辑学和认识论的外延论者不承认命题（蒯因、戴维森等等），但是我们不同意他们的观点。在他们看来，不存在意义、命题、属性、关系、胡塞尔的意识对象（noema）等等。他们的问题是，命题是语言性的抽象实体，还是心理构造？

i. 命题是同义陈述句的集合。因此如果两个句子意义相同，那么它们表征了同一命题。跟陈述的情况一样，这里我们也面临同义性难题。[②]

ii. 模态逻辑的可能世界语义学以可能世界集合来鉴别命题，一个命题在其中为真，或者说是从可能世界到真值的函项。这是一个独立于语言的命题定义，即"如果'杰克和吉尔共有母亲或父亲'，那么这个句子表达的是同一个命题'杰克和吉尔同父异母或同母异父'"。在任一可能世界中，前者若为真，后者也为真；反之也是一样。

iii. 还有一个不同的说法是，命题是句子的内容或者不同语态的言旨行为。例如"詹姆斯关门""詹姆斯，关门！""詹姆斯关门了吗？"表达了同一个命题，即詹姆斯关门。这种所谓的命题内容不大可能是真值承载者的例子。这种命题内容恰恰不能以满足条件来确定。

概言之，这一点是明确的：句子、陈述、命题是有区别的，因为"可以有同一句子却不同陈述、不同命题，同一陈述也可以不同句子、不同命题，以及同一命题但不同句子、不同陈述"。[③] 原则上讲，这意味着语义学存在一个难题。但这并不等于最终裁决，因为对这个问题，语义最小论给出了一个解决方案。

（c）真与命题

具体而言，蒯因—戴维森的传统主张祛魅了命题。"逃离内涵"（蒯因）成了这一唯名论语义学的大宪章。然而这等于再次提出了这一问题：

为什么需要命题？

---

① 蒯因的观点是：陈述不能是命题，它们是公式，我们将它们与语义评价的条件相联系。关于蒯因的语义整体论的详细审查，参见 Fodor & Lepore, *W.V.O. Quine: meaning Holism and Confirmation Holism*, pp. 37-58. In *Holism. A Shopper's Guide*, Cambridge Mass.: Blackwell, 1992。

② 这是哈克所喜欢的，参见 Haack, *Philosophy of Logics*, pp. 76-77。

③ Haack, *Philosophy of Logics*, p. 77; Cartwright, R., "Proposition", In *Analytical Philosophy,* Vol 1, New York, 1962.

1. 真与语言。R. 卡尔纳普对真与关于真的知识、绝对真与对真的确认做了区分。[①] 后者是一个较大或较小概率的经验之真。关于真的知识本身并不是绝对的。塔尔斯基式的真之语义概念须与真之绝对概念相区别。前者相对于一种语言

i. "真 (S, L)",

即句子 S 在语言 L 中为真。

绝对真的概念则只是一个单目谓词 "为真（p）"。其中变量的值不是句子，而是命题。

卡尔纳普以真之语义概念来定义绝对真，即：

ii. "$T(p) = (L)[S, p, L 真 (S, L)]$"

—— "Des" 是个三目关系：

iii. "$Des (S, p, L)$"，即 S 指定语言 L 中的命题 p。[②]

如果我们承认命题存在，那么这一定义是成问题的，因为没有用语言表达出来的命题可能同时为真并且为假。[③]

2. 语义学陈述与关于命题的陈述。A. 帕普提出了下列问题。语义学陈述

iv. "'p' 为真" 与关于命题的陈述 "$W(p)$" 之间的关系是什么？[④]

他将

v. "$W(p)$"

与下面两个陈述之间的关系进行了比较，

vi. "谓词 'p' 应用于 x"

vii. "x 有属性 p"。

也许 x 有属性 p，但是谓词 "p" 并不能应用于 x，因为这个对象不具有谓词的属性。因此，帕普得出结论说，经验的真就是由某个事实对于一个命题的示例，就像由个体示例某些共相或性质一样。即使一个命题被断言为真，那也尚未陈述是什么事实使得该命题为真。即使 "地球上有红色车" 这一命题为真，这也并没有说出到底有多少辆红色车以及那些车在哪儿。[⑤] 在我们的日常使用中，真这一概念是一个非语义学的概念，就像示例性质和类的部分的

① Carnap, R., *Introduction in Semantics*, Cambridge Mass.: Havard University Press, 1942.

② Carnap, *Introduction in Semantics*.

③ 这是对帕普观点的批判，参见 *Analytische Erkenntnistheorie*, p. 67，我赞同这一批判。

④ Pap, *Analytische Erkenntnistheorie*, p. 67, 关于 "语义学" 和 "绝对" 真的概念的注释 (1953), pp. 148-154, Proposition, Sentences, and the Semantic Definition of Truth (1954), pp. 155-164, 165-179. In *The Limits of Logical Empiricism*. Ed. by A. Keupink & S. Shieh, Wien, 2006.

⑤ Bayleis, C. A., "Facts, Propositions, Exemplification and Truth", In *Mind* 57, 1948, pp. 459-479.

概念一样。^① 例如，诸如"雪是白的为真""雪是白的为假"的句子都有某个内容。因此，肯定有某种使得这些句子为真的东西（阿姆斯特朗：真值确定项），但句子本身则是空的。

3. 塔尔斯基式的真。这个问题在于塔尔斯基式的真之形式的等效表达式，如

viii. "波尔图是葡萄牙的城市为真，当且仅当波尔图是葡萄牙的城市"

并不一定是真正的语句。我们可以这样来考虑而不出现任何矛盾：即使波尔图是葡萄牙的城市，句子

ix. "波尔图是葡萄牙的城市"

不为真，因为这个句子可以不指定波尔图是葡萄牙的城市这一命题，而是指定了一个假命题。这种情况有可能出现，例如，当一个群体的语言变化发生时，这个句子指定另一个命题。从波尔图是葡萄牙的城市可以推出其他结论性命题，如"波尔图是葡萄牙的经济中心"——假设句子

x. "波尔图是葡萄牙的经济中心"

是一个分析性语句——或者说"葡萄牙只有一个经济中心"。但是却无法推出

xi. "波尔图是葡萄牙的城市"

这个句子指定波尔图是葡萄牙的城市这个命题。

因此，一个语义学命题的真值，如

xii. "波尔图是葡萄牙的城市"

取决于这个句子指定了哪一个命题，而关于波尔图的陈述的真值却并不取决于语义事实。从句子

xiii. "真（'p'，L)"推出结论"($\exists x$) 真 (x, L)"：

可以有许多句子推出 p，但是从 p 不能推出任何句子。

我们可以在等效句中考虑这样一种情形，

xiv. "'波尔图是葡萄牙的城市' 在语言 L 中为真，当且仅当波尔图是葡萄牙的城市"

是一个为假的句子。假如不存在任何用于说话的语言，该句子就为假。因此可以得出结

---

① 蒯因和戴维森观点不尽相同，但两人都主张原则上拒斥这一说法，即意义理论不设定属性、意义（sense）、命题或语义共相。戴维森特别指出，我们可以把命题作为一个下定论的问题加以接受，但是把命题作为实在化的意义则是没有用处的。参见 Lepore & Ludwig, *Donald Davidson Meaning, Truth, Language, and Reality*, Oxford: Oxford University Press, 2005, 第 3 章。关于命题作为内嵌有 "that- 从句"（名词短语 + 动词 +that+ 句子）的句子的意义问题，参见 Lepore & Ludwig, *Donald Davidson Truth-Theoretic Semantics*, Oxford: Oxford University Press, 2007, 第 11 章。

论，塔尔斯基式的真之形式的等效表达式并不是对真下定义的恰当性条件。①

4. 真与事实。为了定义真，我们需要"事实"这一词语，凭借这一词语我们陈述某一命题为真。一个为真的陈述符合一个事实。事实并非世界上实在的客体（罗素式事实），但它们满足真值或其他充实条件。一个命题得到满足的充实条件是一个事实，因此为真即等于一个具体说明某个真命题的事实。波尔图是葡萄牙的城市这一事实就是一个非语言性命题的真值满足条件。它不是使得命题为真或为假的句子的属性：一个陈述为真，当且仅当该陈述符合事实。这一看法与"说某个东西"（saying something）和"说的是什么"（what is said）的区分相吻合。

作为抽象实体的"命题"概念受到了不同角度的批评，例如"可及论证"或者"从未说出论证"（命题和性质即使未被说出也存在着）。一般从唯名论角度的论证是不存在作为抽象实体的命题。这一点尽人皆知。然而一个较少有争议的问题是，唯名论的"命题应当以句子——或曰句子示例的说出——来分析"这一论证却是行不通的。

（d）语义最小论的解释力

1. 理论假定。现在我们回到这一问题：最小论语义学的解释力是什么？

各种形式语义学的理论观点都只要求固定句子的内容，而不包括所意图的言外语力。关于句子内容，不存在语义直觉。然而，关于意图的语力，也没有任何直觉。语义最小论为下列三个假定辩护：

i. 存在着少量明显的语境敏感的表达式，它们对语义内容将只能产生微弱的效果，卡普兰的观点在此有作用②，

ii. 语义的语境敏感性是由句法和形态触发的，以及

iii. 对语境敏感表达式，即言语情境的语义真值的确定并不改变由句子语义表达的命题。例如，"彼得是一只驯鹿"为真，如果彼得的情况确实如此，并且句子表达了彼得是一只驯鹿的命题。在把语义内容假定为命题或真值条件问题上，语义最小论是中立的。

在我看来，语义最小论希望表明，如果我们假定温和语境论行得通，那么应用 CSA 接下来会导致激进语境论。如果存在不属于语境敏感表达式集合的某个语境敏感表达式 α，那么在这一条件下我们的假定是合适的。因此，温和语境论的观点在语义学中不是一个稳定的选项（不稳定论证）。理由是，如果我们接受只有某个特定的表达式集合才具有语境敏感的角

---

① Pap, *Analytische Erkenntnistheorie*, pp. 64-65, 68.

② Kaplan, D., *Demonstratives*, p. 489.

色，那么在语义值的确定、语境敏感的语义表达式以及情境解释之间，就只有一种划出界线的方法。①

主要问题"为了解释一个句子的语义内容，到底需要多少语用学"的回答来自卡佩朗和勒坡尔的最小论观点，即"不需要多少"，但是对于问题"为了解释一个说出的语句所说的是什么，需要预先假定多少语用学"的回答却是"很多"。理由是，在言语行为中有影响作用的命题集合的大小是不确定的。鉴于此，语义最小论将最小语义学与言语行为多元论相联系。一个解释者必须假定说话人的言说表达的命题集是不确定的。这些命题中，有的与句法结构完好的句子及其语义内容没有关系。显然语义最小论不能接受他们这一版本的语义最小理论。从最小论的观点看，存在着无穷多命题的看法是不可接受的。我们需要以另外的框架来看待这一问题，以使语义最小论足以强大而应对其反对者。

说话人常常不会意识到我们这里所谈的情况，这没有争议。我们只有在自己的言语交际联系出现问题时才会对这些有所意识。从解释者的角度看，这一信息应该通过修订使得语言行为可理解这些假定情况并将之加在做出解释的假设前提之上。② 显然，语义最小论不能接受这一个理论版本。

2. 博格的问题。然而自卡佩朗和勒坡尔引发这场论战以来，为了应对语义最小论的反对者们，"语义最小论是否足够最小"的问题浮现出来了。对语义最小论者与语境论者的区分其实不必刻意关注语境敏感词项的范围或语义学中的运作机制问题。③ 这些词项是索引词项，这没什么争议，但是它们具有作为一个表达式类别的语义统一特征。因此，语义最小论认为，索引词既然是表达式的一个语义类，那就不应当仅仅把索引性作为这类词项的基本特征。我们提出这一理论观点之后，获得了一个令人惊讶的结果。请记住，这个观点是这场论战开始后才出现的，因而不啻为关于索引词语义学问题的一个新观点。

索引论的一个问题原则是：如果这些表达式只指称个别情境，那么并非不可能确定一个情境集合，即在时空框架内具有唯一指称对象的索引词或参照点的集合 x。姑且称此为索引词有限集与索引词开放集之间的"桥接原则"，尽管卡佩朗和勒坡尔对此颇为反对。

---

① 从语义最小论的观点看，基本集合通过了语境敏感性的不同测试，即"跨语境去括号间接报告测试"和"跨语境去括号测试"等。语境敏感表达式的分类有赖于这些表达式是否通过了测试。如果我们假定说话人和解释者处于不同的情境中，那么最小命题就保证了所报告的内容是语义内容，并且与此同时同样的内容也以宣称、建议等方式被表达。

② Cappelen & Lepore, "Shared Content", In Lepore, B. C. Smith, *The Handbook of Philosophy of Language*, Oxford: Oxford University Press, 2006, pp. 1020-1055.

③ Borg, *Minimalism versus Contextualism in Semantics*, p. 358.

每一个参照点 x 是存在于 x 上的实体组成的集合 yx。如果对于每一个参照点 x，常量的外延是固定的，那么其意义（内涵）也是固定的。指示词指称关系的解释与参照点 x 之间的关系应由真之概念来定义。[①]

其蒙塔古过程是这样的：

（a）指示词的指称有赖于具体情境。第一步：确定一个情境集合，即索引词或参照点的集合 I，由此固定各种可能情境的相关特征的复合体。时间属性仅要求时间点。

（b）对于每一个参照点 i，确定一个存在的实体的集合 Ii。

（c）谓词和个体常量的解释要求一个函项 F，使得每一个常量和每一个参照点 i 与它们的外延相配对。一个个体常量的外延是 UIi（U 为语篇总体）的一个成分，并且一个 n 位谓词常项的外延是 $(UIi)n$ 的一个子集。对于每一参照点，如果常量的外延得到固定，那么其意义（内涵）也就固定了。

（d）下一步就是对操作算子的解释。每一个算子都与一个关系 R 相配对，即组成一个配对的集合，其前列部分是参照点，而后列部分则是参照点的集合。

以这种手段，我们能够给出一个索引词解释概念的模式化理论定义。这将是接下来进一步研究的课题。[②]

值得一提的是，桥接原则的应用要求可及性原则。如果我们假定索引词是语义类，那么语义特征就是它们的交互参照，比如，"这儿"就与"那儿"交互参照。对于空间索引词，这是得到空间坐标体系保证的。然而，空间参照点本身对我们不是直接可及的。这只有在直接亲知的情境中才有可能，直接给予我们的唯一实体只能是亲知的实体。这些实体自身处于时空体系的框架之中。

3. 词项"我"。卡普兰关于句子的特征和内容的区分是众所周知的。如果我说"我牙疼"

---

① Montague, R. M., "Pragmatics", pp. 95-118, "Pragmatics and Intensional Logic", pp. 119-147. 他在 *Formal Philosophy. Selected Papers of Richard Montague*（Yale: Yale University，1976）一书中已经将索引词或索引句的形式化分析命名为了"语用学"。但是他的形式化描述在语义学领域中也行得通。内涵逻辑并不要求我们承诺任何语用学。

② 下一步将确定算子 N 对于 R 的满足条件，即进一步确定索引词语义与内涵语言的联结。用内涵语言是为了定义命题算子。例如，内涵语言的一个运用就是认识论逻辑，参见 Montague, "Pragmatics and Intensional Logic", In *Formal Philosophy. On an intensional semantics*, pp. 119-147; F. von Kutschera & Einführung in die intensionale Semantik, Berlin: W. de Gruyter, 1976。

而另一个人也说"我牙疼"，那么这两个人说出的句子就具有不同的内容，但是该句子类型的示例却有着相同特点。这一特点决定了相应于不同语境的内容，因此该句子的特点就是可能语境对于命题内容的函项。卡普兰区分了"指示词"（如"这个、那个"等以明示方式起作用的词）与"纯粹索引词"（如"我、这里、今天、昨天"等不要求明示的词）。纯粹索引词的指称不能由语言性规则充分地确定。指示词则有"联结指示"规定性，在意图性表达式中得到理解，因为身体姿势本身并不保证能固定其指称。①

说出"我"一词的说话人直接指称他自己，并且"我"可以指称"我"自己而无须确定自己的身份（性质索引词、直接归属）。我不可能指示我自己。这种情况下，其实并不存在指示性内容。我与我自己直接亲知。因此，我并不是由说出"我"这个词而被鉴别的对象。的确，我不可能从第三人称立场把某个属性间接地归属于我自己。因此，单词"我"并没有弗雷格式的意义（sense）。我并未称此为"认识论限制条件"（G. 伊凡斯，他部分地继续了 P.F. 斯特劳森的解释），因为这不是一个关于自我指称知识的认识论关系。因此，指示词并不只是因说话人（施动者、思考者）具有某个身份识别地位（对象）而起作用的。说这是"自我"（de se）限制条件会更合理些（D. 刘易斯、R. 齐硕姆、H.-N. 卡斯丹涅达）。但是，在打电话时，如果通话的人对他的受话人说"我"，却只用了"我"这个词，那么受话人是无法把该通话人鉴别为某个个人的。例如，通话人必须使用"昨天你见过的，答应星期三下午一点给你打电话的那个人"之类指称性表达，以使得受话人能够识别出自己。② 这是一种假设了直接归属为前提条件的间接归属。

博格论证说，听话人听到"我是 F"这句话时，会断言这句话为真，"如果 a 是'我'示例的说出者，那么 a 就是 F；但词项'我'的引入先行地保证了无论 a 是一个什么对象，都必须是'我'这一示例的说出者。于是，正如我们想要的那样，在我们的语义理论（基本公理的层面）中有一个意义的方面扮演着重要角色，却并不出现于所说出的句子最终明确给出的真值条件中"。③ 这与我表达的理论倾向非常接近。但对该示例词的引入，我们还得做个补

---

① Borg, *Minimal Semantics*，关于 J. 佩里的与"无认识限制的指示性内容"相应的"反身的"和指称性内容，参见 pp. 186-186；关于"特点的性质"，参见 pp. 196-203；关于"反身性内容完全不是语义内容"，参见 pp. 203-208. S. Edwards, *Externalism in the Philosophy of Mind*, Aldershot: Avebury, 1994. 关于指示性思想即伊文斯关于指示性思想的理论，参见 pp. 157-192。

② Preyer, "What is Self-Reference?", In *Back to Cartesian Intuition. Internalism, Externalism and the Mental.*（付梓中），*Subjektivität als prä-reflexives,* Bewusstsein. *Jean-Paul Sartres bleibende Einsicht. Zu Manfred Franks Präreflexives Bewusstsein. Vier Vorlesungen.* Academia.edu under Preyer unit Consciousness, *Mind*, 2015.

③ Borg, *Minimal Semantics*, pp. 166-167.

充，该词的说出者具有关于自己的心理状态的直接意识。这样，我们以准指示的方式（卡斯丹涅达）从第三人称角度做了意识归属。

4. 形式路径。让语义最小论足够最小，这是个意义研究的形式路径问题。博格与卡佩朗和勒坡尔在这点上意见一致：语义内容不同于言语行为内容，但是卡佩朗和勒坡尔的观点接受了语义内容是言语行为内容之一部分的看法。而强式的语义最小论将放弃这一承诺。但在一点上没什么争议：言语和交际的情境许多是不确定的。普通说话人在各种不同的环境情况下可能把握也可能不能把握字面意义与交际意图，但是随着解释过程开始，某种统一的能力作为前提还是必要的。

5. 分开来解释。字面意义先在性与分开解释意味着，对于做出能理解的再描述，存在着许多不确定的言语情境，但是句子和语义地表达的命题之间存在着关系。这个关系应当由语义学理论来分析。

之所以把语义内容和不确定的语境分开来解释，是基于这么一个观察：关于所意图的言语行为内容不存在系统的理论。按此说法推断，下列几点之间没有固定联系：

i. 句子的语义内容，

ii. 最小的表达出的命题，以及

iii. 言语行为所意图的命题。

所意图的命题与卡佩朗和勒坡尔所说的"言语行为内容：无限多命题"还有所不同。所意图的命题完全不是言语行为内容，而是所意图的事件、状态或行动（交际）。卡佩朗和勒坡尔描述了"语义地表达的命题（最小语境敏感性）"与"无限多的用来解释说出来的话的语境"之间的情况（"无限多的话语解释语境"，照此，我们就"没有理论、不系统"？）语义、语境分开解释原则上不可消除。但是我们可以用"桥接原则"来处理这一问题。至于其应用在多大程度上能成功，那则是个经验问题。

语义最小论拒斥语义学中的"原语句中心主义"，即假定言语行为的内容是由参照说话人假定的东西、听话人和言语情境的确定而确定的。而语境敏感表达式的基本集合在此没有理论价值。这样做的令人惊奇的结果是，索引性指称并不是实质地隐含在一个话语语句中被语用地触发的隐义。所有这些都是第二步的再确定（再解释），都有语义的核心内容作为预先假定。

（e）最小普通语义学

1. 格赖斯的隐义。博格回顾了两个版本的基于意图的语义学理论，即格赖斯的（A-式）、斯波伯和威尔逊的（B-式），并分析了两者的区别。[①]A-式的关键概念是说话人意义，即通过

---

① Borg, "Intention-Based Semantics", In Lepore & B. C. Smith (eds.), *The Oxford Handbook of Philosophy of Language*, pp. 250-266.

说出某个语言单元 x，说话人 U 意味了 p；p 由说话人的意图来解释：说话人意图让听话人识别出自己的意图从而产生引起听话人某种反应的效果。[①] 这些意图是自指的，因为只有当它们自身被识别，才能得到满足。语言交往中意图识别的先决条件就是听话人对字面意义的认识。博格强调说格赖斯采用的是语义学策略，虽然他自己并未使用语义学和语用学的术语来区分"说的是什么"和"隐含的是什么"。而 B- 式则不承认说话人意图的优先地位，认为是关联性使得意图可理解。[②] 两者的理论都认为语义内容取决于说话人意图。

2. 基于意图的语义学。这两个版本的基于意图的语义学在如下三点上有所不同。

i."句子或说出的语句是语义内容的首要承载者吗？"格赖斯认为说话人意义是关键。语义内容是附着在句子上，而不是附着在说出的语句上的。说话人的常规意义呈现在句子层面。斯波伯和威尔逊则认为，说出的语句只不过是语义内容的示例。言语行为（明示行为）是直接与命题性的意图状态相联系的。[③]

ii."语义内容的获取涉及何种认知过程？"格赖斯的观点是，意义是经由句法途径获取的。听话人通过识别句法成分及其常规用法来把握句子的语义内容，而无须读出他人想法，因为一个说出的特定语句说的是什么是具有先在性的。斯波伯和威尔逊则认为，对语义内容的理解是"基于推理的"，是"推论行为"，推论所基于的证据则来自听话人，其兴趣、倾向性、相互知识、背景态度等，这要求听话人读出说话人的心思。[④]

iii."语言性意义是否是一般明示行为的一个种类？"格赖斯并不把语言融入言语交际行为之中。而斯波伯和威尔逊的观点则是，用语言做事原则上就是明示的行为。"手指着蛋糕的同时哑哑嘴唇与直接向蛋糕师傅索要一块蛋糕"之间没有任何区别。[⑤] 从观察者的角度，需要的是一种读出行为者心思的理论来解释其行动。[⑥]

在说话的意义的理解方面，这两个理论观点的主要区别是：A- 式宣称语言理解的所有特征都是意图机制，而 B- 式则宣称理解就是推论过程的解码。两者都没有回答语言性意义原则

---

① 关于对格赖斯的"老"批判，参见: Ziff, P., "On H. P. Grice's Accont of Meaning", *Analysis* 28. 1 1967, pp. 377-388, 关于格赖斯隐义，参见: Cappelen, Semantics and Pragmatics: Some Central Issues, pp. 9-20. In Preyer, Peter eds. *Context-Sensitivity and Semantic Minimalism*。

② Sperber & Wilson, *Relevance: Communication and Cognition*, "主要论点是……一个明示行为带有关联性的保证，而这……关联原则将明示行为背后的意图显示了出来", p. 5.

③ Borg, *Intention-Based Semantics*, pp. 257, 263.

④ Borg, *Intention-Based Semantics*, pp. 257-258, 261-263.

⑤ Borg, *Intention-Based Semantics*, p. 259.

⑥ Borg, *Intention-Based Semantics*, pp. 259-260, 260-261.

上是特殊的这一问题。博格倾向于 A- 式，将意图置于交际之中。这一倾向同时又伴随了对字面意义理论中意图的作用的修订。于此，语言意义有别于明示意义和体态意义。

3. 最小普通语义学。我赞同语义最小论的观点，即在句子意义的分析中

i. "说出某事"（saying that）的字面意义须区别于

ii. 由句子的说出而施行的言旨行为，即说出一句话做了什么，并且

iii. 这两者都应当与说话人意图区别开来，即与说话人打算做什么区别开来。

由此可以得出结论，对于不同情境下说了什么进行的再描述，说话人的意图并非获取字面意义的前提条件。

姑且称此为一种"最小适度语义学"观点。这一观点并不聚焦于句子类型的抽象，而是强调句子类型的说出，借此确定真值或满足条件的内容。但句子类型无论如何使用也不改变其意义。

在我看来，这是在论战中产生的语义最小论观点导致的一个融贯的结果。根据这一观点，字面意义的语义内容是语义地先于各种言语行为意图的。因此，言语行为内容无论如何都绝不是语义内容的一部分。句子是语义内容的首要承载者。这是对语义学最深层次的问题即语言交际如何可能的问题的一个解释：就说话人具有语言能力而言，在听话人或受话人无法获得给定语境中言语行为的经验意图的情况下，语言意义是跨越所有语境的。因此，一个句子字面表达的意义并非由说话人意图来固定，且没有任何意图能够转换其意义或者生成一个言语行为内容。

命题内容的把握当然伴随着

i. 言语行为时间点的明确，以及

ii. 单称词项的指称作为命题内容的验证条件。

但是单称词项，特别是索引词，使命题内容得以明确。这并不等于真值的相对化，也不是语用效果。若一个陈述为真，则该陈述无限制地为真。例如，句子"九月一日晚上九点纽约（过去或现在）在下雨（is 或 was raining）"永远为真。语义最小论面临的问题是，与句法驱动的语义内容获取相反，说话人的意思是什么取决于说话人的视点。姑且称此为"索引性问题"吧。①

---

① Borg, *Pursuing Meaning*, 第 4 章；Preyer, *Donald Davidson's Philosophy. From Radical Interpretation to Radical Contextualism*, Frankfurt a. M. 2011 (second edition), pp. 300-308. 但是我认为，出于言语行为多元主义的观点，我们不排除解释的认识论限制。问题不在限制本身，而在于我们将限制放在我们的参照框架中的什么位置。

4. 意图与语力。若关于指称以及解歧的问题出现，那将是一个鉴别说话人说的是什么的问题。这正是语义最小论的解释力所在，原因就是双重语义学在此没有作用。因此，有必要放弃传统的语义—语用区分，因为

i. 字面意义的理解须有别于

ii. 获得对言语行为所意图的语力的领会。①

所意图的语力应由说话人意图来系统化，因为关于言旨行为的语义理论不完全是语言力的理论。然而也是在这个（语力理论）领域内，对许多言旨行为，说话人并非都必须通过所意图的语力来加以领会，比如下命令作为一种制度化了的言旨行为便是如此。在我们为说话人和说话群体即为语言交际所构建的解释理论中，字面意义是有关联的，例如做出断言、给出建议、进行许诺等。② 基于此，我们可以施行一个言旨行为而意图却是另一个。例如，说话人说出"彼得新领养了一只狗"这个句子，意图却是警告，如"当心点儿，他的狗是恶狗"。命题"彼得新领养的狗是一只恶狗"并不是说话人所意图的命题，但也不是言语行为的内容。这一意图并不为字面意义增加进一步的内容或者改变字面意义。说话人想要听话人识别出某个命题的意图有必要与字面意义区别开来。基本的区分就是字面意义与说话人意图的区分。字面意义的言语行为实现并不是语义内容本身被放入了语言力中，因为意图的识别、接受或拒绝以及是否遵从等取决于听话人方面，是言语行为的成功条件。但是这些条件在任何语言中都不是言语行为的实现条件，因为这些条件压根儿不依赖听话人或目标群体。因此，我们在作为特定语言中实现条件的言旨行为的句法—语义特征与言旨行为的成功条件——听话人的理解、接受与否、执行情况——这两者之间做出了区分。理解本身从根本上讲有赖于字面意义的概念。如果这一观点行得通，那么只有词语解读，不存在心思解读。关于说话人的任何直觉话语内容的理论都不可以对此进行想当然的处置。

---

① Borg, *Pursuing Meaning*, 关于语义关联的意图，参见 pp. 112-115. 关于对奥斯丁与格赖斯的领会获得观点的批判，参见: Strawson, P. F., "Intention and Convention in Speech Acts", In *Logico-Linguistic Papers*, London: Methuen, 1971, pp.149-169. 对塞尔的批判参见: *Speech Acts. An Essay in the Philosophy of Language*, Cambridge: Cambridge University Press, 1969 (first edition), pp. 42-50 以及 Schiffer, S., *Meaning*, Oxford: Clarendon, 1972, pp. 143-154, 他引入了相互知识的概念来处理格赖斯（1957）的问题。

② 如果说出任何一个句子或词构成一个"命令"，那么下命令的行为与非同义的句子相关，例如"走！"和"我命令你走！"。如果说话人给出建议，那么他就做了某件事，但是我们描述的不是听话人将来的行动。如果将来的行动确实完成，那么我们描述的是事态。说话人所说出的是一个有待满足的开放命题。关于说话人是否有权给出建议的推论是一个特定的交往条件，它并不为说出的开放命题语义地增加些什么。但是我们无须规则控制行为来句法地或语义地固定语气，而语气也并不经验地确定（所意图的）语力。

总之，说话人意图并非语言意义的关键。语义内容只有一个，具体言语和行为情境中有待识别的意图则各不相同。交际意图的识别不是一个神奇的事件。我们不过是把说话意义的进一步信息加在了对语义内容的解读之上。语义最小论不会把任何版本的心思解读当作解释的限制条件。

5. 反对说话人指称。博格认为，在一个特定言语情境 s 中，"这是红的"的语义内容包含一个处于主词位置的单称概念，其内容已经被说话人的指称所穷尽。任何听话人进行语言性理解的基础就是，给定"概念的特点内容"，听话人将按照其示例自反描述而思考该对象："说话人以示例词项'那个（that）'所指称的实在对象。"既如此，听话人不必实质性地鉴别出该对象。可以断言，"那是 F"的所有示例都具有同样的非命题意义（基于特点的内容），而说话人说出的话（意图）在不同的语境中可以指称无穷大数量的不同对象。①

如果我们假定句子所表达的命题态度须靠满足条件来评价，那么这些态度的施行就应该归入这些条件的语义学范畴中。②

（f）后果

1. 论战结果。哲学和语言理论中的这场论战由语义内容的真值或满足条件的范畴归属所引起。同时论战之外又没有其他道路可走，因为对语义学中真值条件的角色问题的回答不是为了各方观点的和谐。根本的冲突在于对这一问题的回答：对"说了什么"这一概念该如何进行分析，即什么是语义属性，如命题、真值或其他满足条件等，以及言语行为的理解中直觉判断的作用是什么？这场论战不可能消除，因为关于语义理论的范围原则上有着不同的假定。

这场论战中出现的令人意外的理论立场是

i. 索引词是一个语义表达式的类，

ii. 只有语义内容，不存在言语行为内容，

iii. 没有任何意图能改变语义内容，无论它是什么，

iv. 但每一个语义内容都可以被带着不同的意图而说出来；所意图的命题是说话人（施动者）的意图，须由情境的确定来加以识别。

奥斯丁曾指出，言旨行为不是陈述。与之相反，批评者认为每一个言旨行为同时也是陈述。其实两者都是对的，比如，如果我说出一个许诺，那我就做了某件事，但我是靠说出某个东西来做这件事的。然而，任何语义内容（命题）的说出都不可能绝对地决定言语情境的

---

① Borg, *Pursuing Meaning*, pp. 135-140.
② 但是关于心理，不能仅由命题态度来刻画其特点。所有心理状态都统一于主观经验。

后果，即听话人会做什么。交际历程中发生的事情总可能出现分叉，鉴于所谓"定义与情境逻辑"，社会交往或多或少都可能出现事件的分叉发展。

语义、语用分开解释总体上行得通。最小普通语义学已"最小"，足以回应语义最小论的反对者们提出的一般性挑战：多重言语行为情境中的语句的非字面意义并不为说出来的句子增加任何进一步的内容。不存在这样的内容。既如此，说话人的意图由听众来进行识别。不同的意图并不给语义内容提供更进一步的内容。说出来的句子如果没有字面的语义内容，那么不同意图的识别是不可能的。纯粹的施为式，例如"哎哟！"等，也不构成对命题论观点的证伪。没有任何行为或使用能够赋予我们的语词以其意义。如果语词意义是行为或使用赋予的，那将不可能存在使得我们能够理解从未听到过的句子的语言生成性，且此观点的后果就是，言语解释无须存在，因为交际终究是成功的。"语言的使用"是一个混乱的观念。我使用咖啡机来煮咖啡，但我无法使用语言或句子来下断言或给建议。说出来的是句子。我或许会有不同的意图并且能通过说出或写出某些东西来追求自己不断改变着的目的，但这里的关键是我们必须把语义学和行为理论区别开。

2. "他们再也回不来了！"博格按此思路做了论证并宣称语义最小论是"市面上最佳的游戏"。[1] 很显然，我们若没有先把握字面意义，就不可能对言语行为有任何理解。从博格对所发生的这场论战进行的系统梳理可以断言，论战具有比其表面看上去更加深刻的价值，因为语义和非语义言语行为的混乱区分如今原则上必须放弃。具体说，现在已到了终结维特根斯坦式解释产业的时候了。博格在这场论战中的理论立场昭示着一个结局：维特根斯坦思想和语用学再也回不来了，因为言语行为并没有语义内容和语用内容的区分："旧约中的上帝是一个严格得近乎苛刻的上帝。"[2][3]

参考文献：

Bach, K., "The Excluded Middle: Minimal Semantics without MinimalProposition", *Philosophy and Phenomenological Research* 73, 2007.

——, "The Top Ten Misconceptions about Implicature", In B. Birner, G. Ward (eds.), *Drawing the Boundaries of Meaning: Neo-Gricean Studies in Pragmatics and Semantics in Honor of Laurence R. Horn*, Amsterdam: John Benjamins, 2006.

---

[1]　Borg, *Pursuing Meaning*, p. xxii.

[2]　Fodor & Lepore, "Why Meaning (Probably) isn't Conceptual", In *The Compositionality Papers*, p. 26.

[3]　许多评论人都提供了有价值的指示。我特别感谢亨利·K. 雅伦诺夫斯基对本文的关注。

Bayleis, C. A., "Facts, Propositions, Exemplification and Truth", In *Mind* 57, 1948.

Borg, "Minimalism versus Contextualism in Semantics", In Preyer, Peter (eds.),*Context-Sensitivity and Semantic Minimalism*.

——, *Minimal Semantics*, Oxford: Oxford University Press, 2004.

——, "Intention-Based Semantics", In Lepore, B. C. Smith eds, *The Oxford Handbook of Philosophy of Language*, Oxford: Oxford University, 2006.

——, *Pursuing Meaning*, Oxford: Oxford University, 2012.

Cappelen, H. E. Lepore, *Insensitive Semantics. A Defense of Semantic Minimalism and Speech Act Pluralism*, Malden MA: Blackwell, 2005.

——, "Shared Content", In Lepore, B. C. Smith, *The Handbook of Philosophy of Language*, Oxford: Oxford University Press, 2006.

Cappelen, H., "Semantics and Pragmatics: Some Central Issues", In G. Preyer,G. Peter (eds.), *Context-Sensitivity and Semantic Minimalism. New Essays on Semantics and Pragmatics*, Oxford: Oxford University Press, 2007.

Carnap, R., *Introduction in Semantics*, Cambridge Mass: Havard University Press, 1942.

Carston, R., *Thoughts and Utterances*, Oxford: Blackwell, 2002.

Collins, J., "Syntax, more or less", *Mind* 117, 2007.

Chomsky, N., *New Horizons in the Study of Language and Mind*, Cambridge: Cambridge University Press, 2000.

Dancy, J., *Ethics without Principles*, Oxford: Oxford University, 2004.

DeRose, K., "Contextualism and Knowledge Attribution", *Philosophy and Pheno-menological Research* 52, 1992.

Edwards, S., *Externalism in the Philosophy of Mind*, Aldershot: Avebury, 1994.

Fodor, J.A., E. Lepore, *Holism. A Shopper's Guide*, Cambridge Mass: Blackwell, 1992.

——, *The Compositionality Papers*, Oxford GB: Oxford University Press, 2002.

——, "Why Meaning (Probably) isn't Conceptual", In *The Compositionality Papers*.

Haack, S., *Philosophy of Logics*, New York: Cambridge University Press, 1978.

Hawthorne, J., *Knowledge and Lotteries*, Oxford: Oxford University Press, 2004.

Hauser, M. D., Chomsky, W. T. Fitch, "The Faculty of Language: What is it,Who has it, and how did it evolve?", *Science's Compass* Vol. 298, 2002.

Kaplan, D., "Demonstratives", In J. Almog, J. Perry & H. Wettstein (eds.), *Themes from Kaplan*, Oxford: Oxford University Press, 1977.

Katz, J. J., *Propositional Structure and illocutionary Force. A Study of the Contribution of Sentence Meaning to Speech Acts*, Hassocks, Sussex: Harvester Press, 1977.

Kempson, R. M., *Semantic Theory, Cambridge Textbooks in Linguistics*, Cambridge: Cambridge University Press, 1977.

Kölble, M., "Motivations for Relativism", In M. Gracia-Carpineto, M.Köbel(eds.), *Relative, Truth*. Oxford: Oxford University Press, 2008.

Kutschera, F. von, *Einführung in die intensionale Semantik*, Berlin: W. de Gruyter, 1976.

Lepore, E., K. Ludwig, D. Davidson, *Meaning, Truth, Language, and Reality*, Oxford: Clarendon Press, 2005.

——, *Donald Davidson's Truth-Theoretic Semantics*, Oxford: Oxford University Press, 2007.

Lepore, E., M. Stone, *Imagination and Convention. Distinguishing Grammar and Inference in Language*, Oxford: Oxford University Press, 2014.

Ludwig, K, "The Truth about Moods", In Preyer, G. Peter, Ulkan (eds.),*Concepts of Meaning. Framing an Integrated Theory of Linguistic Behavior*, Kluwer Publisher, *Philosophical Studies Series* Vol. 92 (2003). Springer: Wien, 2012.

MacFarlane, J., "Semantic minimalism and Nonindexical Contextualism", In Preyer, Peter(eds.), *Context-Sensitivity and Semantic Minimalism*. Neale, S., "Heavy hands, Magic, and Scene-Reading Traps", *European Journal of Analytic Philosophy* 3, 2007.

Montague, R. M., *Pragmatics. In Formal Philosophy. Selected Papers of Richard Montague*, Yale: Yale University, 1976 (second edition).

——, Pragmatics and Intensional Logic, In *Formal Philosophy*.

Pagin, P. F., J. Pelletier, "Content, Context, and Composition", In Preyer, Peter (eds.), *Context-Sensitivity and Semantic Minimalism*.

Pap, A, *Analytische Erkenntnistheorie*, Wien: Springer, 1954.

——, *The Limits of Logical Empiricism*, A. Keupink, S. Shieh(eds.), Wien: Springer, 2006.

Pietroski, P., "Meaning before Truth", In Preyer, Peter (eds.), *Contextualism in Philosophy*, pp. 255-302.

Platts, M., *Ways of Meaning. An Introduction to a Philosophy of Language*, London: Routledge.

Predeli, S., *Contexts*, Oxford: Oxford University Press, 2005.

Preyer, G., "Anhang Sprechaktsemantik: J. L. Austin, J. R. Searle, H. P.Grice, P. F. Strawson", In Preyer, M. Ulkan, A. Ulfig Hrsg., *Intention,Bedeutung, Kommunikation. Kognitive und Handlungstheoretische Grundlagen der Sprachtheorie, Kognitive und handlungstheoretische Grundlagen der Sprachtheorie*, Wiesbaden: Westdeutscher Verlag, 1997, free to download: Academia under Preyer, unit Action, Intention,Communication.

Preyer, Peter (eds.), *Contextualism in Philosophy: Knowledge, Meaning, and Truth*, Oxford: Oxford University Press, 2005.

——, *Context-Sensitivity and Semantic Minimalism. New Essays on Semantics and Pragmatics*, Oxford: Oxford UP, 2007.

Preyer, Peter, *Donald Davidson's Philosophy. From Radical Interpretation to Radical Contextualism*, Frankfurt a. M.: Humanities Online, 2011 (second edition).

——, *Von der Radicalen* übersetzung *zur Radialen Interpretation – Quine, Davidson und darüber hinaus*, free to download: Academia under Preyer, unit Davidson, Quine, 2015.

——, Subjektivität als präreflexives Bewusstsein. Jean-Paul Sartres bleibende Einsicht. Zu Manfred Franks Präreflexives Bewusstsein. Vier Vorlesungen. Academia under Preyer unit Consciousness, *Mind*, 2015.

——, "What is Self-Reference?", In *Back to Cartesian Intuition. Internalism, Externalism and the Mental*, Forthcoming.

Recanati, F., *Direct Reference. From Language to Thought*, Oxford: Blackwell, 1993.

——, *Literal Meaning*, Cambridge: Cambridge University Press, 2004.

Segal, G., "Indexical Predicates", *Mind and Language* 24, 2009.

Schiffer, S., *Meaning*, Oxford: Clarendon, 1972.

Sperber, D., D. Wilson, *Relevance: Communication and Cognition*, Oxford Blackwell, 1986.

Stanley, J., "Context and Logical Form", *Linguistic and Philosophy* 23, 2000.

——, "Nominal Restriction", In Preyer, Peter (eds.), *Logical Form and Language*, New York: Oxford University Press GB, 2002.

——, "Semantics and Context", In Preyer, Peter (eds.), *Contextualism in Philosophy*.

Starr, W.B., "Mood, Force and Truth", In Yi Jiang, Ernest Lepore (eds.), *Language and Value*, *ProtoSociology* 31, 2014.

Strawson, P. F., "Intention and Convention in Speech Acts", In *Logico-Linguistic Papers*, London: Methuen, 1971.

Travis, C., *The Uses of Sense: Wittgenstein's Philosophy of Language*, Oxford: Oxford University Press, 1989.

——, *Occasion-Sensitivity*, Oxford: Oxford University Press, 2008.

Ziff, P., On H. P., "Grice's Account of Meaning", *Analysis* 28.1, 1967.

原文发表于:

https://www.researchgate.net/publication/307108161, The power of insensitive semantics No way out of the schism, January, 2015.

知识归属与语境敏感性

——评李麒麟博士新著《知识归属的语境敏感性》一书

◎ 叶闯

　　山西大学哲学社会学学院

　　原来就知道麒麟一直在写一本关于认识论之语境主义的书。这个话题是他的一个强项，一个他长期关注并长期持续思考的问题。一个行家在自己的主场上，与自己的老对手打球，无论如何应该是值得一看的。终于看到《知识归属的语境敏感性》，不只是觉得确实值得一看，还非常想发表一点议论。为什么不说"评论"，因为我对知识论确实不是行家，"评论"在用法上有点越界。即使如此，我又不能说我是"略知一二"，那样就太不谦虚了。大家都清楚，"略知一二"在典型语境下并不能字面地理解，就像领导们说"我只讲两句"在典型语境下并不能字面地理解一样。不管怎么说，过去一些年，还是看过对外行来说不是太少的知识论文献，虽然算一个退役球员都有点勉强，可毕竟多少也算是一个资深票友。因此，也可字面地说，我略知知识论二三（行家是八九，也是字面来理解），发表点场外议论应该还不算胆子太大。

　　假如我们在谈语言哲学，语境敏感性当然是一个标准的话题，一些语言哲学家差不多就是靠这个为生的。这个问题依赖于问法的不同及理解的不同，是可大可小的。往大了说，它涉及语义与语用的分界线在哪里的问题，于是在某种意义上也涉及语言知识与形而上学知识的分界线在哪里的问题。再往大了说，涉及思想的概念结构、分析性等等。当然，实际的分析哲学家在实际的工作中，通常是选择往小了说。这时候，语言哲学家把需要解决的哲学问题贴到自己办公室的墙上，转身投入具体语言形式或事实的考察，风格有点类似于语言学家、心理学家或社会学家。当然，哲学的背景、哲学的工具、哲学的概念等一直是融入实际的思考中的，毕竟她（他）们是以哲学家的身份在工作，以解决墙上的那些哲学问题为目标。

　　几乎没有实际的语言哲学家否认，有些语言表达式的直观理解的意义受到语境因素的影响，即所谓"语境敏感性"现象，争议只在于这个影响的范围和性质。一个极端是所谓最小主义（minimal semantics），限制语境敏感表达式到一个极小的集，且影响的方式限制到必须以句法的方式（syntax-triggered）。语境主义走另一个极端（极端在此并不是一个点，而是一个区间，因此有强弱之不同），想把语境敏感表达式的集扩大到那些直观上的非语境敏感的表达式，并把语境影响的方式说成在核心的方面是语用的。如此理解，似乎知识论的语境主义只是把"知识"或"知道"等加到语境敏感表达式的集中。如果你是一个极端语境主义者（radical contextualist），相信所有的语言表达式都是根据语言使用的多样的机制，而为语境敏感的，那么，"知识"是语境敏感的，只是一个简单的推论，一个全称举例。似乎，我们只需要做正确的语言哲学，就可以解决知识论问题。这显然是一个像我这样站在知识论的场外又声称在搞语言哲学的人容易得出的但错误的结论。

关于认知的语境主义是非常实质的知识论结论，至少其支持者和很多批评者都相信它在某种意义上是颠覆性的，要拒绝柏拉图、笛卡尔和过去多数都相信的知识概念的恒定主义。从柏拉图到现代，关于知识是什么，形成了相当有影响的若干标准，这就是盖梯尔的小文章具有大动静的根由。过去参与认识论争议的各方，通常都共享"存在语境独立的知识标准"这个元假设，这个假设并不是像"知识"一词的语义学规定或刻画那样简单。怀疑这个假设并把这个怀疑当作背景，语境主义者一直努力去否定另一个假设，无论何种情况下，当一个知道态度的归结者，以说出一个语句"s 知道 p"表达一个断定时，其所说（what is said）和真假是独立于问题中的那个情况的。语境主义挑战部分地具有元理论性质，并且具有根本性。尽管它多少相关于"知识"及相应的命题态度语句的语义，但不限于那个语义的考察。本质上，它是关于知识归结的行为，或关于认知状态或结果的断定（而不只是关于表达这个断定的语句）的考察。在概念上，知识归结有可能忽略通行的语言学规则或规范，而被独立的理由支持。比如，我们都知道在日常的会话中，量词的域都是被语境限制的，这个现象一直是语言哲学的语境主义者、索引词主义者和最小主义者争论的主题之一。可是，即使给定了这个限制所从属的一般语言学规则或规范，涉及量化的知识归结仍有可能突破这些规则或规范。因此，知识归结是一个比相应的语言哲学工作更复杂的工作，进入这个领域需要更强背景、更综合性的考量。《知识归属的语境敏感性》有备而来，想从纠结在一起的复杂因素中，理出一个头绪来。这本书要做的，是想论证语境主义所宣称的与它所实际做到的之间存在鸿沟，换句话说，它要考察语境主义是否真的有效地颠覆了它宣称要颠覆的。这个考察是涉及当代知识论的一个核心争议，是极有意义的一件事情。麒麟通过他的书，给出了一个有细致分析且很有力度的结论，这个结论是：语境主义并不比它的竞争理论更好，其所声称的，或许多哲学家所相信的理论优势，许多都是虚幻的。我同意他的结论，当然不是因为我推荐这本书给

关心所论问题的朋友，而是因为它的论证具有的启发意义，它的风格展现出分析哲学家应该
有的认真的批判精神。

尽管我们说知识论的语境主义并不简单地产生于语言学或语言哲学的研究，但绝不是说，
在这个问题上，语言哲学与认识论只是使用了表面上同样的语词，而谈的根本不是一回事。
本质上，语言哲学在这个问题的研究中，肯定不是一个无用的摆设，而可以做出有价值的贡
献。这本书的一个特点在于，它确实实质性地讨论了在语言哲学已经形成的一些有用的结
果，并把这些结果中有价值的工具及其有启发性的思想，实质地运用到所讨论的问题和有关
的论证中去。过去在语境主义的争议中，给我的感觉似乎是从事认识论研究的哲学家在谈非
常不同的语境主义，语言哲学家所讨论的许多问题是被放在一边的。但是，这本书显示出对
于语言哲学在有关问题讨论上的价值的认可及非常准确的理解，这一点在此书第 2.2 节关于程
度或比较形容词的分析中可见一斑。

根据这本书，应该有两类资源看来可以为认知的语境主义提供支持。第一类是事实性的，
即语言在不同语境下实际使用的事实（当然也涉及作为基础的语义及相关的直觉），支持"知
识"或"知道"等语词具有所声称的语境敏感性。此类资源，作者认为只是被语境主义声称
的，而不是真正支持其结论的。其核心证明是两个，第一是语境主义者引为证据的语词类，
与"知识"等认识论的核心语词并不能类比，第二是实验哲学所提供的经验证据与语境主义
者所依赖的语境相关直觉不相符合。不管实验哲学本身作为一种研究纲领是否是可行的，它
所提供的经验证据如果是充分可靠的，无疑将对语境主义构成威胁。第二类资源来自竞争方
案之间的比较，衡量不同理论在解决典型的认识论难题方面的得失，看哪个更具有优势，具
有最优解释（当然，理想条件下最好也有最低损失）者胜出。作者同意语境主义在这方面实
际地诉诸一种最好解释（the best explanation）论证。问题在于语境主义是否真的提供了最好
解释。作者的答案是否定的。

具体地说，语境主义被支持者相信更好地回应了怀疑论难题，并同时维护了对于我们具
有日常知识的认定。如果我的理解是对的，麒麟设计了一个二难论证。如果以怀疑论的考虑
为起点，承认存在着怀疑论者得出其结论的合适语境，且语境主义是一致的（同时不是特设
性的 ad hoc），则它将以类似推理或理由拒绝日常的知识归属。反过来，如果以日常知识的考
虑为起点，承认日常知识归属的合理性，其他传统上的反怀疑论方案也许具有更好的资源得
出同样的结论，而不需要接受理论上更有争议的语境主义。为回应这个二难推理，语境主义
者最直接的选择是提出一个可能的但不同于上述二选一的另一个选项，但是，这看起来是个
相当困难的任务。于是，我们有理由说，这个论证对语境主义提出了真正的挑战。

语境主义也被认为在保持有表面张力的两个主张之间的平衡方面做得更好，这两个主张是认知封闭和谦逊原则。作者以精巧的论证，说明事实并非如此。作者首先借助克莱因（Peter D. Klein）关于两种认知封闭性的区分，说明保存知识封闭原则的合理性和可行性。接着，作者借助他对反事实条件句语义的细致分析，论证奥迪（Robert Audi）利用算术计算案例为拒绝封闭原则所进行辩护是无效的。这个论证是相当有说服力的，提供了进一步论证的可信前提。有意义的是，在关于封闭原则的分析中，作者实际上表达了两个重要的洞见，第一，怀疑论可以独立于封闭原则被给出；第二，语境主义与封闭原则和认知谦逊原则共在时，会有内在的冲突，且这个冲突不可能在语境主义的框架中得到解决。

当可错主义作为一种反怀疑论策略在当代流行时，语境主义表面上与可错主义的联系，容易使人们相信，语境主义不仅与可错主义相容，且有可能在两个方向上支持可错主义。第一个方向是利用语境主义资源对致使可错性发生的要素进行语境化的刻画，从而对可错主义之合理性进行解释。特别是，我们可以解释为什么怀疑论被相信提出了一个真正的难题，而且这个难题并不影响我们日常的知识归属。第二个方向是考察语境主义对于可错主义是否是必要的，并企图证明这个必要性。两个方向上都走不通的一个症状是，通常相当有保证的对可错性标准的语境敏感性的知觉，总会在怀疑论场景下失效。麻烦在于，此类失效对语境主义是神秘的。如果是这样，语境主义对可错主义的补充是否必要和有用就非常值得怀疑。进一步，当把传统可错主义放在理论地图的恰当位置上之后，我们将会发现，由于语境主义误解了可错主义本身的意义，则此种无用性和无效性就有了更深刻的概念的根源。

这是一本读起来很有内容，建立在非常扎实的研究的基础上，并把扎实的研究以清晰的文字加以呈现的书。那些对当代知识论的相关主题感兴趣，特别是想在其中批判性地思考的朋友，无论是否同意作者的观点，都可通过阅读和讨论眼前的这本书获益。

《知识归属的语境敏感性》一书出版信息

李麒麟:《知识归属的语境敏感性》（北京：北京大学出版社，2021 年 4 月第一版）
****

《知识归属的语境敏感性》一书简介

在当代知识论领域中，认知语境主义（epistemic contextualism）理论主张，由"知道"（know）构成的知识归属语句是语境敏感的（context-sensitive）的表达式。

《知识归属的语境敏感性》一书借助哲学论证、案例分析、概念梳理等手段，分两部分对该理论做出了细致的考察：在第一部分，作者探讨了二元的认知语境主义、三元的认知语境主义所对应的语境敏感性语言模型，揭示出认知语境主义理论在刻画关于认知归属语句的语境敏感性时所面临的语言学、语言哲学的挑战；在此基础上，作者在第二部分考察了认知语境主义所声称的，在解决当代知识论一系列重要问题（如怀疑论问题、认知封闭原则、关于知识的可错主义观念等问题）上的优势地位。通过缜密的理论分析与哲学论证，作者最终指出：认知语境主义相较于其他竞争理论而言，并不具备实质的理论优势，我们应当采取审慎且批判的态度来看待认知语境主义立场。

****

《知识归属的语境敏感性》一书目录

****

《知识归属的语境敏感性》一书作者简介

李麒麟，1979 年生，江苏盐城人，2013 年毕业于加拿大麦克马斯特大学（McMaster University）哲学系，获哲学博士学位；现任北京大学哲学系、北京大学外国哲学研究所（预聘制）助理教授；研究方向为（分析哲学传统下的）知识论与语言哲学。

[会议综述]

分析哲学的反思与展望

——第十二届全国分析哲学学术研讨会综述

◎ 肖朗

西南政法大学哲学系

　　2020 年 11 月 14 日至 15 日，第十二届全国分析哲学学术研讨会在重庆西南政法大学召开，大会主题为"分析哲学的反思与展望"。大会由中国现代外国哲学学会分析哲学专业委员会和中国社会科学院哲学研究所《哲学研究》编辑部主办，西南政法大学马克思主义学院承办，中国人民大学书报资料中心协办。来自全国各地的高等院校、科研机构、学术期刊等 40 多个单位的70 余位专家学者参加了此次大会。本次大会共举行了六场大会报告，各位报告人围绕主题进行发言，并进行了精彩的互动交流。此外，大会还设立若干分会场，各位学者围绕会议主题进行学术发言和探讨，从问题和文本两个视角，给参会代表带来了一场丰盛的学术盛宴。

一、分析哲学的中国化和中国哲学的分析化问题

　　分析哲学的中国化和中国哲学的分析化是分析哲学在中国的未来走向，也是本次会议的中心，围绕这个主题，山西大学江怡教授在报告《分析哲学在中国为何不受重视——兼论金岳霖的哲学遗产》中，讲述了分析哲学在中国百年发展历程中所遭遇的三次重大转折，并指出分析哲学没有在中国哲学界得到广泛重视的重要原因，或许是以下三种思想的冲突：其一，哲学观念上的科学与玄学的对立，使得中国传统文化出现了研究目标的两难选择（以 20 世纪20 年代的"科玄论战"为例）；其二，哲学方法上的实证与思辨的分歧，导致中国哲学界出现了研究领域的分道扬镳（以洪谦与冯友兰的论战为例）；其三，哲学路径上的经验与先验的分野，造成中国哲学家们对自己所选择路径的排他性辩护（以当代中国的分析哲学研究与现象学研究之间的争论为例）。江怡教授表示，正是基于对分析哲学在当代中国哲学研究中的这一现状分析，我们会更加明显地感受到金岳霖对中国分析哲学的重要贡献，因为严格意义上说来，金岳霖是充分运用哲学分析的理论和方法的中国分析哲学家，他的哲学遗产并不在于

分析哲学本身，而是在于对中国哲学的重新认识和理论建构。可以说，金岳霖哲学为我们提供了分析哲学中国化或中国哲学分析化的杰出典范。

厦门大学朱菁教授在《探寻分析哲学中国化的合理路径》的报告中，聚焦分析哲学如何呈现为汉语哲学并在中国成为有自己特色的学科的问题，在一定程度上对江怡教授的回顾和展望做出了自己的回应。朱菁教授认为分析哲学在中国的发展主要有四条进路：其一，传统外国哲学研究的进路；其二，以国际化参与为目标的研究进路；其三，结合传统中国思想资源的研究进路（比如金岳霖先生的尝试就是典范）；其四，面向中国及世界现实问题的研究进路。朱菁教授认为我们不能走单一的进路，而是应当多条进路协同并进。此外，我们还应当增强四个意识：问题意识、语言意识、服务意识和共同体意识。长远来看，这些就是分析哲学中国化的合理路径。

此外，东莞理工学院的双修海在报告《逻辑分析法与形而上学——卡尔纳普、蒯因和冯友兰的方法之比较》中，指出逻辑经验主义拒斥了形而上学，卡尔纳普为语言分析的形而上学开辟了道路，蒯因则通过"语义上溯"的逻辑分析方法重返形而上学。冯友兰以"正方法"（逻辑分析法）和"负方法"（直觉顿悟法）对宋明理学加以重建，为其"新理学"奠定分析性的形而上学基础。可以说，在倡导语言分析的形而上学方面，冯友兰与蒯因是殊途同归的。华东师范大学的翟文静指出能力之知（know-how）和命题知识（know-that）是赖尔对知识做出的两种区分，二者分别对应着知道如何去做和知道那个事实。王阳明的良知概念体现在他的"知行合一"和"良知说"的理论中，表达了他知行并进与存天理灭人欲的伦理思想。厦门大学的刘付华东重审了朱熹知行观，将之概括为"两层四点"，并于工夫论结构中予以圆融的解释。

二、命题与推理、信念与知识、认知与规范

对一些基本的认识问题进行分析，是分析哲学家秉承的传统，并且一直保持着鲜活的生命力。北京大学陈波教授在《蒯因的去引号论——真理符合论的一个变种》的大会报告中，指出蒯因认为真谓词的作用就是去引号，他的真理观因此被称作"去引号论"。蒯因的去引号论是真理符合论的一个变体，即没有"命题"和"事实"概念的符合论。并非如蒯因本人所言，他的去引号论是对真理的"一个充分的说明"，相反，其中存在很多内在的紧张、冲突和矛盾，必须得到修正和进一步发展。华南师范大学陈晓平教授在大会报告《论蒯因自然主义的内在矛盾——从分析哲学的观点看》中，指出蒯因的自然主义包含着基本方法论上的矛盾，

即极端经验论和极端整体论的矛盾，这使逻辑的不协调性渗透于他的自然主义学说的诸多方面，其中包括意义理论、指称理论、认识论和本体论等。河南师范大学王聪则透过厘清"指称""对象""实体化"这三个蒯因存有学中的重要概念来澄清蒯因的存有学立场，匡正误解，为蒯因存有学立场的一致性辩护。复旦大学王聚探讨了基于假的推理前提可以获得推理知识的问题，指出传统的主流观点认为没有来自谬误的推理知识是错误的。厦门大学郑辉荣指出对理解的概念界定是理解知识论的核心问题，理解可分为命题理解与非命题理解，两者的核心分歧在于理解是不是一种知识以及理解的对象是不是命题。上海交通大学赖长生指出绝对主义与可分级主义的论辩核心应当聚焦于命题性知识究竟是光谱性概念还是门槛性概念，论辩应该着眼于知识与非知识之间是否存在一条清晰明确的门槛。

武汉大学朱志方教授在大会报告《物质世界中的逻辑法则》中，指出逻辑作为知识的工具，只是许多工具中的一种。而作为工具，它的效力不仅取决于它本身的品质，也取决于如何使用。逻辑法则作为约定的规则，它既不反映我们的实际的话语形式，也不具有任何意义上的真理性。尽管"真"这样的概念频繁出现在逻辑著作中，但逻辑是关于如何从真陈述推导出真陈述的规则，它本身对真理没有其他贡献。逻辑法则是关于推理活动的约定的规则，是获取知识的有效手段，并且可以修改。它们不是真理，更不是什么先天必然的真理。但人类活动必须遵守约定的规则，正是因为约定的规则是人类生活不可缺少的。知识改变世界，约定同样具有改变世界的强大效力。深圳大学的胡浩结合贝叶斯定理和自然化论题，提出"良好调谐"(fine-tuning) 的一种自然化解释以及其他可能的哲学应用。中原工学院胡光远指出符号奠基难题是基于"心灵是符号系统，认知是符号操作"的假定提出的，它隐蔽地预设了"物理学完备性原则"。但"析取问题"、经验感受性问题不解决，物理主义解决符号奠基难题不可能成功。

西南政法大学文学平教授在《信念义务悖论的五种解答方式》的报告中，提出信念伦理是否可能的问题，取决于我们如何解答信念义务悖论。通过对五种解答方式的比较，得出直接意志论是错误的，间接意志论足以保证信念伦理的正当性，它不但可以兼容非意志论的观点和相容论的正确前提，亦可吸纳否定的意志论之正确洞见。青海师范大学崔治忠认为类似于"knowledge-that"，"knowledge-how"也需要满足三重条件。但是，"knowledge-that"需要满足信念条件、为真条件和辩护条件，而"knowledge-how"需要满足信念条件、为真条件和实践条件。重庆文理学院的李莉娟在对"语言世界"的重新的阐释中，证明语言与世界是一体的，我们的世界就是"语言世界"，言外世界只是语言在其自身之内的一个设定。上海财经大学的张孟雯指出，"倾向"在当代哲学讨论中，特别是形而上学研究中得到广泛应用，从经验科学和形而上学两方面的理由来看，"倾向"的本质主义进路是最值得辩护的。上海大学刘小涛指出信念、欲望之类心智概念的理论地位引起许多争议，他提出信念是一种复合的心智状态，信念报道陈述是对自我或他人心智状态的概括且简略的描述。

重庆大学黄斌教授在《我们怎样用语言研究语言和哲学——论语言的特性、结构和机制》的报告中，提出研究语言哲学，必须使用语言，这是语言的自身反思，我们应当首先研究语言的特性、结构和机制。黄斌以哲学和逻辑史中几个著名问题的分析为例，指出混淆不同的语言层面和语言阶，是西方语言哲学中产生众多难题和悖论的根源。掌握了关于语言层面和语言阶及其机制的理论，这些难题和悖论就迎刃而解。北京师范大学的代海强通过关注原始规范性，提出一种整体策略来处理倾向主义和规范主义之间的争论。上海大学罗涵指出一些知识论研究者将法学中的辩护/辩解区分引入知识论领域，从而产生了有关"认知辩护"和"认知辩解"的讨论。他尝试分析辩护/辩解区分的引入可能为知识论讨论带来的理论后果和困难，并提出自己的解决方式。西南政法大学孟峰提出每一个人所拥有的大部分知识来自他人的证言，还原论和反还原论并不根本对立，因为证言知识有性质的区分，证言知识的性质并非"一味"的，还原论和反还原论分歧的原因部分在于未看清证言知识的种类之别。厦门大学王云卉指出，主体内唯一性论题是认知分歧问题研究中的重点，该论题强调给定证据和命题，同一认知主体只存在唯一合理的置信度。由于不存在能够同时满足"普遍适用"且"绝对成立"两种特性的主体内唯一性论题，因此唯一性论题并不成立。复旦大学的阳春白雪认为对"绿蓝悖论"，古德曼和阿钦斯坦分别从"牢靠性"与"选择程序"角度提出了不同的解决方案。华南师范大学尹维坤指出当代知识论中各种语境主义流派认为知识的标准随语境而改变，但会陷入相对主义的泥潭，解决问题的关键是澄清语境的结构和语境转换机制。贵州大学邵丽霞试图从巴黎学派核心人物拉图尔对科学实在论的实践路径的研究展开分析，在其建构的关系实在论的基础上找到一种对科学合理性进步进行解释的新路径。上海海事大学周祥指出传统知识论者普遍认为"知"与"不知"属于非此即彼的是非判断，然而，从知识等级论的角度看，从"不知"到"全知"的认知过程可理解为一个从"0"至"1"的连续体，知识具有等级性。

此外，厦门大学王奇琦认为道德直觉主义在当代的复兴，为理解当代道德哲学的发展轨迹和走向，特别是元伦理学和道德心理学的现状，提供了一个独特且重要的视角。西安邮电大学王策指出19世纪逻辑学家博尔扎诺在《科学论》中阐发的命题理论对弗雷格和分析哲学产生了重要影响。以逻辑语义学为基本特征的"博尔扎诺—弗雷格"传统，对分析哲学的起源进行了基本观念的奠基。山西大学薛吕主要聚焦于后期维特根斯坦对"自我"的解读，借助于维特根斯坦之眼，进而指出关于"自我"的理解和较为有效的研究方法，并简要分析了维特根斯坦思想对当代哲学研究的重要价值。来自中共宁波市委党校的张力文认为，直接经验与日常语言这两个维度同时在后期维特根斯坦与詹姆斯的理论中充当着分析对象与分析依据。北京第二外国语学院的林允清指出，《哲学研究》中关于"阅读"的部分占有相当大的篇幅，关于"阅读"的部分对于把握维特根斯坦关于"理解"的讨论是非常重要的。

三、实验哲学、人工智能与心灵哲学

分析哲学涉及哲学的所有领域，也会深入当今社会发展的最前沿，而且作为一门讲道理的学问，分析哲学并不是简单地宣布理论主张。上海社会科学院成素梅研究员在大会报告《分析哲学视域中的技能》中，提出传统的分析哲学主要是围绕知识论证展开，很少关注认知技能的问题。近年来，随着现象学研究的不断深入，关于技能的讨论越来越受到学界重视。技能与命题性知识之间的关系存在着两种观点：理智主义的观点认为，熟练应对的行动是命题性知识的应用；反理智主义的观点则反对这种观点，认为熟练应对本身是自动化的，与命题性知识无关。从分析哲学的视域来看，引导熟练应对行动的知识是域境性的和非反思性的，是一种身体倾向的知识。厦门大学曹剑波教授在报告《实验哲学调查普通大众直觉的合理性》中，指出在不到20年的时间里，实验哲学俨然已有成一显学之势，研究的问题遍及哲学的每个领域，并产生了大量的研究成果。虽然如此，有批评者质疑调查普通大众的哲学直觉的合理性，这些质疑可具体化为4个问题：实验哲学收集的普通大众的直觉判断可靠吗？普通大众的哲学直觉判断正确吗？哲学家的直觉比普通大众的直觉更优越吗？哲学家的反思判断可以代替普通大众的直觉判断吗？曹剑波教授在报告中回应了这4种质疑，并为实验哲学调查普通大众直觉的合理性进行辩护。此外，厦门大学的金凤琴指出行动理由的规范问题是行动哲学关注的一个重点，近年来实验哲学的研究成果为该问题的讨论提供了新的证据。其中"拼写案例"的实验研究为知识是行动理由的规范提供支持。厦门大学的林玉玲指出实验语言哲学的研究重心由指称理论之争转向了影响指称的认知效应研究，但是，出现认知转向并不意味着实验哲学将成为认知科学的分支。它所表明的是我们需要更多的实验哲学，以探究影响概念归赋直觉的认知因素，在某种程度上塑造认知风格。大连理工大学的孙慧中结合一些认知神经科学的经验证据，着重分析苏珊·赫利的知觉——行动思想以及她的"共享回路"模型在行动主义研究进路中承前启后的重要作用。

山西大学刘伟伟在报告《语义学研究的大数据思维进路》中，提出由大数据技术与科学的"形而上"抽象所凝结的大数据哲学思维也为传统语义学的研究带来了新的发展机遇。在意义问题方面，大数据思维实现了意义丰富性与具体性的融合、意义动态性与规范性的整合以及意义主体性与语境性的统一；在指称问题方面，大数据思维坚持了指称"非确定性"的理论态度，并且趋向于指称的语境基础构建；在真理问题方面，大数据思维秉持了"新归纳主义"的语言真理观立场，从语用层面出发来展开语言真理的认知活动，并且力图构建整体语境基础上的语言真理观模型。南京中医药大学刘振指出，克罗斯和梅耶斯将技术人工物的结构——功能二重性看作分析技术哲学的研究纲领，但结构与功能之间的非充分决定性和实现限制难以协调，他提出"规范矩阵"作为评判诸种解决方案的平台。复旦大学叶泳妍指出关于"自欺"的传统研究面临困境，研究者多忽视"自欺"中的规范性因素。通过对戴维森、费尔南德兹和刘畅等人的理论进行分析可以反思行动哲学研究内容中特殊的一类——非理性行为，能够为行动哲学的规范性一面找到切入口，同时复苏行动与道德不可缺失的紧密关联。

结语

在大会闭幕式上，《哲学研究》编辑部周丹主任和山西大学江怡教授分别发表致辞。周丹主任表示这次分析哲学年会学术水准非常高，展现出了蓬勃生机。他还针对《哲学研究》的一些改变，特别是匿名审稿制度向大家做了说明，并表示《哲学研究》将始终为广大学者，包括博士和博士后提供机会，追求高质量的学术发展，捍卫学术尊严，维护良好的学术生态。江怡教授在致辞中对本届研讨会做了全面而切中的总结和点评。他指出，本届大会充分体现出四个特点：其一，专题化，主要涵盖六个专题（命题与推理、信念与知识、认知与规范、人工智能与心灵哲学、实验哲学、用逻辑的方法分析中国的传统哲学），体现出跨学科研究的态势；其二，文本化，与会者都十分注重从文本出发的细致研究；其三，论辩化，与会者不畏权威，勇于质疑和问难，注重严谨的论证；其四，年轻化，出现了大量青年学者，这是今后中国分析哲学真正的主力军和希望。这四项特征很好地说明了本届研讨会内容的丰富性和学术水准的高质量。此外，江怡教授简要汇报了分析哲学专业委员会的换届工作，宣布了第五届专业委员会（2021—2024年）的组成人员名单。至此，第十二届全国分析哲学学术研讨会圆满结束。与会专家学者们主题多样的专题报告昭示着分析哲学研究正日益扩大与其他相关学科的交叉对话，形成跨学科的研究态势。这些新的动向足以让我们预见到分析哲学必将在中国赢得更广阔的发展，并积极融入和推动未来中国哲学自身的发展。

编后记

　　这是《中国分析哲学》系列文集的第六部。自上一部文集《中国分析哲学 2013—2015》于 2017 年出版后，无论是中国还是世界，都发生了巨大变化。特别是自 2019 年之后，整个世界都处于新冠疫情大流行的全面恐慌和动荡之中。到了 2022 年，我们开始进入后疫情时代，一切事情都已经发生了改变，我们难以真正回到过去的时光；表面上对正常生活的恢复，却在人们心底深深留下了"与病毒共存"的心理阴影。然而，我们对哲学的热情并没有褪去，相反，新冠疫情让我们更加清晰地看到了人类与地球生命共存亡的真实情形，让我们对生命的意义和价值有了更深的理解。更令人欣慰的是，在这个特殊的历史时期，中国的分析哲学研究非但没有减弱，反而得到了更大的发展：2020 年在重庆举办的"第十二届全国分析哲学学术研讨会"，主题就是"分析哲学的反思与展望"；2022 年在成都举办的"第十三届全国分析哲学学术研讨会"，主题是"事实与价值"，这些都充分表明中国分析哲学研究势头未减；2021 年，国家社会科学基金重大招标项目"20 世纪中国分析哲学史研究"正式立项，这标志着分析哲学在中国的研究开始进入一个新的历史阶段。"中国分析哲学"这个名称，如同本文集的名称一样，已经得到中国哲学界的普遍认可和接受，分析哲学在中国的研究已经不单是西方哲学在中国的一部分，而是真正融入中国当代哲学研究的主流；而本文集的重新编辑出版，更是表明中国分析哲学研究后继有人，前景无限。

　　本文集的出版首先要感谢各位作者的杰出贡献！2021 年 8 月 4 日，我们在中国哲学网、中国社会科学网以及英文网站 www.cfplist.com 发布《中国分析哲学 2022》集刊的征文启事。是日，我们就收到第一篇投稿论文，截至收稿最后期限日（9 月 30 日），共收到论文 23 篇。在这些投稿论文中，有来自著名高校的荣休教授和著名学者，也有来自高校的青年教师，还有来自高校哲学系的本科高年级学生，甚至还有在基层单位工作的哲学爱好者。但无论这些论文来自哪里，我们都一视同仁，采取认真负责的态度，严格采用双向匿名评审，由评审专家判定论文的取舍，由此确保入选论文的学术质量。同时，为了丰富文集内容，我们还从 2017 年以来《中国分析哲学》集刊的来稿中择优录用了部分论文和译文，充分反映近五年来国内最新研究成果。当然，所选用的这些内容也都经过了专家们的匿名评审。

在这里，我们要特别感谢中国现代外国哲学学会分析哲学专业委员会对本文集编辑出版的具体指导和鼎力支持。在 2020 年第十二届全国分析哲学研讨会上，新一届分析哲学专业委员会得以产生，26 位国内著名的分析哲学研究专家组成第五届委员会，成为中国分析哲学研究团队的主要力量。在各位委员的大力支持下，我们还邀请了国内部分从事分析哲学和逻辑学研究的专家，组成了本文集的编辑委员会，共同完成了对本文集论文的双向匿名评审工作。正是他们的严谨、细致和高效的工作，才使得本文集得以按时编辑出版。在这里，我们谨向各位参与论文评审的专家表示衷心感谢和崇高敬意！

当然，最让我们感动的是，浙江大学出版社和北京启真馆文化传播有限责任公司对本文集出版给予的大力支持！虽然本系列文集的出版中断了几年时间，但当我们向他们提出继续编辑出版本系列文集的意向时，他们非常痛快地答应了我们的出版邀请，并安排责任编辑专门负责本文集的出版事宜。非常感谢浙江大学出版社和北京启真馆文化传播有限责任公司对中国分析哲学研究事业倾情相助，感谢责任编辑伏健强同志认真细致的工作！

最后，我们需要特别感谢山西大学哲学社会学学院对本系列文集出版给予的经费支持！

《中国分析哲学》编辑委员会

主编：江怡

副主编：陈常燊

2021 年 12 月 12 日